U0529612

塔吉克族汉语习得声学实验研究

李素秋　等著

中国社会科学出版社

图书在版编目（CIP）数据

塔吉克族汉语习得声学实验研究 / 李素秋等著 . -- 北京：中国社会科学出版社，2024.12
ISBN 978 - 7 - 5227 - 3271 - 8

Ⅰ.①塔… Ⅱ.①李… Ⅲ.①塔吉克族—汉语—发音—研究 Ⅳ.①H116.1

中国国家版本馆 CIP 数据核字（2024）第 055088 号

出 版 人	赵剑英
责任编辑	郭如玥
责任校对	李 莉
责任印制	郝美娜

出　　版	中国社会科学出版社
社　　址	北京鼓楼西大街甲 158 号
邮　　编	100720
网　　址	http://www.cspw.cn
发 行 部	010 - 84083685
门 市 部	010 - 84029450
经　　销	新华书店及其他书店
印　　刷	北京君升印刷有限公司
装　　订	廊坊市广阳区广增装订厂
版　　次	2024 年 12 月第 1 版
印　　次	2024 年 12 月第 1 次印刷
开　　本	710×1000　1/16
印　　张	18.75
字　　数	298 千字
定　　价	108.00 元

凡购买中国社会科学出版社图书，如有质量问题请与本社营销中心联系调换
电话：010 - 84083683
版权所有　侵权必究

塔吉克族汉语习得声学实验研究

主要撰稿人 李素秋　赵改莲　刘婷婷　侯晶茹
　　　　　　冯晓锋　陈　瞳　章运生

前　　言

"强国必先强语，强语助力强国"，国家通用语言文字是促进各民族交往交流交融，实现民族团结、国家富强的重要途径。加大国家通用语言文字推广力度，是今后一个时期我国语言文字工作的核心任务。

塔什库尔干塔吉克自治县（简称"塔县"），位于新疆维吾尔自治区西南部、帕米尔高原东麓、喀喇昆仑山北部。西北部与塔吉克斯坦接壤，西南部与巴基斯坦毗邻，西部与阿富汗相连，素有"鸡鸣四国"之称，地理位置极其重要。作为边境地区，塔县是推广普及国家通用语言文字工作的短板地带。

生活在塔县的主要民族是塔吉克族，母语为塔吉克语。塔吉克语属于印欧语系印度—伊朗语族，是无声调语言，而汉语属于汉藏语系，是旋律型声调语言，因此塔吉克族在汉语习得方面存在诸多问题和困难。为了充分了解塔吉克族在汉语习得方面的真实情况，本课题组成员在调研地采录了塔吉克族习得汉语的元音、塞音、擦音、塞擦音、单字调、双字调、语调等语音材料，利用实验语音软件对采录的材料进行数据提取和分析，力求客观、科学地反映塔吉克族习得汉语的规律，并对存在问题进行分析，提出的对策实操性较强，具有一定的可行性，以期为塔县地区国家通用语言教学及培训工作提供参考建议，努力提高塔吉克族国家通用语言水平。

目前关于新疆少数民族汉语语音习得的研究中，大多数研究对象都是针对维吾尔语或哈萨克语母语者的，研究内容多集中于辅音、元音、声调或声母、韵母、声调的对比分析和偏误分析，而针对塔吉克族习得汉语的相关研究则很少，采用实验语音方法进行的分析基本处于空白状态。因此，本书具有一定的开创性和抛砖引玉的作用。

本书各章节的主要内容如下：

第一章，塔吉克族汉语元音习得研究。分别从声学元音图、元音V值图、元音离散率和准确率三个方面，对塔吉克族汉语一级元音的习得情况进行了较为全面的考察。塔吉克族习得汉语一级元音在性别上存在较大差异，女性组元音习得的整体情况好于男性组；元音/a/的发音最准确、最稳定；/u/的发音最不准确、最不稳定，两者均为顶点元音；塔吉克族发元音/ɤ/时具有较为明显的上下动程，舌位由上往下滑动的同时，舌位前后的保持不够稳定，但是，从整体上看，元音/ɤ/的发音较为准确；塔吉克族发前、高顶点元音/i/和后、高顶点元音/u/的舌位普遍高于汉语母语者，造成除了/a/以外的元音舌位相对位置变低；塔吉克族汉语一级元音发音的相对位置与汉语母语者一致。

第二章，塔吉克族汉语塞音习得研究。以嗓音起始时间（VOT）和闭塞段时长（GAP）作为主要研究参量，将其与汉语母语者在发汉语塞音时的VOT值和GAP值进行对比，研究表明，塔吉克族习得汉语塞音时，送气塞音和不送气塞音之间不存在明显的区分界限，容易对二者产生混淆。在发送气塞音和不送气塞音时，塔吉克母语者的发音状态整体上要比汉语母语者的发音状态松弛，导致发音不完全，或者发音错误。

第三章，塔吉克族汉语擦音习得研究。从听辨角度分析发现，塔吉克族发音人在发擦音/f/时，易产生"擦音塞音化"现象，或受到浊擦音/v/的影响；发擦音/x/时，受到小舌擦音/χ/的影响，也会受到浊擦音/ɣ/的影响；发擦音/ʂ/、/ɕ/时，易受到塔吉克语中舌尖面清擦音/ʃ/的影响，形成一种中介音，与汉语母语者相比，塔吉克族发擦音/ʂ/和/ɕ/时，两者的下限频率更大；在发擦音/ɕ/时，舌位比普通话母语者靠前；在发/ʂ/这个音时，发音位置产生了后移现象；关于擦音/s/，其发音时长相较于汉语母语者发音时长较短一些，且中心频率低于汉语母语发音者，因此，塔吉克族发音人/s/音舌位靠后；关于普通话擦音的声母时长方面，塔吉克族发音人的特征与汉语发音人一致，分为长组/ɕ/、/s/、/ʂ/和短组/f/、/x/。

第四章，塔吉克汉语塞擦音习得研究。通过提取塔吉克母语者汉语普通话塞擦音的闭塞段时长、摩擦段时长、频谱重心和分散程度，计算出时长性质指数与摩擦性质指数,根据数据绘制出塞擦音的声学格局图。从时长性质指数来看,塔吉克族母语者都存在有声摩擦段比无声闭塞段时长短的情况。从摩擦性质指数来看,男性塔吉克母语者存在送气音的 FI 指数过大的情况,即男性塔吉克母语者发送气音时,音分散在低频区域且分散度较大。而女性塔吉克母语者无论送气与否都存在 FI 值较小的情况,说明女性发音人的音分散在高频区域且分散度较小。

第五章,塔吉克族汉语单字调习得研究。利用 Praat 语音分析软件,在规定的采样率和采样精度下考察了塔吉克族习得汉语单字调的声调格局、调长、调域,并和普通话一级甲等发音人进行对比。研究发现,塔吉克族将阴平、阳平读成了微降调;上声调型正确,但终点较低;去声起点不够高,终点降不到位。阴平和去声的调长比普通话发音人长,阳平和上声的调长则比普通话发音人短。阴平调域较宽,阳平、上声、去声调域则较窄。相比较而言,塔吉克族女性比男性发音准确。

第六章,塔吉克族汉语双字调习得研究。通过数据分析得出,在双字调前字中,塔吉克族发音人的阴平基本是平调,但起点较低,调值为 44。阳平、上声$_1$、上声$_2$基频曲线的起点和终点基本在 3 度区域,调值可记作 33,阳平、上声$_1$、上声$_2$归为一调,去声调值为 53,研究表明,塔吉克族读汉语双字调前字时形成的是三调格局;塔吉克族读汉语双字调后字时,阴平、阳平、上声可归为一调,去声为一调,因此塔吉克族汉语双字调后字形成的是二调格局。

第七章,塔吉克族汉语陈述句与疑问句语调习得研究。以起伏度、停延率和音量比为声学参数,对塔吉克族汉语陈述句和疑问句的音高、音长和音强进行系统分析与考察。研究表明,塔吉克族发音人对音强和音长两者在陈述句和疑问句中的定位出现混淆状态,即在汉族发音人通过增加音节时长来表现语调特点时,部分塔吉克族发音人倾向于用增加音节音量来表现相同的语调特点;反之,在汉族发音人通过增加音节音量来表现语调特点时,部分塔吉克族发音人倾向于用增加音节时长来表现相同的语调特点。

基于上述内容,本书系统地考察了塔吉克族汉语习得的情况,并结合塔吉克族汉语习得的特点,提出了切实可行的语音教学建议,为国家通用语言的大力推广普及提供了重要的参考依据。

目　　录

第一章　塔吉克族汉语元音习得研究 …………………………（1）
　第一节　元音实验分析 ……………………………………………（1）
　第二节　塔吉克族汉语元音习得偏误分析及应对策略 …………（48）

第二章　塔吉克族汉语塞音习得研究 …………………………（53）
　第一节　塞音实验分析 ……………………………………………（53）
　第二节　塔吉克族汉语塞音习得偏误分析及应对策略 …………（73）

第三章　塔吉克族汉语擦音习得研究 …………………………（76）
　第一节　实验设计 …………………………………………………（76）
　第二节　塔吉克族习得汉语擦音实验数据分析 …………………（79）
　第三节　塔吉克族习得汉语擦音偏误声学分析 …………………（103）
　第四节　塔吉克族汉语擦音习得偏误分析及应对策略 …………（111）

第四章　塔吉克族汉语塞擦音习得研究 ………………………（117）
　第一节　实验设计 …………………………………………………（117）
　第二节　塔吉克族汉语塞擦音习得数据分析 ……………………（120）
　第三节　塔吉克族汉语塞擦音习得格局分析 ……………………（129）
　第四节　普通话发音人塞擦音数据分析 …………………………（137）
　第五节　普通话发音人塞擦音格局特征表现 ……………………（146）
　第六节　塔汉塞擦音数据及格局对比分析 ………………………（155）
　第七节　塔吉克族汉语塞擦音习得偏误分析及教学建议 ………（175）

第五章　塔吉克族汉语单字调习得研究 ……………………（183）
　　第一节　实验设计 …………………………………………（183）
　　第二节　实验数据分析 ……………………………………（185）
　　第三节　塔吉克族习得汉语单字调时存在的问题及
　　　　　　应对策略 …………………………………………（194）

第六章　塔吉克族汉语双字调习得研究 ……………………（197）
　　第一节　实验设计 …………………………………………（197）
　　第二节　塔吉克族汉语双字调实验数据分析 ……………（199）
　　第三节　塔吉克族习得汉语双字调时存在的问题及
　　　　　　应对策略 …………………………………………（208）

第七章　塔吉克族汉语陈述句与疑问句语调习得研究 ……（211）
　　第一节　实验设计 …………………………………………（211）
　　第二节　塔吉克族汉语陈述句与疑问句语调习得的
　　　　　　音高表现 …………………………………………（217）
　　第三节　塔吉克族汉语陈述句与疑问句语调习得的
　　　　　　音长表现 …………………………………………（240）
　　第四节　塔吉克族汉语陈述句与疑问句语调习得的
　　　　　　音强表现 …………………………………………（252）
　　第五节　塔吉克族汉语陈述句与疑问句语调习得特点 …（263）
　　第六节　塔吉克族汉语语调习得策略研究 ………………（270）

参考文献 ………………………………………………………（274）

后　记 …………………………………………………………（291）

第一章

塔吉克族汉语元音习得研究

第一节 元音实验分析

一 实验的内容与方法

（一）实验任务

本章对来自新疆塔什库尔干塔吉克自治县的 8 名塔吉克族进行汉语一级元音声学实验分析，利用实验语音软件对实验对象的汉语元音发音进行数据的提取和分析，以得出的数据结果作为依据，来判断塔吉克族汉语一级元音的习得情况。

（二）实验对象

参加本次实验的发音人为 8 名塔吉克族人，其中，有 4 名男性和 4 名女性，居住在新疆塔县。他们的母语为塔吉克语，同时还掌握维吾尔语和汉语，能够用运用汉语进行交流和处理日常工作，具有一定的文化素养。发音人的资料如表1—1所示。同时，作为对照组，我们还邀请了两名汉语母语者，男女各一名，普通话水平均为一级甲等。

表1—1　　　　　　　　塔吉克族发音人资料

姓名	性别	年龄
M1	男	42 岁
M2	男	37 岁
M3	男	47 岁
M4	男	45 岁

续表

姓名	性别	年龄
W1	女	40 岁
W2	女	38 岁
W3	女	33 岁
W4	女	33 岁

（三）实验语料

实验语料选自《中国少数民族汉语水平等级考试大纲·（二级）》中的常用汉字，我们从1500个一级字和1000个二级字中精心挑选出21个实验例字，涵盖了汉语/a/、/i/、/u/、/y/、/ɤ/、/ɿ/、/ʅ/七个一级元音，每个一级元音对应3个例字。为确保实验的科学性和准确性，尽可能减少音节的其他组成部分对元音发音的影响，我们在选取例字时主要遵循以下三个原则：（1）在声韵搭配允许的情况下，优先选择零声母或以不送气塞音为声母的例字；（2）选择声调为阴平或阳平的例字；（3）不选择多音字。实验语料见表1—2。

表1—2　　　　　　　　实验例字

ā	yī	wū	yú	gē	zī	zhī
阿	一	屋	鱼	哥	资	知
bā	bī	dū	jū	gē	zī	zhí
八	逼	督	居	歌	姿	直
dā	dī	gū	lú	dé	cí	chī
搭	低	姑	驴	德	词	吃

二　实验过程

（一）语音录制

本次实验的录音设备使用的是 ThinkPad X280 笔记本电脑、索尼 ECM-MS907 话筒和创新 Sound Blaster Digital Music Premium HD USB 声卡；录音软件为 Praat6.1，采样频率为 22050Hz，采样精度为 16 位，单声道录

制。实验语料保存为"*.wav"格式文件。录制语音前,我们将例字文本分发给发音人,先让其熟悉实验例字。录音时,每个例字以汉字的形式出现在一页 PPT 上,并根据表 1—2 中的顺序展示三遍。要求发音人用正常的语速,自然地说出每页 PPT 上的例字,确保发音完整,保持字与字间有适当的间隔。录音在安静的办公室中进行。

(二)数据提取

录音完成后,我们得到塔吉克族汉语一级元音有效样本:7(汉语一级元音)×3(例字)×3(次数)×8(塔吉克族)=504 个,以及汉语母语者汉语一级元音有效样本:7(汉语一级元音)×3(例字)×3(次数)×2(汉语母语者)=126 个,样本数量能够满足本次实验的需求。实验的数据处理部分用由 Paul Boersma & David Weenink(2020)开发、贝先明和向柠(2020)汉化修改的 Praat 修改版 2.2 和 Excel 软件进行声学参数的提取、计算和作图。

(三)数据作图

我们根据测量得到的发音人共振峰数值绘制汉语声学元音图和元音 V 值图。声学元音图以共振峰 F_1 的频率为 y 轴坐标,F_2 的频率为 x 轴坐标。根据元音共振峰 F_1 和 F_2 的特点,即 F_1 数值越大,舌位越低;F_2 数值越大,舌位越前,将坐标零点设在声学图的右上角,使之与元音生理舌位图大致对应。在汉语声学元音图 1—1 中,各元音共振峰数据以散点的形式呈现,用椭圆形圈出同一种元音,我们可以直观地观察到不同元音的分布情况,以及各元音内部音位变体的表现。

我们将各元音共振峰 F_1 和 F_2 的数值经公式转化为 V_1 值和 V_2 值,绘制出相应的汉语元音 V 值图(图 1—2)。首先,根据 Schroeder(1979)提出的公式,将发音人所发元音的共振峰赫兹值进行 Bark 值转化,见公式(1):

$$\text{Bark} = 7\ln\{(f/650) + [(f/650)^2 + 1]^{1/2}\} \tag{1}$$

再利用石锋、石秀娟(2007)提出的 V 值公式将经过 Bark 值转化后元音共振峰数据进行归一,见公式(2):

$$V_1 = [(B_1x - B_1\min)/(B_1\max - B_1\min)] \times 100$$
$$V_2 = [(B_2x - B_2\min)/(B_2\max - B_2\min)] \times 100 \tag{2}$$

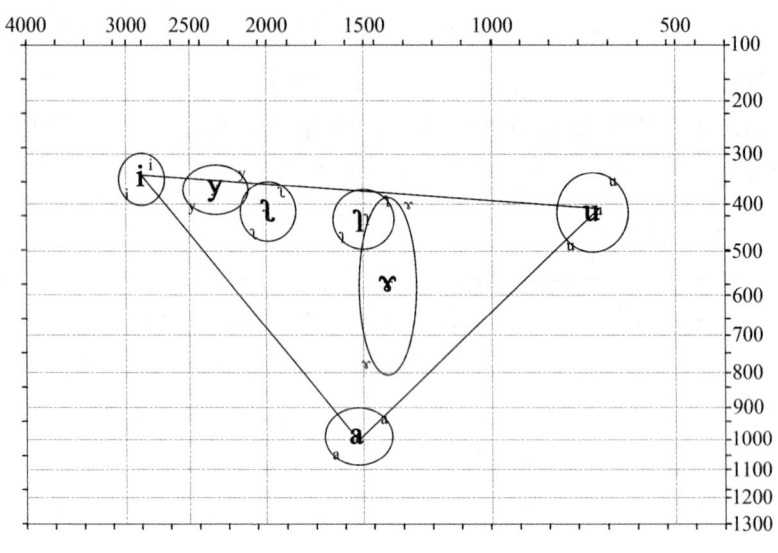

图1—1 汉语一级元音声学图

转化后的 V 值最大为 100,最小为 0,舌位的高低前后位置的对应关系与声学元音图一致。元音 V 值图将不同的发音人发出的元音共振峰频率嵌入一个面积相等的四方形中,能够展示出发音人各元音发音的相对位置,适合比较不同群体的发音情况。元音 V 值图能够帮助我们清晰地发现元音之间相对关系的共性特征,方便进行统计分析。

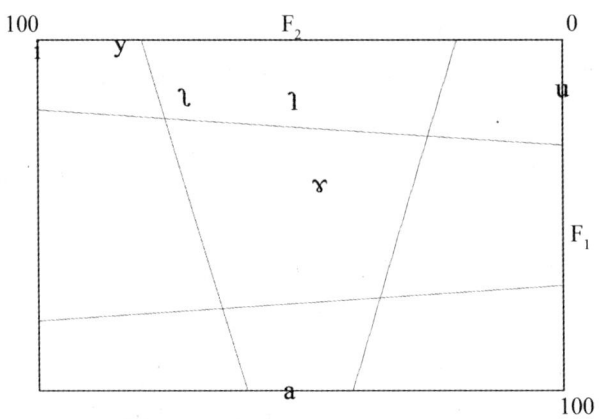

图1—2 汉语一级元音 V 值图

通过以上实验过程取得相应数据后，我们便能着手分析塔吉克族汉语元音的习得情况。

三 实验结果与分析
（一）汉语声学元音图对比分析
1. 汉语母语者的声学元音图

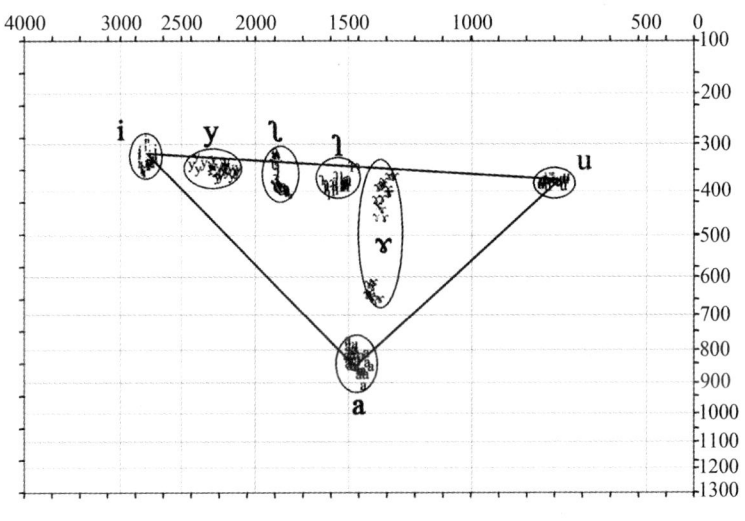

图1—3　男性汉语母语者声学元音图

以上是男性汉语母语者的汉语声学元音图，可以看出，元音/a/、/i/和/u/为声学元音图中三个顶点元音，彼此两两连线可近似看成一个倒立的等腰三角形，且三角形的面积较大。/a/处于三角形的底端，/i/和/u/分别处于三角形的左右两端。另外，将声学图中元音/i/和/a/的连线同元音/u/和/a/的连线进行比对，可以发现，前者的长度要略长于后者。

元音/a/的舌位最低，位于整个声学元音图的最底部，其共振峰F_1的数值在750—900Hz范围内，共振峰F_2的数值在1350—1500Hz范围内。元音/a/分布点的上下浮动区域范围较小。

元音/i/位于声学元音图的左上的位置，是一个舌位高而前的元音，其共振峰F_1的数值较小，在300—350Hz范围内，共振峰F_2的数值在

2700—2850Hz。元音/i/分布点的上下浮动区域范围较小。

元音/u/位于声学元音图右上的位置，是一个舌位高而后的元音，其共振峰 F_1 的数值在 350—400Hz 范围内，舌位总体略低于元音/i/，共振峰 F_2 的数值在 700—800Hz 范围内。元音/u/分布点的上下浮动区域范围较小。

元音/y/的共振峰 F_1 数值在 250—350Hz 范围内，略高于元音/i/和元音/u/的连线，是图中舌位最高的元音。共振峰 F_2 的数值在 2100—2400Hz 范围内，位于元音/i/和元音/u/之间接近/i/的位置。元音/i/和元音/y/是一组非圆唇和圆唇对立的元音，一般来说，F_3 跟唇形的圆展有着较为密切的关系，而 F_2 同样能在一定程度上反映唇形特征，圆唇元音的 F_2 会略低于展唇元音，这一点在元音/i/和元音/y/的共振峰 F_2 的数值上得到了很好的体现。元音/y/分布点的上下浮动区域范围略大于除了元音/ɤ/的其他元音，但总体活动范围依旧较小。

元音/ɿ/是舌尖前元音，/ʅ/是舌尖后元音，但两者在声学元音图上的前后位置却与之相悖。元音/ɿ/的共振峰 F_2 的数值在 1800—1900Hz 范围内，元音/ʅ/的共振峰 F_2 的数值在 1450—1650Hz 范围内。这是因为，声学元音图反映的是某一元音舌位整体的发音特征，虽然我们用舌尖的前后来定义这两个元音，但是，软件测得的共振峰数据主要来自舌面，元音/ɿ/在舌面后部的收紧点位置比/ʅ/要靠前，所以显示在声学元音图上，元音/ɿ/位于元音/ʅ/之前。元音/ɿ/和/ʅ/共振峰 F_1 的数值均在 300—400Hz 范围内，基本处于同一水平线上。元音/ɿ/和/ʅ/分布点的上下浮动区域范围较小。

元音/ɤ/处于三角形的内部，其共振峰 F_1 的数值在 360—660Hz 范围内，垂直差值约为 300Hz，共振峰 F_2 的数值在 1415—1295Hz 范围内，水平差值约为 120Hz。由此可见，/ɤ/具有较强的游离性，Praat 修改版测量出的共振峰数据显示，元音/ɤ/的共振峰 F_1 数值从起点到终点是一个逐渐变大的趋势，而共振峰 F_2 数值没有明显的起伏变化，因此，在声学元音图中，/ɤ/的分布是一个由上到下的狭长带，其活动范围大过其他汉语一级元音，具有明显的动程。

除了元音/a/，其他元音在水平方向从左到右依次排序为/i/、/y/、/ɿ/、/ʅ/、/ɤ/、/u/，位置固定。汉语一级元音中的高元音较多，元音主要分布在三角形的上部,各个元音分布不均匀,显得头重脚轻。

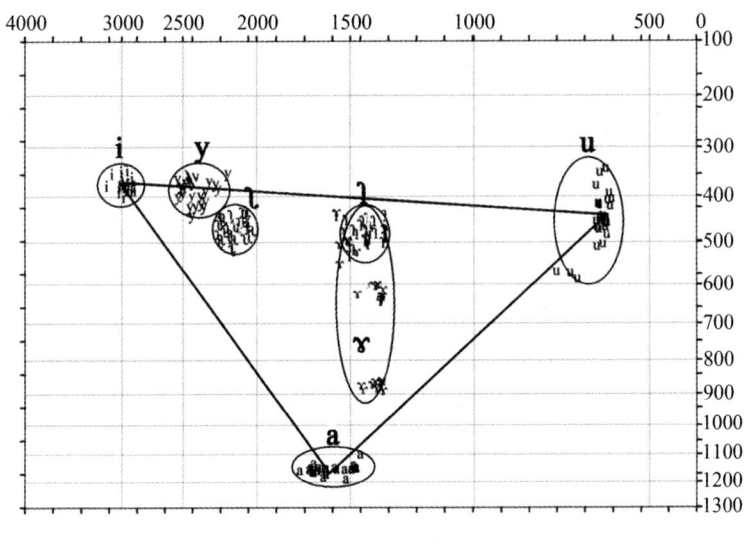

图1—4 女性汉语母语者声学元音图

女性汉语母语者的汉语声学元音图(图1—4)与男性存在较为明显的区别,同时也有相同之处。在女性声学元音图中,元音/a/、/i/和/u/依旧为三个顶点元音,彼此间两两连线成一个倒立的等腰三角形,且三角形的面积较大。/a/处于三角形的底端,/i/和/u/分别处于三角形的左右两端。我们将声位图中元音/i/和/a/的连线同元音/u/和/a/的连线进行比对,发现后者的长度要略微长于前者。

元音/a/位于整个声学元音图的最底部,舌位最低,其共振峰F_1的数值在1100—1200Hz范围内,共振峰F_2的数值在1450—1750Hz范围内,F_1和F_2的数值均高于男性。元音/a/分布点的上下浮动区域范围较小。

元音/i/位于声学元音图左上的位置,是一个舌位高而前的元音,其共振峰F_1的数值在350—400Hz范围内,共振峰F_2的数值在2850—3150Hz范围内,F_1和F_2的数值略高于男性。元音/i/分布点的上下浮动区域范围较小。

元音/u/位于声学元音图右上的位置,是一个舌位高而后的元音,其共振峰F_1的数值在350—600Hz范围内,声位图上部分元音/u/的舌位高于元音/y/和/i/,但是,/u/的平均数值在450Hz左右,舌位总体低于元音/i/，共振峰 F_2 的数值在 600—750Hz 左右。女性所发元音/u/的舌位总体上略低、略后于男性的发音。元音/u/分布点的上下浮动区域范围较大。

元音/y/的共振峰 F_1 数值在 350—450Hz 范围内，基本与元音/i/持平，共振峰 F_2 的数值在 2150—2550Hz 范围内，是一个舌位前而高的元音，位于元音/i/和元音/u/之间接近/i/的位置，与元音/i/是圆唇和非圆唇的对立关系。元音/y/分布点的浮动区域范围较小。

舌尖元音/ɿ/和/ʅ/共振峰 F_1 的平均数值均为 470Hz 左右，基本处于同一水平线上。舌尖前元音/ɿ/和舌尖后元音/ʅ/在声学元音图上的前后位置与男性无异。元音/ɿ/的共振峰 F_2 的数值在 2050—2250Hz 范围内，元音/ʅ/的共振峰 F_2 的数值在 1350—1550Hz 范围内，舌尖元音/ɿ/和/ʅ/前后相距较远，/ʅ/几乎与/ɤ/的上部分重合。元音/ɿ/和/ʅ/分布点的上下浮动区域范围较小。

元音/ɤ/处于三角形的内部，该元音具有较强的游离性，其分布是一个由上到下的狭长带，活动范围远大过其他汉语一级元音。元音/ɤ/的上部分几乎与/ʅ/重合，也就是/ɤ/发音的后半程与元音/ʅ/形成了舌面和舌尖的对立。出现这种情况是由于女性汉语母语者的普通话相对标准，远高于大部分汉语母语者的水准，在发单音节/ɤ/的例字时口腔不如在语流中放松，但还是很好地展示出/ɤ/的特点，即具有明显的上下动程，可以作为检验塔吉克族女性该汉语元音发音是否存在偏误的标准。

分别对男性汉语母语者和女性汉语母语者的声学元音图进行分析，我们发现两者有以下相同之处：（1）元音/a/、/i/和/u/均为顶点元音且构成了一个等腰三角形；（2）汉语一级元音的高元音较多；（3）元音/ɤ/均具有明显的上下动程，游离性较强。

此外，两者还有一些不同之处：（1）女性元音/a/的共振峰 F_1 的数值高于男性，且女性元音/u/的共振峰数值均低于男性，所以，女性声学元音图中等腰三角形的面积要大于男性；（2）女性元音/ɤ/的上部分与元音/ʅ/重合，除了元音/a/，其他元音在水平方向上的顺序从前到后依次为/i/、/y/、/ɿ/、/ʅ/、/ɤ/、/u/；男性在水平方向上的顺序从前到后依次为/i/、/y/、/ɿ/、/ʅ/、/ɤ/、/u/，/ʅ/和/ɤ/不在同一水平面上；

(3) 男性元音/y/的范围较大,女性元音/u/的范围较大。

2. 塔吉克族汉语声学元音图

以下为 4 名塔吉克族男性的汉语声学元音图 (图 1—5 至图 1—8) 和男性发音人 (包括汉语母语者) 汉语一级元音共振峰均值对照表 (表 1—3),为方便描述,我们将 4 名塔吉克族男性分别称为 M1、M2、M3 和 M4。

表 1—3　　　　男性发音人汉语一级元音 F_1、F_2 均值对照　　　（单位：Hz）

发音人	一级元音	F_1	F_2	发音人	一级元音	F_1	F_2
汉语母语者	/a/	833	1458	汉语母语者	/ɿ/	371	1860
M1		772	1328	M1		436	1689
M2		821	1413	M2		344	1729
M3		704	1222	M3		414	1536
M4		746	1215	M4		411	1618
汉语母语者	/i/	331	2770	汉语母语者	/ʅ/	377	1543
M1		323	2459	M1		436	1562
M2		279	2335	M2		324	1474
M3		323	2238	M3		409	1344
M4		326	2065	M4		401	1496
汉语母语者	/u/	375	747	汉语母语者	/ɤ/	484	1357
M1		429	873	M1		513	1429
M2		212	1055	M2		386	1354
M3		382	843	M3		418	1341
M4		379	886	M4		483	1317
汉语母语者	/y/	305	2237				
M1		320	2196				
M2		306	2046				
M3		295	1958				
M4		374	1364				

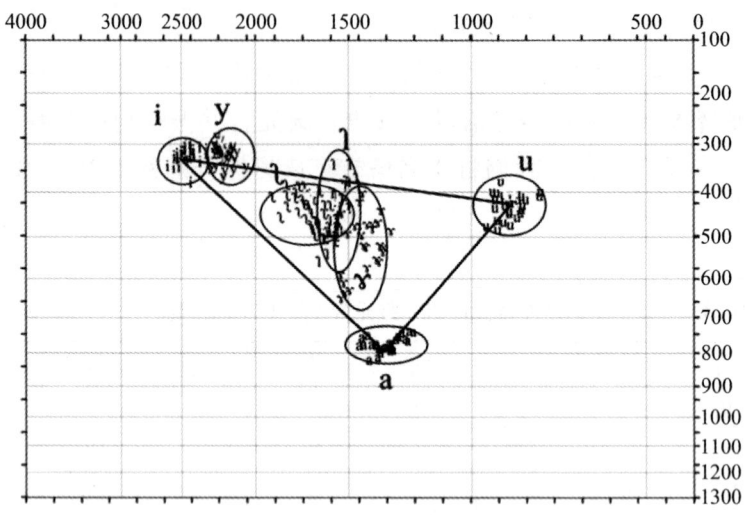

图1—5 M1 汉语声学元音图

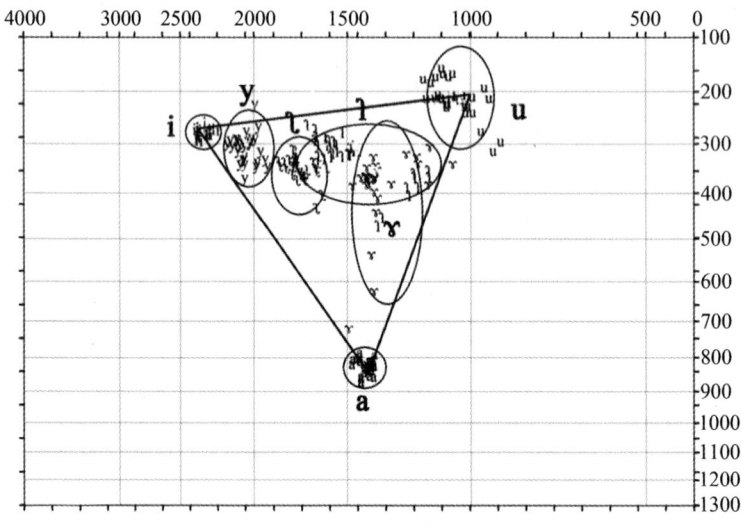

图1—6 M2 汉语声学元音图

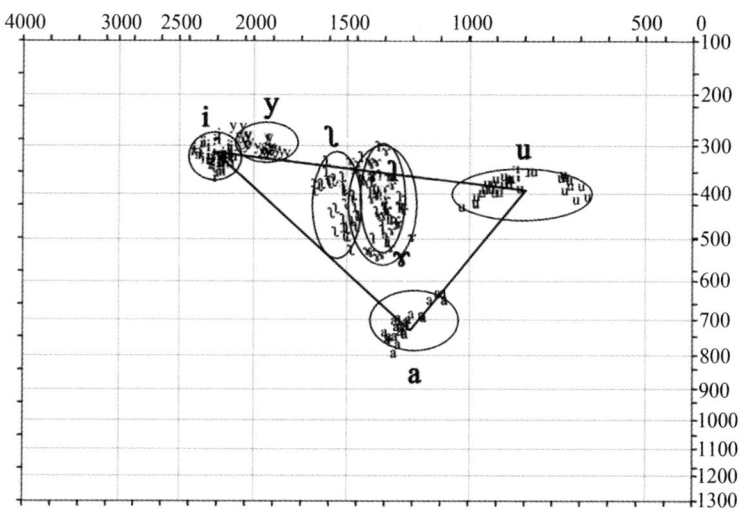

图 1—7　M3 汉语声学元音图

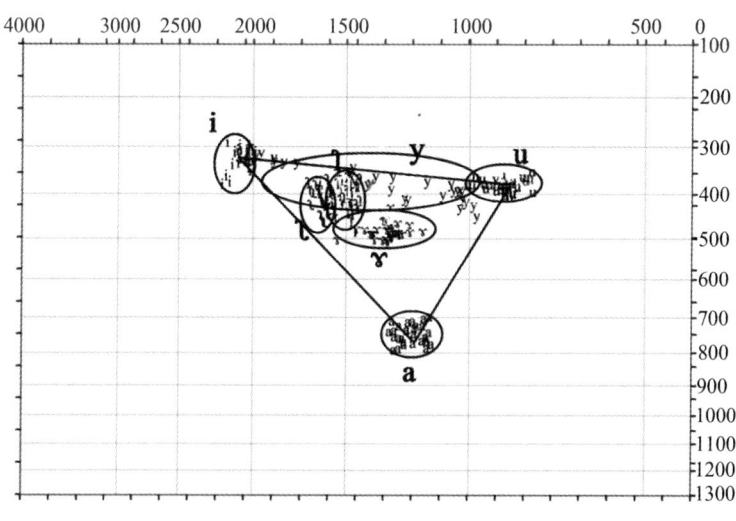

图 1—8　M4 汉语声学元音图

元音/a/的发音情况。M1、M2、M3 和 M4 中元音/a/的共振峰 F_1 的平均数值分别为 772Hz、821Hz、704Hz 和 746Hz，均小于男性汉语母语者；共振峰 F_2 的平均数值分别为 1328Hz、1413Hz、1222Hz 和 1215Hz，同样均小于男性汉语母语者，说明塔吉克族男性发元音/a/时舌位不够低，不够靠前，这是塔吉克族男性发音的共性之一。

元音/i/的发音情况。M1、M2、M3 和 M4 中元音/i/的共振峰 F_1 的平均数值分别为 323Hz、279Hz、323Hz 和 326Hz，其中 M2 中 F_1 的平均数值小于男性汉语母语者，其他三人与汉语母语者相差不大；共振峰 F_2 的平均数值分别为 2459Hz、2335Hz、2238Hz 和 2065Hz，均小于男性汉语母语者，且相差 300—700Hz。在元音/i/的 F_1 数值上，M2 表现出了个体差异性，舌位相对较高，而在 F_2 数值上，四人又表现出了共性，说明塔吉克族男性发元音/i/时舌位远不够靠前。

元音/u/的发音情况。M1、M2、M3 和 M4 中元音/u/的共振峰 F_1 的平均数值分别为 429Hz、212Hz、382Hz 和 379Hz，其中 M3 和 M4 中 F_1 的平均数值与汉语母语者相差不大，M1 的平均数值大于汉语母语者，M2 的平均数值小于汉语母语者；共振峰 F_2 的平均数值分别为 873Hz、1055Hz、843Hz 和 886Hz，均大于汉语母语者，其中 M2 中 F_2 的平均数值最大，与汉语母语者相差约 300Hz，其余三人与汉语母语者相差 100—150Hz。这说明在元音/u/的发音上，M1 的舌位相对较低和较前，M2 的舌位相对较高和更为靠前，M3 和 M4 的舌位相对靠前，各个塔吉克族男性元音/u/的发音与汉语母语者存在的差异有着个体特殊性。

可以看出，元音/a/、/i/和/u/均为 4 人的声学元音图中的顶点元音，彼此两两连接成一个三角形。其中，M1、M3 和 M4 中元音/i/和/a/的连线要长于元音/u/和/a/的连线，形成的三角形为不规则的锐角三角形；M2 的情况与之相反，元音/i/和/a/的连线几乎与元音/u/和/a/的连线等长，形成的三角形可看成等边三角形。根据上文的分析，M2 发的元音/u/舌位高于元音/i/，且舌位靠前，缩短了与元音/a/和/i/的距离，所以声学元音图上呈现的三角形与其他发音人明显不同。

元音/y/的发音情况。M1、M2、M3 和 M4 中元音/y/的共振峰 F_1 的平均数值分别为 320Hz、306Hz、295Hz 和 374Hz，其中 M2 中 F_1 的平均数值与男性汉语母语者几乎一致，M1 和 M3 的平均数值分别略大于和略小于汉语母语者，M4 的平均数值与汉语母语者相差约 70Hz，整体来看，差异不明显；共振峰 F_2 的平均数值分别为 2196Hz、2046Hz、1958Hz 和

1364Hz，均小于男性汉语母语者，M1、M2 和 M3 三人元音/y/中 F_2 的平均数值与汉语母语者相差 40—280Hz，与 M4 近 900Hz 的差距相比差异相对并不明显。根据 M4 的声学元音图，我们发现 M4 发的/y/水平跨度较广，近乎与元音/i/和/u/相连，具有明显的动程。这是因为该发音人发元音/y/时舌位不稳定，发音起始时舌位尚能保持在较高较前的位置，然而随着声音的发出，在唇形变圆的同时，舌位逐渐向后移至元音/u/的位置，造成了该元音的发音偏误。因此，在元音/y/的发音上，M1 的舌位略低且靠后，M2 的舌位相对靠后，M3 的舌位略高且靠后，M4 的舌位相对较低、舌位前后跨度大而靠后，体现了该元音发音在共性中的个体差异性。

舌尖元音/ʅ/的发音情况。M1、M2、M3 和 M4 中元音/ʅ/的共振峰 F_1 的平均数值分别为 436Hz、344Hz、414Hz 和 411Hz，其中 M2 中 F_1 的平均数值略小于男性汉语母语者，相差约 30Hz，M1、M3 和 M4 的平均数值略大于汉语母语者，差值在 40—65Hz；共振峰 F_2 的平均数值分别为 1689Hz、1729Hz、1536Hz 和 1618Hz，均小于男性汉语母语者，差值在 130—325Hz。说明在舌尖元音/ʅ/的发音上，M1、M3 和 M4 的舌位略低于汉语母语者，M2 的舌位略高于汉语母语者，所有塔吉克族男性的舌位都相对靠后，体现了其元音发音的共性特征。

舌尖元音/ɿ/的发音情况。M1、M2、M3 和 M4 中元音/ɿ/的共振峰 F_1 的平均数值分别为 436Hz、324Hz、409Hz 和 401Hz，其中 M2 中 F_1 的平均数值略小于男性汉语母语者，相差约 50Hz，M1、M3 和 M4 的平均数值略大于男性汉语母语者，差值在 25—60Hz；共振峰 F_2 的平均数值分别为 1562Hz、1474Hz、1344Hz 和 1496Hz，其中 M1 中 F_2 的平均数值略大于男性汉语母语者，相差约 20Hz，M2、M3 和 M4 的平均数值小于男性汉语母语者，相差 50—200Hz。在舌尖元音/ɿ/的发音上，M1 的舌位相对略低和靠前，M2 的舌位相对略高和靠后，M3 和 M4 的舌位相对略低和靠后。这说明元音/ɿ/的发音体现了塔吉克族男性发音的个体差异性。

元音/ɤ/的发音情况。M1、M2、M3 和 M4 中元音/ɤ/的共振峰 F_1 的平均数值分别为 513Hz、386Hz、418Hz 和 483Hz，其中，M4 中 F_1 的平均数值几乎与男性汉语母语者一致，M1 的平均数值略大于男性汉语母语者，相差约30Hz，M2 和 M3 的平均数值小于男性汉语母语者，差值在65—100Hz；共振峰 F_2 的平均数值分别为 1429Hz、1354Hz、1341Hz 和 1317Hz，M2 中 F_2 的平均数值与男性汉语母语者基本一致，M1 的平均数值大于男性汉语母语者，差值约70Hz，M3 和 M4 的平均数值略小于男性汉语母语者，相差 15—40Hz。说明在元音/ɤ/的发音上，M1 的舌位略低而靠前，M2 的舌位相对较高，M3 的舌位相对较高和略靠后，M4 的舌位略靠后。

值得注意的是，汉语普通话中元音/ɤ/的分布范围是一个由上到下的狭长带，具有明显的动程。M1 所发元音/ɤ/的 F_1 范围在 400—650Hz，F_2 的范围在 1300—1550Hz，其高低维度上的差值约为 150Hz，远小于男性汉语母语者，前后维度上的差值约为 250Hz，大于汉语母语者。由于声学元音图的 x 坐标轴和 y 坐标轴的单位长度不同，尽管图中显示 M1 所发元音/ɤ/的分布范围是一个两头长、中间窄的椭圆形，但元音/ɤ/的前后维度上的活动范围是大于高低维度上的活动范围的。从游离性来看，M1 发的元音/ɤ/在高低维度上的动程没有男性汉语母语者明显，且舌位在高低移动的过程中，前后位置保持不稳定，与男性汉语母语者的发音具有一定的差异。同理求出 M2、M3 和 M4 元音/ɤ/在前后维度上和高低维度上的分布范围。M2 中 F_1 的差值约为 415Hz，F_2 的差值约为 430Hz，均大于男性汉语母语者，M2 发的元音/ɤ/虽然具有自上而下的游离性，但依旧与男性汉语母语者差异较大；M3 中 F_1 的差值约为 230Hz，小于男性汉语母语者，F_2 的差值约为 270Hz，大于男性汉语母语者，M3 发的元音/ɤ/具有自上而下的游离性，同时与男性汉语母语者差异较大；M4 中 F_1 的差值约为 80Hz，远远小于男性汉语母语者，F_2 的差值约为 370Hz，大于男性汉语母语者，从游离性上看，M4 发的元音/ɤ/不具有由上而下明显的动程，与男性汉语母语者差异较大。

通过对比男性汉语母语者和 4 位塔吉克族男性的汉语一级声学元音图，我们发现，除了元音/a/、/i/和/ɤ/，其他元音在不同发音人的声学元音图中分布范围并不稳定，如 M1 发的元音/ʅ/和/ɿ/，M2 发的元音/u/和/ɿ/，M3 发的元音/u/、/ʅ/和/ɿ/，M4 发的元音/y/和/u/。与元音/ɤ/不同，这些元音的分布范围大于汉语母语者并非由于自身的游离性,而是发音人发音的不稳定性,从而导致 F_1 和 F_2 的数值浮动较大。

以下为 4 名塔吉克族女性的汉语声学元音图(图 1—9 至图 1—12)和女性发音人(包括汉语母语者)汉语一级元音共振峰均值对照表(表 1—4),为方便描述,我们将 4 名塔吉克族女性分别称为 W1、W2、W3 和 W4。

表 1—4　　　女性发音人汉语一级元音 F_1、F_2 均值对照　　　(单位:Hz)

发音人	一级元音	F_1	F_2	发音人	一级元音	F_1	F_2
汉语母语者	/a/	1150	1586	汉语母语者	/ʅ/	464	2149
W1		1105	1594	W1		486	1958
W2		1073	1608	W2		430	1865
W3		967	1603	W3		414	1936
W4		1099	1635	W4		538	1870
汉语母语者	/i/	375	2973	汉语母语者	/ɿ/	472	1423
W1		328	2842	W1		506	1615
W2		268	3031	W2		379	1634
W3		278	2706	W3		437	1660
W4		352	2868	W4		573	1542
汉语母语者	/u/	448	627	汉语母语者	/ɤ/	661	1425
W1		391	755	W1		621	1526
W2		356	770	W2		557	1618
W3		410	838	W3		561	1377
W4		450	942	W4		669	1470
汉语母语者	/y/	384	2410				
W1		359	2397				
W2		295	2481				
W3		298	2220				
W4		372	2375				

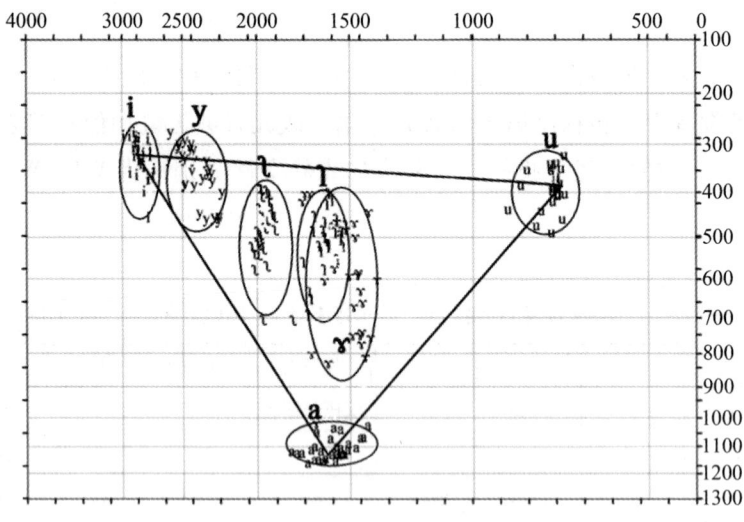

图1—9　W1汉语声学元音图

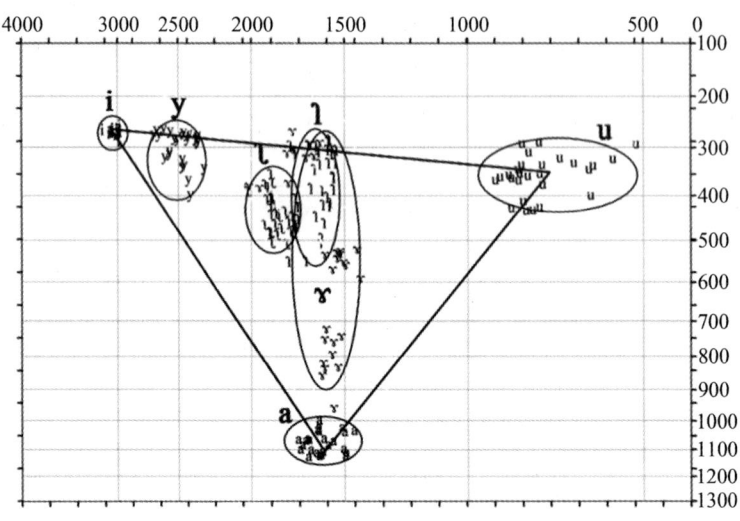

图1—10　W2汉语声学元音图

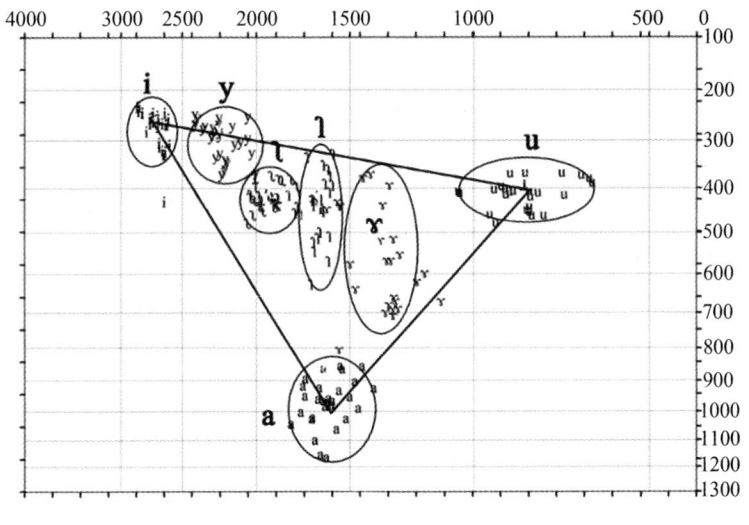

图1—11　W3汉语声学元音图

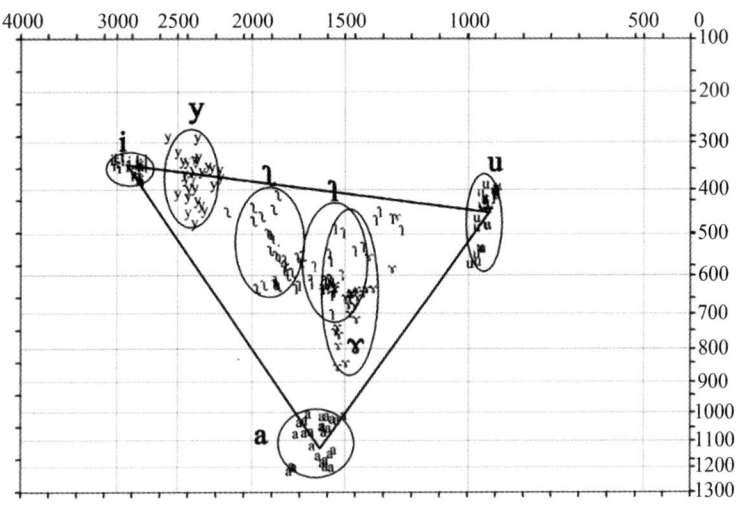

图1—12　W4汉语声学元音图

元音/a/的发音情况。W1、W2、W3和W4中元音/a/的共振峰F_1的平均数值分别为1105Hz、1073Hz、967Hz和1099Hz，均小于女性汉语母语者，差值在45—180Hz；共振峰F_2的平均数值分别为1594Hz、1608Hz、1603Hz和1635Hz，全部略大于女性汉语母语者，差值在10—50Hz，差距较小，说明在发元音/a/时舌位相对较高，舌位略微靠前。塔吉克族女性在元音/a/的发音上表现出了一致性，这是她们元音发音的共性之一。

元音/i/的发音情况。W1、W2、W3 和 W4 中元音/i/的共振峰 F_1 的平均数值分别为 328Hz、268Hz、278Hz 和 352Hz，均小于女性汉语母语者，相差 20—105Hz；共振峰 F_2 的平均数值分别为 2842Hz、3031Hz、2706Hz 和 2868Hz，其中 W2 中 F_2 的平均数值大于女性汉语母语者，相差 60Hz 左右，W1、W3 和 W4 的平均数值均小于女性汉语母语者，差值在 100—260Hz。说明在元音/i/的发音上，W2 的舌位略微靠前，W1、W3 和 W4 的舌位相对靠后，所有塔吉克族女性的舌位均相对较高，体现了其元音发音的共性特征。

元音/u/的发音情况。W1、W2、W3 和 W4 中元音/u/的共振峰 F_1 的平均数值分别为 391Hz、356Hz、410Hz 和 450Hz，其中，W4 中 F_1 的平均数值与女性汉语母语者几乎一致，W1、W2 和 W3 的平均数值低于女性汉语母语者，数值相差不大，在 35—95Hz 之间；共振峰 F_2 的平均数值分别为 755Hz、770Hz、838Hz 和 942Hz，均大于女性汉语母语者，差值在 125—315Hz，其中 W3 和 W4 的平均数值与女性汉语母语者相差较大。说明在元音/u/的发音上，W1 和 W2 的舌位略高且略靠前，W3 的舌位略高且较为靠前，W4 的舌位相对最为靠前。这说明了塔吉克族女性在元音发音的共性上，同时也存在着个体特殊性。

元音/a/、/i/和/u/均为 4 位塔吉克族女性的声学元音图中的顶点元音，将彼此两两连接成一个三角形。通过观察图 1—9 至图 1—12，我们发现 W1 和 W2 形成的三角形均为等腰三角形，图中元音/i/和/a/的连线基本等于元音/u/和/a/的连线；W3 和 W4 形成的是一个不规则的锐角三角形，图中元音/i/和/a/的连线要略长于元音/u/和/a/的连线。根据上文的分析，W3 和 W4 所发元音/u/的共振峰 F_1 和 F_2 的平均数值均大于 W1 和 W2，舌位略低而相对靠前，缩短了与元音/a/的距离，因此 W3 和 W4 声学元音图中的三个顶点元音未能相连成一个等腰三角形。

元音/y/的发音情况。W1、W2、W3 和 W4 中元音/y/的共振峰 F_1 的平均数值分别为 359Hz、295Hz、298Hz 和 372Hz，均小于女性汉语母语者，差值在10—90Hz，相差不大，W4的差值略小，可忽略不计；共振峰F_2的平均数值分别为2397Hz、2481Hz、2220Hz和2375Hz，W2中F_2的平均数值大于女性汉语母语者，相差约70Hz，W1、W3和W4的平均数值小于女性汉语母语者，差值在10—190Hz，其中W1的差值略小，可忽略不计。这说明在发元音/y/时，塔吉克族女性的舌位均有不同程度的提高，体现了汉语元音发音的共性特征，其中W4发音时舌位的高位置相对标准；W2的舌位略靠前，W3和W4的舌位相对靠后，W1发音时舌位的前后位置相对标准。

舌尖元音/ɿ/的发音情况。W1、W2、W3和W4中元音/ɿ/的共振峰F_1的平均数值分别为486Hz、430Hz、414Hz和538Hz，其中W1和W4中F_1的平均数值大于女性汉语母语者，相差20—75Hz，W2和W3的平均数值小于女性汉语母语者，差值在35—50Hz；共振峰F_2的平均数值分别为1958Hz、1865Hz、1936Hz和1870Hz，均小于女性汉语母语者，差值在190—285Hz。说明在舌尖元音/ɿ/的发音上，W1和W4的舌位略低于女性汉语母语者，W2和W3的舌位略高于女性汉语母语者，所有塔吉克族女性的舌位都相对靠后，体现了其舌尖元音/ɿ/发音的共性特征。

舌尖元音/ʅ/的发音情况。W1、W2、W3和W4中元音/ʅ/的共振峰F_1的平均数值分别为506Hz、379Hz、437Hz和573Hz，其中W1和W4的平均数值大于女性汉语母语者，差值在35—100Hz，W2和W3中F_1的平均数值小于女性汉语母语者，差值在35—95Hz；共振峰F_2的平均数值分别为1615Hz、1634Hz、1660Hz和1542Hz，均大于女性汉语母语者，相差120—210Hz。在舌尖元音/ʅ/的发音上，W1和W4的舌位相对较低，W2和W3的舌位相对略高，塔吉克族女性的舌位全都相对靠前，体现了塔吉克族女性舌尖元音/ʅ/发音的共性特征。

元音/ɤ/的发音情况。W1、W2、W3和W4中元音/ɤ/的共振峰F_1的平均数值分别为621Hz、557Hz、561Hz和669Hz，其中W4的平均数值基本与女性汉语母语者一致，W1、W2和W3的平均数值均小于女性汉语母语者，数值相差40—105Hz；共振峰F_2的平均数值分别为1526Hz、1618Hz、1377Hz和1470Hz，其中W3中F_2的平均数值小于女性汉语母语者，差值约为50Hz，其余三人的平均数值均大于汉语母语者，差值在

45—195Hz。这说明在元音/ɤ/的发音上，塔吉克族女性的个体差异较大，W1和W2的舌位高于汉语母语者，且舌位更加靠前，W3的舌位相对较高而略靠后，W4的舌位相对靠前。

与上文分析塔吉克族男性元音/ɤ/的方法一样，女性汉语母语者在发元音/ɤ/时同样具有明显的动程，它的分布范围是一个由上到下的狭长带。女性汉语母语者所发元音/ɤ/的F_1范围在450—880Hz，高低维度上的差值约为430Hz；F_2的范围在1320—1560Hz，其前后维度上差值约为240Hz，高低维度上的差值比前后维度上的大190Hz。计算出塔吉克族女性元音/ɤ/在高低维度上F_1和F_2各自的差值，并与女性汉语母语者的数值进行对比。其中，W1中F_1的差值约为615Hz，F_2的差值约为360Hz，虽然两个维度上的差值大于女性汉语母语者，但是W1在高低维度上的数值远大于前后维度上的数值，因此W1发的元音/ɤ/具有由上到下的明显的动程，符合汉语普通话的发音特征，但是发音时舌位前后位置的保持不够稳定；W2中F_1的差值约为690Hz，F_2的差值约为590Hz，均大于汉语母语者，因此W2的元音/ɤ/发音虽然具有由上到下的明显的动程，但舌位在上下移动的同时前后位置变化更加明显，元音/ɤ/的发音较不稳定；W3中F_1和F_2的差值分别为453Hz和540Hz，W4中F_1和F_2的差值分别为393Hz和334Hz，两者的情况与W2基本一致，故不在此赘述。

通过对比4位塔吉克族女性和女性汉语母语者的汉语一级声学元音图，我们发现七个汉语一级元音/a/、/i/、/u/、/y/、/ɤ/、/ɿ/和/ʅ/在不同发音人的声学元音图中分布范围均有不稳定的情况存在，如W1发的元音/i/、/y/、/ʅ/和/ɿ/，W2发的元音/u/和/ɿ/，W3发的元音/a/、/u/和/ɿ/，W4发的元音/y/、/u/、/ʅ/和/ɿ/。元音/ɤ/的分布范围主要受到自身的游离性和发音时舌位前后位置的不稳定的双重影响，其他元音均是由发音人发音时舌位前后高低位置的不稳定造成的。

3. 汉塔汉语声学元音图对比

我们将各个塔吉克族男性发音人和塔吉克族女性发音人的汉语一级元音的共振峰F_1和F_2的数值进行归一，并绘制出能够反映其整体发音情况的声学元音图（图1—13至图1—14）。

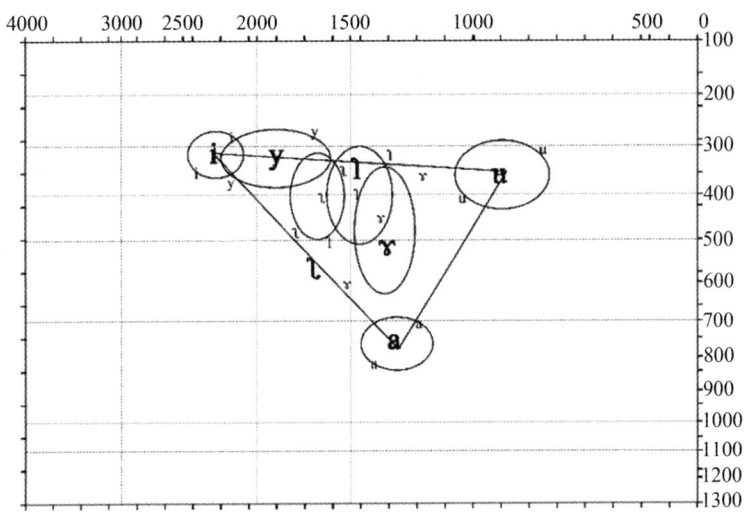

图1—13 塔吉克族男性汉语声学元音图

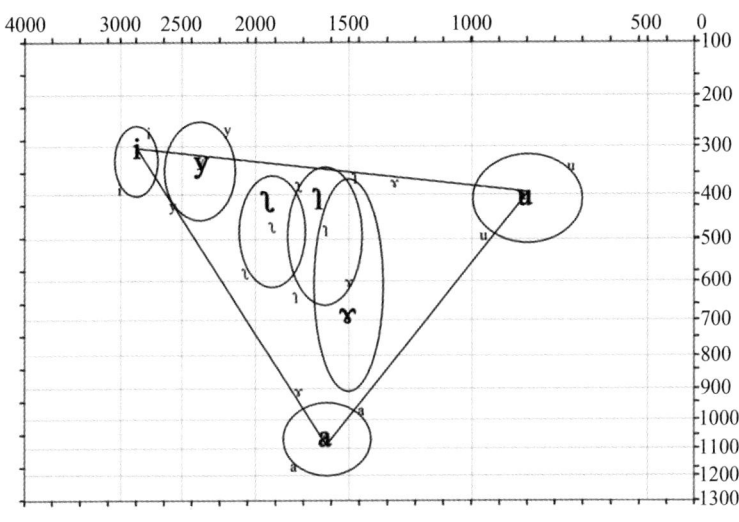

图1—14 塔吉克族女性汉语声学元音图

根据性别分别将塔吉克族发音人和汉族发音人的汉语声学元音图进行对比分析,我们发现塔吉克族的汉语元音发音存在性别上的差异之处,具体表现如下(两组发音人分别简称为男性组和女性组):(1)男性组发元音/a/时舌位比汉语母语者靠后,而女性组发元音/a/时舌位比汉语母语者靠前;(2)男性组发元音/i/时在舌位高低维度上总体与汉语母语者一致,而女性组发元音/i/时舌位高于汉语母语者;(3)女性组发元音/u/时舌位高于汉语母语者,而男性组发的元音/u/具有个体差异性;(4)男性组发元音/y/时舌位比汉语母语者靠后,但是在高低维度上舌位情况不具有共性特征;女性组发元音/y/时舌位高于汉语母语者,但是,在前后维度上,舌位情况不具有共性特征;(5)女性组发舌尖元音/ɿ/时舌位比汉语母语者靠后,而男性组发的元音/ɿ/不具备舌位上的共性特征;(6)男性组的舌位整体偏后,女性组的舌位整体偏高;(7)男性组汉语一级声学元音图中三角形的面积均小于女性组。

为从整体上反映塔吉克族和汉语母语者的汉语声学元音图的差异,我们忽略男女性别上的发音特征,将塔吉克族发音人和汉语母语发音人汉语一级元音的共振峰 F_1 和 F_2 的数值进行归一,并绘制出能够反映其整体发音情况的声学元音图(图1—15 至图1—16)。

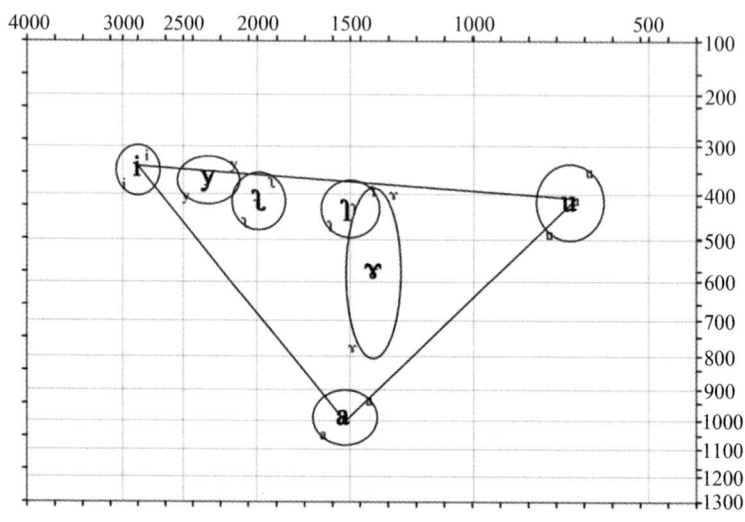

图1—15 汉语母语者声学元音图

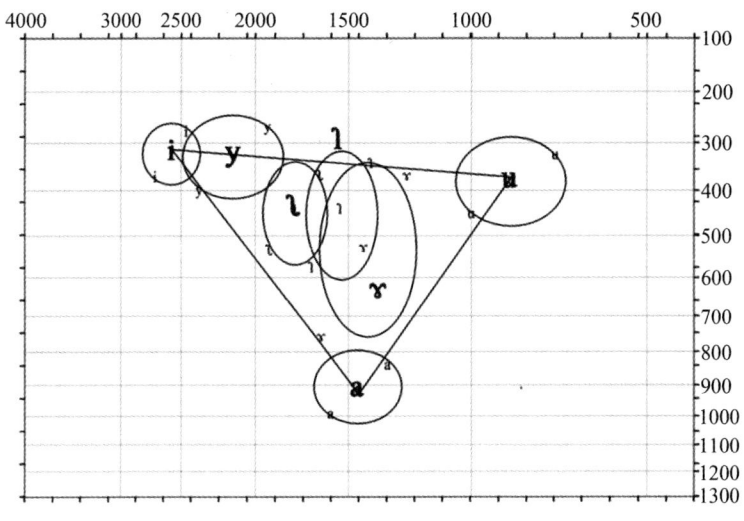

图 1—16　塔吉克族汉语声学元音图

由上图所示，我们发现，塔吉克族的汉语元音发音与汉语母语者主要存在以下差异：（1）塔吉克族的三个顶点元音围成的三角形面积小于汉语母语者，即塔吉克族的汉语元音发音范围小于汉语母语者，塔吉克族的发元音/a/时舌位较高，发元音/i/时舌位较后，发元音/u/时舌位较前；（2）塔吉克族发舌尖元音/ʅ/时舌位比汉语母语者靠后，发舌尖元音/ɿ/时舌位又略微靠前，导致两个元音的发音出现交叉重叠的部分；（3）塔吉克族发元音/ɤ/时舌位总体靠前；（4）除了元音/i/的发音较为集中，塔吉克族所发的其他汉语元音的活动范围均大于汉语母语者，发音不够紧凑集中。

（二）汉语元音 V 值图对比分析

1. 汉语元音 V 值图

我们将实验测得的男性汉语母语者的元音 V 值数据以表格的形式呈现（表1—5），并绘制出相应的元音格局图（图1—17）。

表1—5　　　　　　　男性汉语母语者汉语元音 V 值

汉语一级元音	V_1	V_2
/a/	100	48
/i/	0	100
/u/	10	0
/y/	4	82
[ɤ]	35	43
/ɿ/	11	53
/ʅ/	9	67

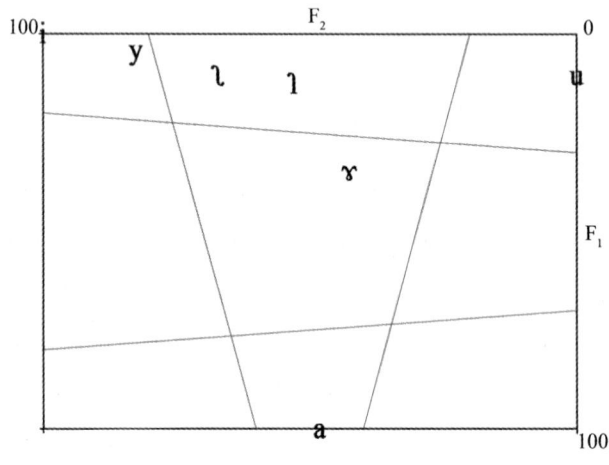

图1—17　男性汉语母语者汉语元音 V 值图

通过观察男性汉语母语者的元音格局图,我们发现,从舌位高低的维度来看,汉语普通话中有五个高元音,分别是/i/、/y/、/ʅ/、/ɿ/和/u/,只有一个中元音/ɤ/和低元音/a/。

根据男性汉语母语者 V 值表和元音格局图可知,元音/a/的 V_1 为100,表示舌位最低,V_2 为48,表示位于舌面的中部。/a/是一个央、低元音。

元音/i/的 V_1 为0,表示舌位最高,V_2 为100,表示舌位最靠前。元音/i/在男性母语者的元音格局中处于最高、最前的位置,位于元音格局图中的左上顶点,是一个前、高元音。

元音/u/的 V_1 为 10，表示舌位较高，V_2 为 0，表示舌位最靠后。元音/u/是一个后、高元音。

元音/y/的 V_1 为 4，表示舌位很高，V_2 为 82，表示舌位靠前。元音/y/在男性母语者的元音格局中处于高而靠前的位置，是一个前、高元音，位于元音/i/的后下方。

元音/ɤ/的 V_1 为 35，表示舌位中间偏高，V_2 为 43，表示舌位位于舌面中部靠后。/ɤ/是一个央而偏后的半高元音。

元音/ɿ/的 V_1 为 11，表示舌位较高，V_2 为 53，表示舌位位于舌面中部。元音/ɿ/是一个央、高元音。

元音/ʅ/的 V_1 为 9，表示舌位较高，V_2 为 67，表示舌位位于舌面中部偏前。/ʅ/是一个央而略前的高元音。

我们将实验测得的女性汉语母语者的元音 V 值数据以表格的形式呈现（表1—6），并绘制出相应的元音格局图（图1—18）。

表1—6　　　　　　　女性汉语母语者汉语元音 V 值

汉语一级元音	V_1	V_2
/a/	100	56
/i/	0	100
/u/	12	0
/y/	5	85
/ɤ/	44	49
/ɿ/	16	49
/ʅ/	15	77

根据女性汉语母语者的元音格局图显示，元音/i/、/y/、/ɿ/、/ʅ/和/u/在汉语一级元音中属于高元音，元音/ɤ/为中元音，元音/a/为低元音与男性汉语母语者的元音格局图表现一致。

由女性汉语母语者 V 值表和元音 V 值图可知，元音/a/的 V_1 为 100，表示舌位最低，V_2 为 56，表示位于舌面的中部靠前的位置。/a/是一个央而前的低元音。

元音/i/的 V_1 为 0，表示舌位最高，V_2 为 100，表示舌位最靠前。元

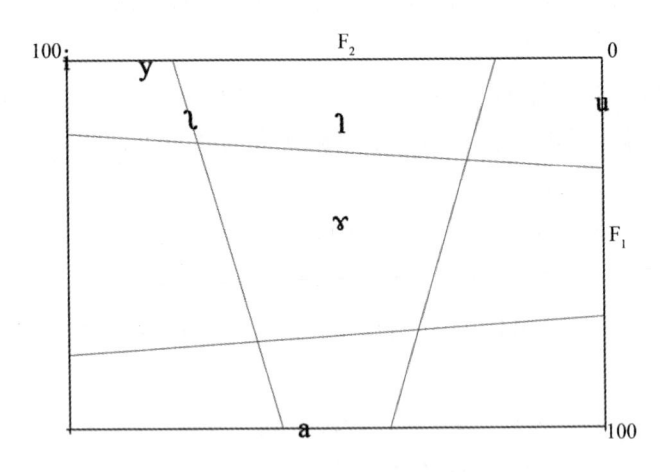

图1—18　女性汉语母语者汉语元音 V 值图

音/i/在女性汉语母语者的元音格局中处于最高、最前的位置，位于元音格局图中的左上顶点，是一个前、高元音。

元音/u/的 V_1 为12，表示舌位较高，V_2 为0，表示舌位最靠后。元音/u/是一个后、高元音。

元音/y/的 V_1 为2，表示舌位很高，V_2 为85，表示舌位靠前。元音/y/是一个前、高元音，位于元音/i/的后方偏下的位置。

元音/ɤ/的 V_1 为44，表示舌位中间偏高，V_2 为49，表示舌位位于舌面中部。/ɤ/是一个央、半高元音。

元音/ɿ/的 V_1 为16，表示舌位较高，V_2 为49，表示舌位位于舌面中部。元音/ɿ/是一个央、高元音。

元音/ʅ/的 V_1 为15，表示舌位较高，V_2 为77，表示舌位位于舌面中部偏前。/ʅ/是一个央而靠前的高元音。

男性汉语母语者和女性汉语母语者的汉语一级元音发音在具体的 V 值数值上存在差异，元音 V 值图上各元音的相对位置并不相同，而同一元音依然都保持在标准范围内。元音/a/为央、低元音，/i/和/y/均为前、高元音，/u/为后、高元音，/ɤ/为央、半高元音，/ɿ/和/ʅ/均为央、高元音。/a/、/i/和/u/分别为最底部、最前端和最后端的顶点元音。这说明汉语母语者的汉语元音发音在性别上存在差异，同时也有着共同的特性。

2. 塔吉克族汉语元音 V 值图

表1—7　　　　　　　男性发音人汉语一级元音 V 值

发音人	一级元音	V_1	V_2	发音人	一级元音	V_1	V_2
汉语母语者	/a/	100	48	汉语母语者	/ɤ/	35	43
M1		100	38	M1		47	45
M2		100	35	M2		33	30
M3		100	36	M3		33	45
M4		100	35	M4		41	45
汉语母语者	/i/	0	100	汉语母语者	/ɿ/	11	53
M1		1	100	M1		29	54
M2		13	100	M2		22	41
M3		8	100	M3		31	45
M4		0	100	M4		20	60
汉语母语者	/u/	10	0	汉语母语者	/ʅ/	8	67
M1		27	0	M1		29	62
M2		0	0	M2		25	61
M3		24	0	M3		32	59
M4		14	0	M4		23	70
汉语母语者	/y/	4	82				
M1		0	88				
M2		18	83				
M3		0	85				
M4		13	49				

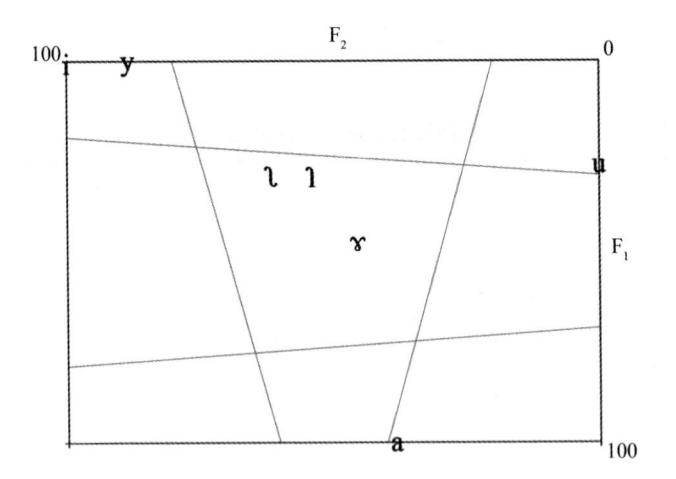

图 1—19　M1 汉语一级元音 V 值图

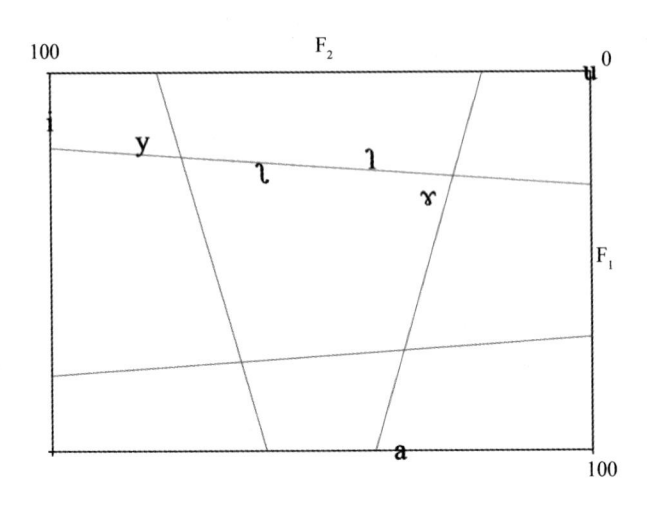

图 1—20　M2 汉语一级元音 V 值图

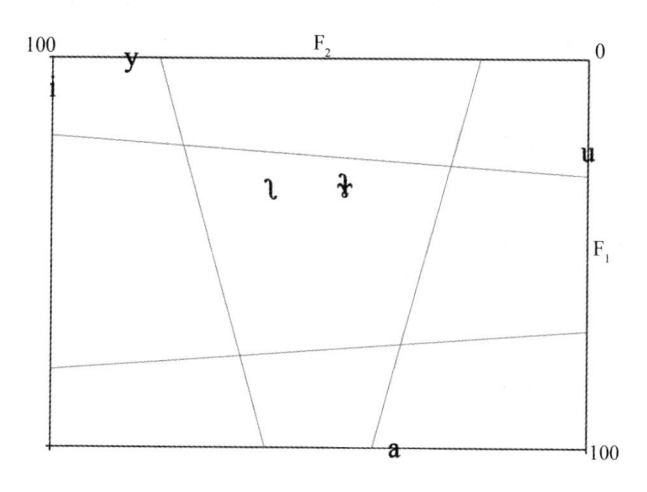

图 1—21　M3 汉语一级元音 V 值图

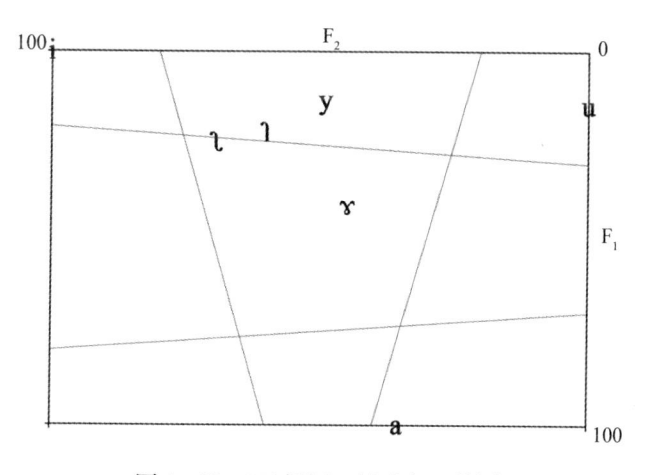

图 1—22　M4 汉语一级元音 V 值图

以上是男性发音人（包括汉语母语者）汉语一级元音 V 值表（表 1—7）和 4 名塔吉克族男性汉语一级元音 V 值图（图 1—19 至图 1—22）。根据表 1—7 可知，塔吉克族男性大部分元音的 V 值数据都与汉语母语者存在差异，在元音 V 值图上的表现为不同发音人所发的某一汉语元音的相对位置各不相同。本章借鉴刘丽臣（2019）使用的方法对汉语一级元音的 V 值进行分析，以塔吉克族的汉语元音发音是否位于正确的位置为判断依据，如元音/a/为央、低元音，若该元音在某发音人的 V 值图中表现为后、低元音,则将其判定为出现了发音偏误;若该元音位于正确的位置,则与汉语母语者的 V 值数值进行对比,数值相差 10 及以上的判定为出现了发音偏误音。

元音/a/的发音在 M1、M2、M3 和 M4 中均为舌位后偏前的央元音,并未处于标准位置,出现了舌位前后维度上的偏误,发音时舌位比汉语母语者靠后。M1、M2、M3 和 M4 的 V_1 均为 100,与汉语母语者一致,位于 V 值图的最底部,为顶点元音之一。

元音/i/的发音在 M1、M2、M3 和 M4 中均为前、高元音,处于标准位置。4 人的 V_1 分别为 1、13、8、0,其中 M2 的 V_1 值与汉语母语者相差 13 个数值,超出了误差范围,出现了发音偏误,说明发音时舌位略低,M1、M3 和 M4 的 V_1 在误差范围内,舌位高低相对标准。M1、M2、M3 和 M4 的 V_2 均为 100,与汉语母语者一致,位于 V 值的最前端。

元音/u/的发音在 M1、M2、M3 和 M4 中均为后、高元音,处于标准位置。V_1 分别为 27、0、24、14,其中 M1 和 M3 分别比汉语母语者大 17 和 14 个数值,说明发音时舌位相对较低,M2 小于汉语母语者 10 个数值,舌位略高,M4 的 V_1 在误差范围内,舌位高低标准。M1、M2、M3 和 M4 的 V_2 均为 0,与汉语母语者一致,位于 V 值的最后端。

元音/y/的发音在 M1、M2 和 M3 中为前、高元音,处于标准位置。三人的 V_1 分别为 0、18、0,其中 M1 和 M3 在误差范围内,舌位高低标准,M2 的 V_1 比汉语母语者大 14 个数值,超过误差范围,说明舌位相对较低,出现了发音偏误。M1、M2 和 M3 的 V_2 分别为 88、83、85,与汉语母语者的差值在误差范围内,舌位前后标准。元音/y/在 M4 中表现为央、高元音,并非标准位置,其 V_1 在误差范围内,舌位高低相对标准,而 V_2 远远小于汉语母语者,相差 33 个数值,说明舌位靠后,出现明显的发音偏误。

元音/ɤ/的发音在 M1、M2、M3 和 M4 中均为央、半高元音,处于标准位置。他们的 V_1 分别为 47、33、33、41,其中 M2、M3 和 M4 与汉语母语者数值相差在 10 以内,舌位高低标准,而 M1 的差值为 12 个数值,舌位相对较低,出现了发音偏误。M1、M2、M3 和 M4 的 V_2 分别为 45、30、45、45,其中 M1、M3 和 M4 的舌位前后标准,M2 与汉语母语者相差 13 个数值，发音时舌位靠后，出现发音偏误。

元音/ɿ/的发音在 M1 和 M3 中为央、半高元音，并非标准位置，舌位较低，出现了舌位高低维度上的发音偏误，其 V₂ 分别为 54 和 45，与汉语母语者的差值在 10 以内，舌位前后标准。M2 和 M4 为央、高元音，处于标准位置。M2 的 V₁ 和 V₂ 分别为 22 和 41，差值均超过误差范围，舌位相对较低且靠后，出现发音偏误。M4 的 V₁ 和 V₂ 与汉语母语者相差在小于 10 个数值，发音较为标准。

元音/ʅ/的发音在 M1 和 M3 中为央、半高元音，并非标准位置，舌位较低，出现了舌位高低维度上的发音偏误，其 V₂ 分别为 62 和 59，与汉语母语者的差值在 10 以内，舌位前后标准。M2 和 M4 为央、高元音，其中 M2 位于高元音和中元音的分界线上，此处判定为高元音。M2 和 M4 的 V₁ 分别为 25 和 23，与汉语母语者均相差 10 个数值以上，舌位相对较低，出现发音偏误；V₂ 分别为 61 和 70，处于误差范围内，舌位前后位置标准。

在汉语母语者元音 V 值图中，元音/a/、/i/和/u/为三个顶点元音，分别表示元音发音的最低点、最高最前点和最后点。结合塔吉克族男性的元音 V 值图可知，M1 和 M3 中最高的元音为/y/，元音/i/位于/y/的前下方，为最靠前的元音。因此，M1 和 M3 有 4 个顶点元音，在前后维度上分别为元音/i/和元音/u/，在高低维度上分别为元音/y/和元音/a/。M2 和 M4 中有/i/、/a/和/u/三个顶点元音，与汉语母语者一致，不同之处是 M2 中舌位最高的元音是/u/，表示元音发音中最高最后的顶点。

从舌位的高低维度看，元音/i/、/y/和/u/为三个稳定的高元音，/ɤ/为中元音，/a/是唯一的低元音，位置稳定，元音/ɿ/和/ʅ/的位置不稳定，在高元音和中元音的分界线上下移动；从舌位的前后维度看，元音/i/是稳定的前元音，/ɤ/、/ɿ/和/ʅ/在央元音的范围内变化，/a/和/u/是两个稳定的后元音，元音/y/的相对位置体现出鲜明的个体差异性，整体来看，塔吉克族男性发的/y/属于前元音。

表1—8　　　　　　　　女性发音人汉语一级元音 V 值

发音人	一级元音	V_1	V_2	发音人	一级元音	V_1	V_2
汉语母语者	/a/	100	56	汉语母语者	/ɤ/	44	49
W1		100	54	W1		45	50
W2		100	51	W2		43	51
W3		100	53	W3		47	40
W4		100	48	W4		49	38
汉语母语者	/i/	0	100	汉语母语者	/ɿ/	16	49
W1		0	100	W1		28	55
W2		0	100	W2		17	52
W3		0	100	W3		28	56
W4		0	100	W4		36	42
汉语母语者	/u/	12	0	汉语母语者	/ʅ/	15	77
W1		10	0	W1		25	70
W2		14	0	W2		25	62
W3		23	0	W3		24	70
W4		17	0	W4		30	60
汉语母语者	/y/	2	85				
W1		5	86				
W2		4	84				
W3		4	82				
W4		4	82				

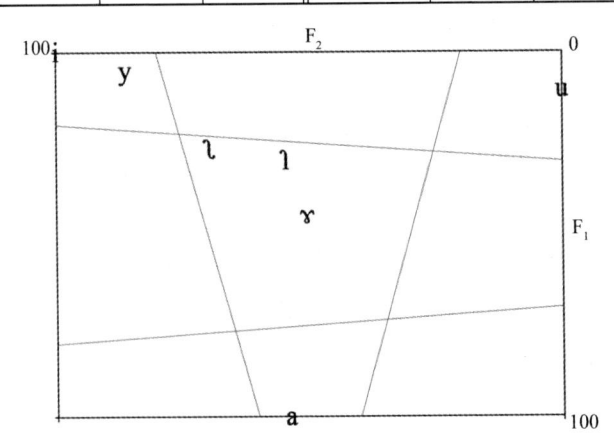

图1—23　W1 汉语一级元音 V 值图

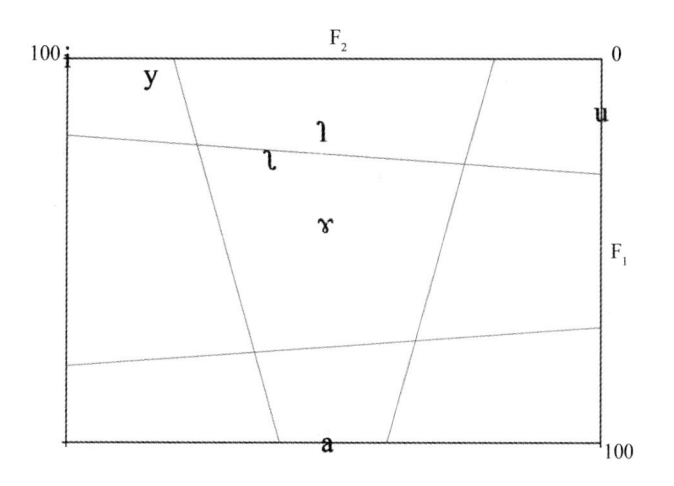

图 1—24　W2 汉语一级元音 V 值图

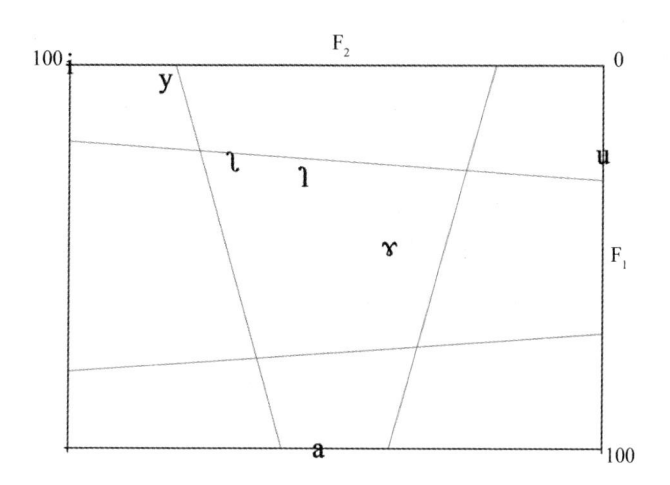

图 1—25　W3 汉语一级元音 V 值图

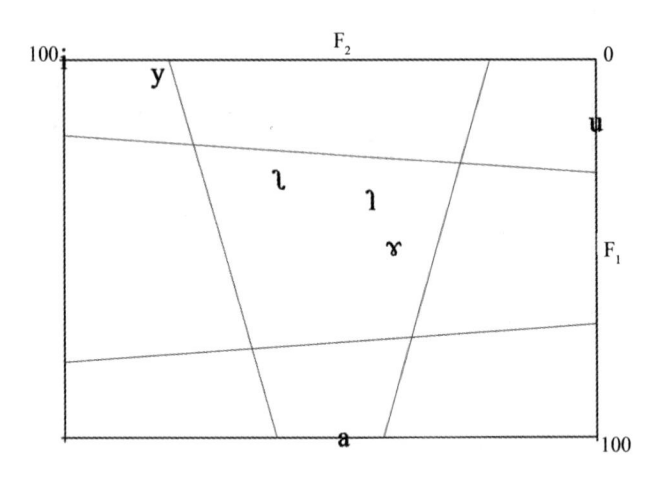

图1—26　W4汉语一级元音V值图

以上是女性发音人（包括汉语母语者）汉语一级元音 V 值表（表1—8）和 4 名塔吉克族女性汉语一级元音 V 值图（图 1—23 至图 1—26）。此处采用的 V 值分析方法与前文一致，故不再赘述。

根据图表可知，元音/a/的发音在 W1、W2、W3 和 W4 中均为央、低元音，处于标准位置。她们的 V_1 值均为 100，与汉语母语者一致，舌位高低标准，位于 V 值图的最底部，为顶点元音之一。W1、W2、W3 和 W4 的 V_2 值分别为 54、51、53、48，与汉语母语者的差值均小于 10 个数值，在误差范围内，舌位前后位置较为标准。塔吉克族女性发的元音/a/基本不存在发音偏误。

元音/i/的发音在 W1、W2、W3 和 W4 中均为前、高元音，处于标准位置。她们的 V_1 值均为 0，V_2 值均为 100，与汉语母语者完全一致，舌位标准，位于 V 值图的左上顶点，表示舌位最高和最前，为顶点元音之一。塔吉克族女性发的元音/i/不存在发音偏误。

元音/u/的发音在 W1、W2、W3 和 W4 中均为后、高元音，处于标准位置。她们的 V_1 值分别为 10、14、23、17，其中 W3 的 V_1 值比汉语母语者大 11 个数值，超出误差范围，说明发音时舌位相对较低，出现了发音偏误，W1、W2 和 W4 的 V_1 差值在误差范围内，舌位高低标准。W1、W2、W3 和 W4 的 V_2 值均为 0，与汉语母语者一致，舌位前后标准，位于 V 值图的最后端,表示舌位最靠后,同为顶点元音之一。

元音/y/的发音在 W1、W2、W3 和 W4 中均为前、高元音,处于标准位置。她们的 V_1 值分别为 5、4、4、4,与汉语母语者的差值均小于 10 个数值,在误差范围内,舌位高低标准。W1、W2、W3 和 W4 的 V_2 值分别为 86、84、82、82,与汉语母语者的差值均小于 10 个数值,在误差范围内,舌位前后标准。塔吉克族女性在元音/y/上不存在发音偏误。

元音/ɤ/的发音在 W1、W2、W3 和 W4 中均为央、半高元音,处于标准位置。他们的 V_1 分别为 45、43、47、49,与汉语母语者的 V_1 相差均小于 10 个数值,在误差范围内,舌位高低标准。W1、W2、W3 和 W4 的 V_2 分别为 50、51、40、38,其中 W1 和 W2 与汉语母语者的差值可忽略不计,舌位前后标准,W3 与汉语母语者相差 9 个数值,在误差范围内,舌位前后较为标准,W4 比汉语母语者小 11 个数值,超出误差范围,舌位略靠后,出现发音偏误。

元音/ɿ/的发音在 W1、W3 和 W4 中为央、半高元音,舌位偏低,出现发音偏误,其 V_2 值分别为 55、56 和 42,与汉语母语者的差值在 10 以内,舌位前后标准。W2 为央、高元音,处于标准位置,其 V_1 和 V_2 分别为 17 和 52,差值均未超过误差范围,舌位标准,未出现发音偏误。

元音/ʅ/的发音在 W1、W2、W3 和 W4 中均为央、半高元音,并非处于标准位置,舌位较低,存在发音偏误。W1、W2、W3 和 W4 的 V_2 值分别为 70、62、70、60,其中 W1 和 W3 的差值均为 7 个数值,在误差范围内,舌位前后标准,而 W2 和 W4 与汉语母语者相差 10 个数值以上,表示舌位相对靠后,出现发音偏误。

元音/a/、/i/和/u/为塔吉克族女性的三个顶点元音,分别表示元音发音的最低点、最高最前点和最后点,与汉语母语者高度一致。从舌位的高低维度看,元音/i/、/y/和/u/为三个稳定的高元音,元音/ɤ/和/ɿ/是中元音,/a/是低元音,位置稳定,元音/ʅ/的位置不稳定,但整体属于中元音;从舌位的前后维度看,元音/i/和/y/是前元音,/a/、/ɤ/、/ɿ/和/ʅ/是央元音,/u/是后元音,所有元音的前后位置都很稳定。

3. 汉塔汉语元音 V 值图对比

我们将所有塔吉克族男性发音人和塔吉克族女性发音人各个汉语元音的 V 值进行归一，分别得出塔吉克族男性和塔吉克族女性的汉语元音 V 值表（表1—9 至表1—10），并绘制出相应的元音 V 值图（图1—27 至图1—28）。

表1—9　　　　　　　　塔吉克族男性汉语元音 V 值

汉语一级元音	V_1	V_2
/a/	100	36
/i/	6	100
/u/	16	0
/y/	8	76
[ɣ]	39	41
/ɿ/	26	50
/ʅ/	27	63

表1—10　　　　　　　　塔吉克族女性汉语元音 V 值

汉语一级元音	V_1	V_2
/a/	100	52
/i/	0	100
/u/	16	0
/y/	4	84
[ɣ]	46	45
/ɿ/	27	51
/ʅ/	26	66

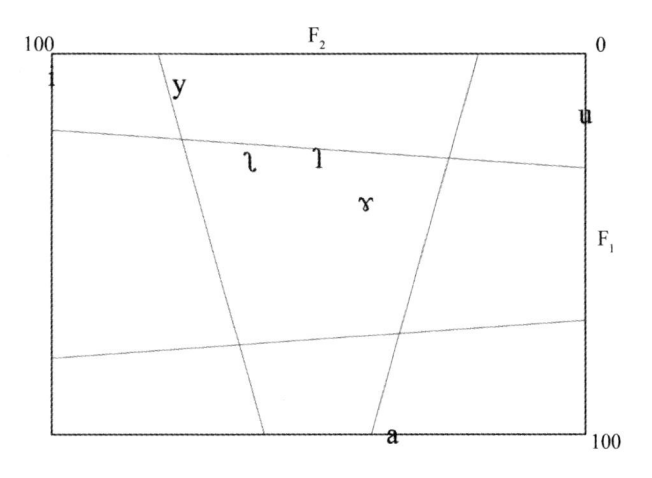

图 1—27 塔吉克族男性汉语元音 V 值图

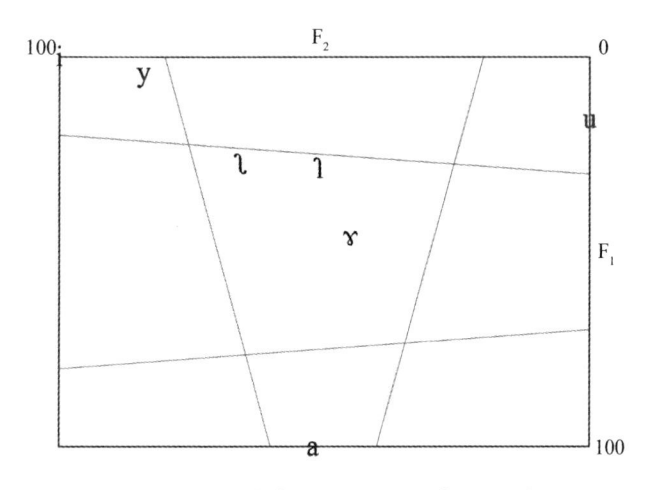

图 1—28 塔吉克族女性汉语元音 V 值图

我们将塔吉克族发音人的汉语元音 V 值表和元音 V 值图与汉族发音人的进行对比分析，发现前者的汉语元音发音在性别上存在一些差异：（1）男性组汉语一级元音整体偏误要多于女性组；（2）男性组发元音/a/时的舌位在前后维度上比汉语母语者靠后，而女性组发的元音舌位前后标准，与汉语母语者一致；（3）女性组发元音/u/时舌位前后与汉语母语者总体上一致，而男性组发的元音/u/具有个体差异性；（4）男性组发元音/ʅ/时舌位前后与汉语母语者一致，而女性组发的元音/ʅ/不具有共性特征；(5) 女性组有/a/、/i/、/u/三个顶点元音，而部分男性组发音人有/a/、/i/、/y/、/u/四个顶点元音；(6) /a/在男性组中属于后元音，在女性组中属于央元音。

另外，我们还将所有塔吉克族发音人各个汉语元音的 V 值进行归一，与同样归一后的汉语母语者的汉语元音 V 值进行对比，分别得出汉语母语者的汉语元音 V 值表和塔吉克族汉语元音 V 值表（表 1—11 至表 1—12），并绘制出相应的元音 V 值图（图 1—29 至图 1—30）。

表 1—11　　　　　　　　汉语母语者汉语元音 V 值

汉语一级元音	V_1	V_2
/a/	100	52
/i/	3	100
/u/	14	0
/y/	1	84
/ɤ/	41	46
/ɿ/	16	51
/ʅ/	15	72

表 1—12　　　　　　　　塔吉克族汉语元音 V 值

汉语一级元音	V_1	V_2
/a/	100	44
/i/	3	100
/u/	16	0
/y/	6	80
/ɤ/	42	43
/ɿ/	26	51
/ʅ/	27	64

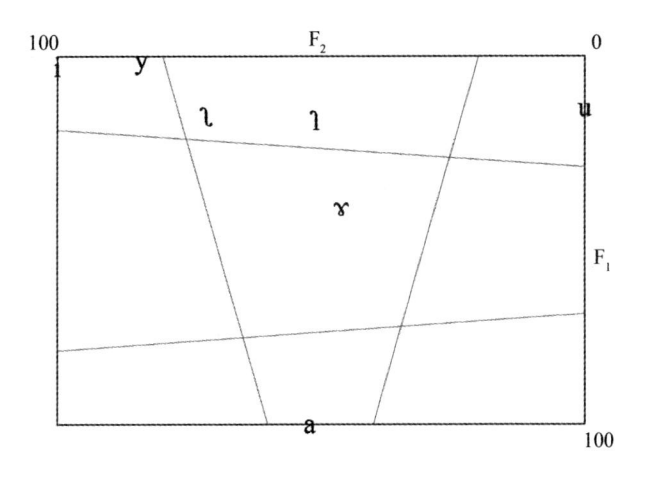

图1—29 汉语母语者汉语元音 V 值图

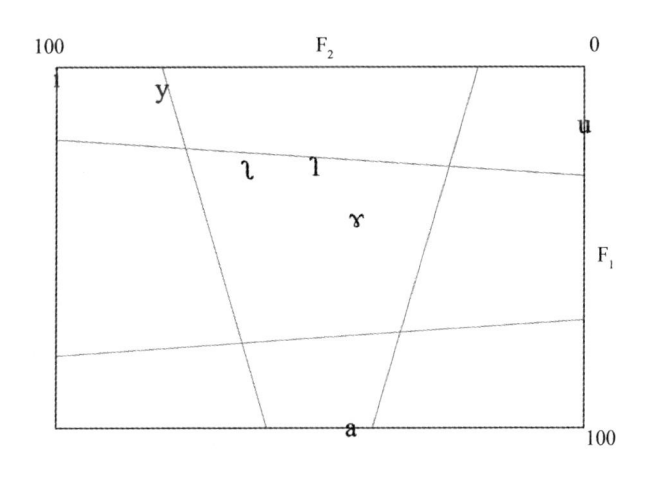

图1—30 塔吉克族汉语元音 V 值图

由观察和对比汉塔两组发音人的汉语 V 值表和 V 值图，我们发现，塔吉克族的汉语元音发音与汉语母语者主要存在以下差异：（1）塔吉克族汉语元音的发音整体上低于汉语母语者；（2）发元音/a/时，舌位高低与汉语母语者一致；（3）发元音/u/和/ɣ/时，舌位前后与汉语母语者基本一致；（4）发元音/i/、/y/和/ɤ/时，舌位的整体情况与汉语母语者基本一致；（5）发元音/ɿ/和/ʅ/时，塔吉克族舌位在高低维度上整体低于汉语母语者；（6）从整体上看，在高低维度上元音/i/、/y/、/u/属于高元音，/ɤ/属于中元音，/a/属于低元音；在前后维度上元音/i/、/y/属于前元音，/ɤ/、/ɿ/、/ʅ/属于央元音，/u/属于后元音；（7）元音/ɿ/、/ʅ/在高低维度上的相对位置不稳定。

（三）汉语元音离散率和准确率分析

1. 汉语元音离散率分析

离散率指元音共振峰的离散程度，可分为元音高低维度离散率 L_1、前后维度离散率 L_2 和总体离散率 L 三个参数。离散程度越低，发音人对该元音的发音越稳定；反之则越不稳定。离散率的大小一定程度上能够反映发音人习得元音的先后顺序，离散率越小的元音最先习得，离散率越大的元音最后习得。

我们将所有发音人所发元音的共振峰 F_1 和 F_2 代入李晶（2008）提出的元音离散率的计算方法，具体过程如下：

（1）求 F_1 在高低维度上的离散率 L_1

列出组内所有发音人该元音 F_1 值，先求出所有 F_1 值的标准差，再求出所有 F_1 的平均值，利用公式（3）求出该元音在高低维度上的离散率 L_1。

$$L_1 = \text{STDEV}(F_1) / \text{AVERAGE}(F_1) \qquad (3)$$

（2）求 F_2 在前后维度上的离散率 L_2

方法同上。

（3）求整体离散率 L

将该元音在高低维度和前后维度上的离散率相乘，得出发音人对该元音发音的整体离散率 L，见公式（4）：

$$L = L_1 \times L_2 \qquad (4)$$

考虑到汉语单元音/ɤ/的分布范围是一个由上到下的狭长带，我们不能简单根据离散率的结果来判断发音人的元音/ɤ/是否准确，因此，我们还会算出汉语母语者所发每个元音的离散率，并与塔吉克族的离散率进行对比，综合分析其发音情况。

2. 塔吉克族汉语元音离散率分析

表 1—13　　　　　　　　男性发音人元音离散率数据

元音	塔吉克族 L₁	塔吉克族 L₂	塔吉克族 L	汉语母语者 L₁	汉语母语者 L₂	汉语母语者 L	塔吉克族 L/汉语母语者 L
/a/	0.067650	0.078011	0.005277	0.039801	0.024251	0.000965	5.467746
/i/	0.080317	0.065130	0.005231	0.052514	0.014645	0.000769	6.801754
/u/	0.241432	0.121580	0.029353	0.016786	0.028963	0.000486	60.375022
/y/	0.126015	0.202786	0.025554	0.029501	0.036348	0.001072	23.830567
/ɤ/	0.178794	0.063935	0.011431	0.236532	0.023728	0.005612	2.036766
/ɿ/	0.160796	0.084580	0.013600	0.034372	0.027149	0.000933	14.574428
/ʅ/	0.122652	0.061696	0.007567	0.078260	0.015020	0.001176	6.437612

以上图表为男性发音人各元音发音的离散率情况，L_1 代表元音在高低维度上的离散率，L_2 代表元音在前后维度上的离散率，L 代表元音的整体离散率。根据表 1—13 和图 1—31 至图 1—32 可知：

（1）在 L_1 维度上，塔吉克族男性所发元音的 L_1 由大到小依次为：/u/、/ɤ/、/ɿ/、/y/、/ʅ/、/i/、/a/。其中元音/u/、/ɤ/、/ɿ/、/y/ 和/ʅ/的离散率均超过 0.1，表示舌位在高低维度上较为不稳定，元音/i/ 和/a/的离散率不足 0.1，说明舌位相对稳定。

（2）在 L_2 维度上，塔吉克族男性所发元音的 L_2 由大到小依次为：/y/、/u/、/ɿ/、/a/、/i/、/ɤ/、/ʅ/。其中元音/y/和/u/的离散率均超过 0.1，表示舌位在前后维度上与其他 5 个元音相比最不稳定。对比各元音的 L_1 和 L_2，我们发现在整体上，塔吉克族男性所发汉语各元音在舌位前后位置上的稳定性要大于高低位置。

（3）在总离散率 L 上，塔吉克族男性所发元音的 L 从大到小依次为：/u/、/y/、/ɿ/、/ɤ/、/ʅ/、/a/、/i/。元音/u/和/y/的 L 最大，说明舌位最不稳定，发音位置较难掌握；元音/ɿ/次之；元音/a/和/i/的 L 最小，说明舌位最稳定，发音位置掌握相对容易；元音/ɤ/的 L_1 较大，

L_2 较小，说明舌位在高低维度上不够稳定，在前后维度上相对稳定，符合/ɤ/分布范围的特征，且与汉语母语者的离散度 L 比值最小，说明元音/ɤ/的发音较为准确。

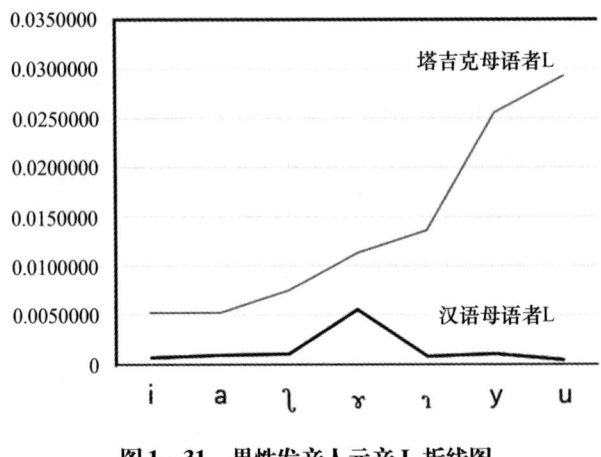

图 1—31　男性发音人元音 L 折线图

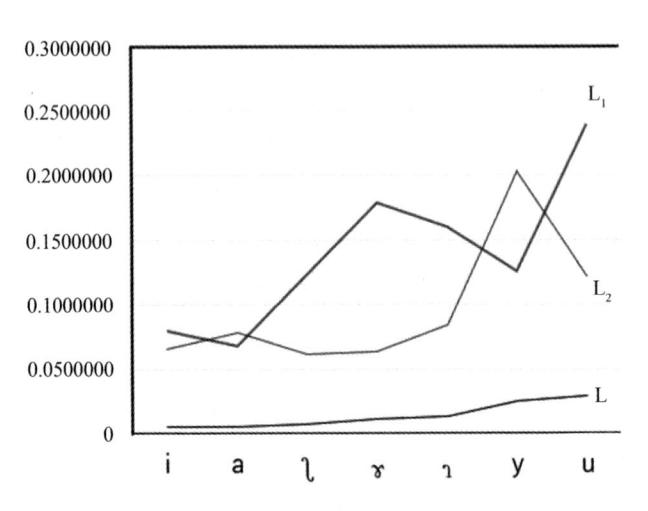

图 1—32　塔吉克族男性元音离散率折线图

表1—14　　　　　　　女性发音人元音离散率数据

元音	塔吉克族			汉语母语者			塔吉克族L/汉语母语者L
	L_1	L_2	L	L_1	L_2	L	
/a/	0.078165	0.055016	0.004300	0.014607	0.059334	0.000867	4.961797
/i/	0.148842	0.046916	0.006983	0.038559	0.019565	0.000754	9.256374
/u/	0.136113	0.126781	0.017257	0.135172	0.052655	0.007118	2.424520
/y/	0.169947	0.058882	0.010007	0.063673	0.037147	0.002365	4.230787
/ɤ/	0.259023	0.097291	0.025201	0.245891	0.052769	0.012975	1.942177
/ɿ/	0.218099	0.057365	0.012511	0.049644	0.043944	0.002182	5.735030
/ʅ/	0.161419	0.042431	0.006849	0.050887	0.033201	0.001690	4.054002

以上图表为女性发音人各元音发音的离散率情况。根据表1—14和图1—33至图1—34可知：

（1）在L_1维度上，塔吉克族女性所发元音的L_1由大到小依次为：/ɤ/、/ɿ/、/y/、/ʅ/、/i/、/u/、/a/。其中元音/ɤ/、/ɿ/、/y/、/ʅ/、/i/和/u/的离散率均超过0.1，表示舌位在高低维度上较为不稳定，元音/i/、/u/和/a/的离散率不足0.1，说明舌位相对稳定。

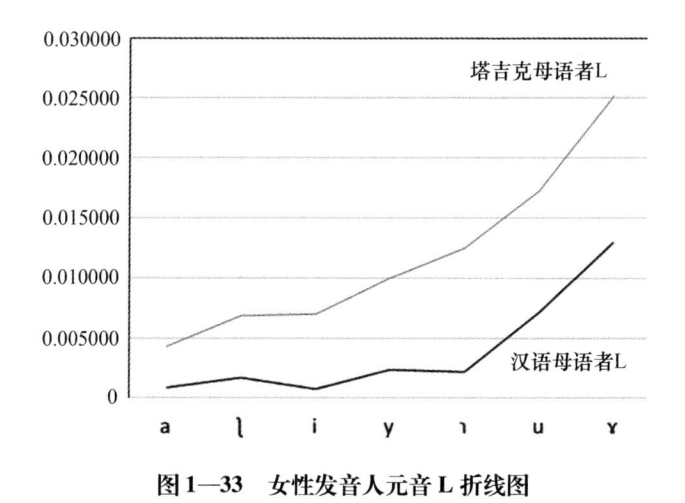

图1—33　女性发音人元音L折线图

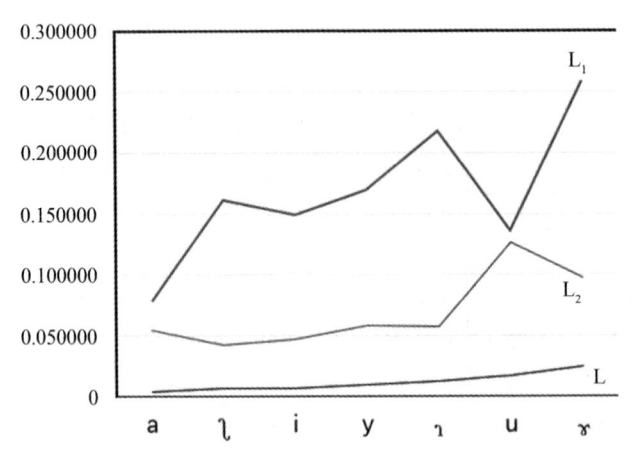

图1—34 塔吉克族女性元音离散率折线图

(2) 在 L_2 维度上，塔吉克族女性所发元音的 L_2 由大到小依次为：/u/、/ɤ/、/y/、/ɿ/、/a/、/i/、/ʅ/。其中元音/u/和/ɤ/的离散率在 0.1 上下，表示舌位在前后维度上最不稳定，其他 5 个元音的离散率远小于 0.1，表示舌位在前后维度上相对稳定。对比各元音的 L_1 和 L_2，我们发现在整体上，塔吉克族女性所发汉语各元音在舌位前后位置上的稳定性要大于高低位置，与男性组情况一致。

(3) 在总离散率 L 上，塔吉克族女性所发元音的 L 从大到小依次为：/ɤ/、/u/、/ɿ/、/y/、/i/、/ʅ/、/a/。数据表明元音/ɤ/和/u/的 L 最大，舌位最不稳定，发音位置较难掌握。其中元音/ɤ/的 L_1 最大，L_2 在元音中较大，而 L_1 是 L_2 数值的两倍以上，这表明元音/ɤ/的分别特征依旧以上下分布为主，且与汉语母语者的离散度 L 比值最小，说明元音/ɤ/的发音较为准确；元音/ɿ/和/y/的 L 居中；元音/i/、/ʅ/和/a/的 L 最小，说明舌位最稳定，发音位置掌握相对容易。

3. 汉语元音准确率分析

准确率在这里指塔吉克族的元音发音与汉语母语者发音的接近程度。我们可将汉语母语者和塔吉克族所发的某一元音看作二维坐标轴中的两点，B_1 为 x 坐标轴，B_2 为 y 坐标轴，元音发音的准确率即为两点间的距离 Z。Z 值越大，塔吉克族发的元音准确率越低，反之则越高。Z 值的计算公式如下（5）：

$$Z = \sqrt{(B_{1汉} - B_{1标汉})^2 + (B_{2汉} - B_{2标汉})^2} \quad (5)$$

其中，$B_{1汉}$和$B_{1标汉}$分别为塔吉克族和汉语母语者所发元音的第一共振峰和基频的差值，$B_{2汉}$和$B_{2标汉}$分别为塔吉克族和汉语母语者所发元音的第二共振峰和第一共振峰的差值，公式如下：

$$B_1 = B_1 - B_0 \quad (6)$$
$$B_2 = B_2 - B_1$$

B_0、B_1和B_2分别表示发音人的基频 F0、第一共振峰 F_1 和第二共振峰 F_2 对应的 Bark 值。另外，我们可以根据汉语母语者和塔吉克族在单维度上的 B_1、B_2 的差值，分析塔吉克族在高低维度和前后维度上的发音准确率 Z_1 和 Z_2，公式如下：

$$Z_1 = B_{1汉} - B_{1标汉} \quad (7)$$
$$Z_2 = B_{2汉} - B_{2标汉}$$

若 Z_1 值为正数，则表示塔吉克族发该元音时舌位比汉语母语者低，反之若 Z_1 值为负数，则表示塔吉克族发该元音时舌位比汉语母语者高；若 Z_2 值为正数，则表示塔吉克族发该元音时舌位比汉语母语者靠前，若 Z_2 值为负数，则表示塔吉克族发该元音时舌位比汉语母语者靠后。而 $|Z_1|$ 和 $|Z_2|$ 的数值大小表示与汉语母语者所发元音在单维度上的距离，数值越大，距离越远，准确度就越差。

4. 塔吉克族汉语元音准确率分析

表1—15　　　　　　　男性发音人元音准确率数据

元音	B_0	B_1	B_2	Z_1（B_1—B_1 标）	Z_2（B_2—B_2 标）	Z 值
/a/	1.379802	6.973352	10.069047	0.079524	-0.265692	0.277338
/i/	1.398313	3.248945	13.745215	0.390808	-1.171433	1.234904
/u/	1.414135	3.592266	7.977377	0.332978	1.346235	1.386804
/y/	1.416869	3.353690	12.433891	0.335430	-0.978097	1.034015
/ɤ/	1.419293	4.516378	10.387950	0.313994	0.318158	0.447009
/ɿ/	1.422012	3.999451	10.871590	0.734324	-0.461986	0.867562
/ʅ/	1.443023	4.081553	11.596595	0.892733	-1.095857	1.413462

根据表1—15可知，Z_1值均为正数，表示塔吉克族男性发汉语元音时舌位高度整体低于汉语母语者。Z_1的绝对值由大到小的顺序依次为：/ʐ/、/ɿ/、/i/、/y/、/u/、/ɤ/、/a/。其中，舌尖元音/ʐ/和/ɿ/的|Z_1|值最大，说明其准确率最低，元音/a/的|Z_1|值最小，说明其准确率最高。

Z_2的数值有正有负，正数表示塔吉克族男性的舌位较前，负数表示舌位较后。Z_2绝对值的排列顺序由大到小依次为：/u/、/i/、/ʐ/、/y/、/ɿ/、/ɤ/、/a/。其中，元音/u/和/i/的|Z_2|值最大，说明其准确率最低，发前者时舌位靠前，发后者时舌位靠后；元音/ɤ/和/a/的|Z_2|值较小，说明其准确率相对较高，发前者时舌位靠前，发后者时舌位靠后。

由于Z值与发音准确率成反比，因此塔吉克族男性汉语元音发音的准确率由大到小依次为：/a/、/ɤ/、/ɿ/、/y/、/i/、/u/、/ʐ/。

表1—16　　　　　　　女性发音人元音准确率数据

元音	B_0	B_1	B_2	Z_1（B_1—B_1标）	Z_2（B_2—B_2标）	Z值
/a/	2.662488	8.855797	11.470134	-0.097231	0.589134	0.597104
/i/	2.702499	3.185788	15.310859	-0.262781	0.390922	0.471035
/u/	2.712151	4.086222	7.411841	0.012707	1.839460	1.839504
/y/	2.558847	3.422552	14.025778	0.063294	0.380620	0.385847
/ɤ/	2.645278	5.790814	10.994516	0.037897	0.771420	0.772350
/ɿ/	2.668235	4.716135	11.479376	0.436449	0.804602	0.915353
/ʐ/	2.597777	4.666457	12.580745	0.478127	-0.815302	0.945158

根据表1—16中数据，可以得知塔吉克族女性的汉语元音发音在高低维度上Z_1和前后维度上Z_2的绝对值，Z_1的绝对值由大到小的顺序依次为：/ʐ/、/ɿ/、/i/、/a/、/y/、/ɤ/、/u/。其中，舌尖元音/ʐ/和/ɿ/的|Z_1|值最大且均为正数，说明其准确率最低，发音时舌位低于汉语母语者；元音/u/的|Z_1|值最小，说明其准确率相对较高。

Z_2 绝对值的排列顺序由大到小依次为：/u/、/ʅ/、/ɿ/、/ɤ/、/a/、/i/、/y/。其中，元音/u/的｜Z_2｜值远大于其他元音，说明其准确率最低，发音时舌位比汉语母语者靠前；元音/i/、/y/和/a/的｜Z_2｜值较小，说明其准确率相对较高，发音时舌位比汉语母语者靠前。

由于 Z 值与发音准确率成反比，因此，塔吉克族女性汉语元音发音的准确率由大到小依次为：/y/、/i/、/a/、/ɤ/、/ɿ/、/ʅ/、/u/。

5. 汉语元音离散率和准确率的关系

我们分别将塔吉克族男性组和女性组汉语一级元音的离散率和准确率相加，大致得出塔吉克族汉语元音习得的整体情况。塔吉克族的汉语一级元音离散率 L 从高到低依次为：/u/、/ɤ/、/y/、/ɿ/、/ʅ/、/i/、/a/。顶点元音/a/和/i/的发音最稳定，而舌位后、高的顶点元音/u/的稳定性最差。元音/y/、/ɿ/和/ʅ/为塔吉克语中不存在的元音，其稳定程度介于相似元音/a/、/i/和/u/之间；元音/ɤ/本身具有游离性的特征，因此其离散率排序不作为判定该元音习得情况的依据。

塔吉克母语和汉语一级元音准确率从高到低依次为：/a/、/ɤ/、/y/、/i/、/ɿ/、/ʅ/、/u/。舌位央、低的顶点元音/a/的发音最准确，舌位后、高的顶点元音/u/的发音最不准确，这两个元音的准确率与离散率相对应，因此，/a/为塔吉克族汉语一级元音中习得情况最好的元音，/u/为习得情况最差的元音。相似元音/i/的准确率低于塔吉克语中不存在的元音/y/，元音/i/的稳定性较高但准确率却偏低，说明塔吉克族有效习得汉语一级元音/i/，但是舌位不够准确。

6. 总结

本章分别从声学元音图、元音 V 值图和元音的离散率和准确率三个方面，对塔吉克族的汉语一级元音的习得情况进行较为全面的考察。考虑到参加本次实验的塔吉克族的汉语语音在性别上有较为明显的差异，我们将发音人进行男女分组，并分别考察各组发音人的习得情况。

声学元音图以第一共振峰和第二共振峰为坐标轴，将各元音的 F_1 和 F_2 以坐标点的形式融入其中，帮助我们直观地感受到不同发音人各个汉语一级元音的分布情况；元音 V 值图将元音的 F_1 和 F_2 进行归一化处理，将 Hz 值转化成 V 值，具有较强的可比性，能在很大程度上获得元音之间相对关系的共性特征，便于不同发音人之间进行语音比较，也更加方便统计分析①；将转化为 Bark 值后的元音共振峰 F_1、F_2 数值带入特定的计算公式，分别求出塔吉克族汉语一级元音发音的离散率和准确率，其中离散率越大，塔吉克族汉语一级元音发音越不稳定，反之则越稳定。准确率越大，塔吉克族的汉语一级元音越接近汉语母语者的发音；反之则越不接近。

通过以上三个角度对塔吉克族的汉语一级元音的习得情况进行分析，最终得出如下结论：塔吉克族汉语一级元音的习得情况在性别上存在较大的差异，女性组元音习得的整体情况好于男性组；塔吉克族的汉语一级元音发音均在舌位高低和舌位前后上存在不同程度的偏误，偏误具有个体差异性；元音/a/的发音最准确、最稳定，/u/的发音最不准确、最不稳定，两者均为顶点元音和塔吉克语中的相似元音；塔吉克族元音/ɤ/的发音具有较为明显的上下动程，但舌位由上往下滑动的同时，舌位前后的保持不够稳定，但是，从整体上看，元音/ɤ/的发音较为准确；塔吉克族前、高顶点元音/i/和后、高顶点元音/u/的舌位普遍高于汉语母语者，造成除了/a/以外的元音舌位的相对位置变低；塔吉克族汉语一级元音发音的相对位置与汉语母语者一致。

第二节　塔吉克族汉语元音习得偏误分析及应对策略

一　习得偏误分析和原因分析

（一）母语负迁移

学习者在接触一门新语言时都会受到来自母语的影响，正面的、会对新语言的学习起到促进作用的影响是正迁移；反之起到干扰或抑制作用的就是负迁移。一般来说，母语与目的语中相同的部分会使学习者习得新语言时产生正迁移，不相同或母语中不存在的部分则会产生负迁移，但根据实验数据显示，若两种语言中语音存在相似之处却又有区别时，也会造成学习者的发音偏误。

---

① 贝先明、向柠：《实验语音学的基本原理与 praat 软件操作》，湖南师范大学出版社 2016 年版。

参加这次语音实验的塔吉克族发音人的母语为塔吉克语,该语言一共有 7 个单元音,分别是/i/、/e/、/ɛ/、/a/、/o/、/u/、/ɯ/,其中/i/、/a/和/u/与汉语中的元音/i/、/a/和/u/发音最接近。/i/为舌面前、高不圆唇元音,与汉语中的元音/i/几乎一致,/a/为舌面前、低非圆唇元音,舌位比汉语元音/a/靠前。塔吉克语与汉语中相似元音/i/和/a/的存在保证了塔吉克族发这 2 个元音的稳定程度。塔吉克语元音/a/与汉语元音/a/在舌位前后上存在差异,塔吉克发音人能够感受到两者生理上的发音差异,发音时舌位会刻意进行调整,出现调整过度的情况,如塔吉克族男性发汉语元音/a/时舌位较靠后。汉语元音/u/与塔吉克语元音/u/的发音特征基本一致,均为舌面后、高圆唇元音,塔吉克语元音/u/的发音在高低维度上较为准确,偏误产生在前后维度上,这是因为在塔吉克语中不存在央元音,前元音/i/之后就是后元音/ɯ/和/u/,使得元音/u/的舌位在前后维度上分布范围较大,负迁移到汉语元音中,出现了舌位偏前的发音偏误。

汉语元音/y/、/ɤ/、/ɿ/和/ʅ/为塔吉克语中不存在的元音,而塔吉克族这些元音的发音情况却各不相同。Best(1995)指出,当学习者接触到两个与母语中缺乏对应范畴的陌生语言范畴时,学习者会将这两个语言范畴单独标记出来,这样的做法往往更加有利于陌生语言范畴的习得。[①] 对于部分塔吉克族母语发音人而言,塔吉克语中不存在的元音/y/、/ɿ/和/ʅ/的习得情况反而好过部分相似元音。这说明目的语与母语中不同的部分通常会成为学习者学习的难点,但也正因为不存在相似之处,学习者不会受到来自母语相似部分负迁移的影响,出现母语中不存在的元音发音比相似元音更加准确的情况。

另外,参加本次语音实验的塔吉克族发音人自进入学校教育系统后便开始学习维吾尔语,因此,作为当地成年塔吉克族的代表者,这批发音人在习得汉语元音时,主要受到来自母语塔吉克语的影响,同时也在一定程度上受到维吾尔语的影响。

[①] Best C. T., Gerald W. Mcroberts, Rosemarie & Jean Silver Isenstadt, "Divergent Developmental Patterns for Infants' Perception of Two Nonnative Consonant Contrasts", *Infant Behavior an Development*, No. 3, 1995.

(二) 发音"化石化"

参加本次实验的塔吉克族发音人为年龄在 30—50 岁的成年人，虽然他们在发音上存在语音偏误，当他们发现偏误并不会影响日常交流和工作时，便不会对自己的语音要求过高，不会刻意修正自己的发音，汉语发音水平因此停滞不前，在这种情况下便形成较为顽固的"化石化"现象。

(三)《汉语拼音方案》规则的复杂化

《汉语拼音方案》在促进汉语普通话的推广上意义深远，但是其复杂的规则也造成了不少汉语学习者语音上的偏误，例如元音/y/的汉语拼音为 ü，与辅音声母 n、l 拼合时书写为 ü，而与其他声母拼合时书写为 u。由于实验语料同时以汉字和拼音的形式呈现，因此部分发音人会受到拼音的影响，能够较为准确地读出例字"驴"，却因例字"鱼"和"居"的元音由原本的"ü"变为"u"，而将该例字误读成英文字母"U"和汉字"揪"的发音，出现语音偏误。

(四) 不自然的发音方式

我们在指导塔吉克族进行发音并录制语音时，要求他们以 2—3 秒的间隔，用正常的语速朗读汉语单元音字。尽管我们在录音前对发音人作出了相应的发音要求，但是发音人还是无法做到在完全自然的状态下读出实验例字，发音会略显刻意，部分发音人还会将发音拉长，从而将一些细微的语音偏误放大。虽然没能得到最理想的实验所需语音，但本次实验所使用的语音材料依然能够如实地反映出塔吉克族对该汉语元音的认知情况。

(五) 对汉语声调不熟练

本次语音实验的语料选自《中国少数民族汉语水平等级考试大纲·(二级)》中的一级字和二级字。实验发音人是年龄在 30—50 岁的成年塔吉克族，能够较为熟练地运用汉语进行交际，所以，在设计实验字表时，我们默认所有发音人均能较为准确地认读考试大纲中的一级字和二级字。但是，在实际录音中，我们发现，部分发音人在熟悉实验语料后，依旧无法读对例字，错误主要表现为错读例字的声调。而声调对共振峰数值有一定的影响，最终会影响到发音的准确性。我们选择元音例字的原则之一是尽量选取声调为阴平和阳平的例字，但是，部分发音人会将例字的声调读成上声和去声，上声的低平调和去声降调的调型特征会影响发音的整体趋势，导致部分发音人的部分元音数值显示舌位偏低，原因之一就是不熟悉汉语声调而造成元音的发音偏误。

二 教学建议

参加本次实验的 8 位塔吉克族人习得汉语已有多年，并不再继续进行系统的汉语学习，且在工作和生活当中汉语使用较为频繁，已形成自己的一套语音系统，发音固化，难以纠正。这些塔吉克族发音人在社会中担任不同的职位，用发音不够标准的汉语进行交流不仅会影响到自身的语言表达，同时也会潜移默化地影响到身边的人，小到一个家庭，大到一所学校甚至整个塔吉克族聚居地。因此，规范塔吉克族人的汉语普通话发音十分有必要，国家通用语言的推广工作也会进展得更加顺利。

本次语音实验的数据显示，虽然塔吉克族的汉语一级元音的发音不仅在性别上存在差异，发音人个体也有着自己的发音特点，但我们依旧能够根据实验结果得出塔吉克族学习汉语一级元音时出现的语音偏误并从中归纳出现偏误的原因，并进一步提出指导塔吉克族汉语语音教学策略。为了帮助即将学习汉语或正在学习汉语的塔吉克族更好地掌握我国的通用语，针对上文所列举的元音发音偏误，笔者提出了以下教学建议：

（一）提高汉语语音学习初期的标准

汉语学习主要分为语音、词汇、语法和汉字四个部分，其中语音是所有汉语学习者最先学习，也是最难、最重要的部分，学习语言的最终目的就是用于交流，而确保交流能够顺利进行的条件就是发音足够标准。

汉语语音的组成音素不过 30 多个，但却涵盖了汉语中的所有词素，每一个发音在日后的汉语学习中都会不断地重复出现。如果发音一开始就不正确，那么错误就会越来越固定，最终对语言学习产生非常大的影响；如果发音一开始就追求标准，那么正确的发音就会越来越熟练。因此，在汉语语音学习的初期，教师应提高学习者的语音标准，在学习者出现发音错误时及时纠正，尽可能在汉语学习的前期战胜语音上的所有困难，形成正确的发音习惯，并在以后的学习中不断巩固。

（二）系统、科学地学习汉语语音

汉语语音由声母、韵母和声调三部分组成，三者缺一不可，且互相影响。若只重视其中一部分或两部分的学习而忽视其他部分，在发音时掌握不好的部分会影响到其他部分发音的准确性，在语言交际中则更不可能正确地读准每一个音。虽然只做到声母、韵母大致正确的发音或读不准声调并不会严重影响到语言交际，但是，在系统的语言教学中，汉语语音教学的任何一个环节都应予以重视。学习者要严格要求自己，教师也要进行监督，确保学习者认真学习汉语语音的声母、韵母、声调以及声韵调的组合，确保自己汉语发音的正确。

（三）采用夸张法和手势法进行教学

教师在对塔吉克族进行汉语语音教学和正音时可以将自己的示范发音夸张化并辅以手势。例如，在教学汉语元音/a/时，张大嘴巴，向学习者展示发音时口腔的开口度，同时将双手放在脸颊两边并张开；在教学汉语元音/i/时，咧开嘴巴，保持双唇间距，让学习者看清舌头的位置，同时将双手的拇指和食指捏在一起，放在脸颊旁并向两边拉；在教学汉语元音/u/时，保持圆唇唇形，拉长发音，同时将手指比成圆圈。这种教学方法不仅能让学习者在听觉上记住发音，也加强了他们的形象记忆，对元音的发音特征留下深刻印象，也有助于学习者去模仿发音。

（四）利用实验语音软件 Praat 进行直观教学

首先，这一方法可用于帮助学习者辨别汉语与塔吉克语中发音相似而区别细微的元音。Praat 软件能够直观地展示元音的共振峰语图，我们可将两种元音的共振峰语图进行对照，告知学生各共振峰 F_1、F_2 与发元音时舌头的位置关系，让学生对比相似元音间的区别，帮助他们形成相应的认知，从而在发汉语元音时能够自觉意识到与母语在发音上的差异；其次，我们还可以运用 Praat 录制学习者的汉语发音，并与汉语母语者的发音进行对比，通过共振峰语图发现两者的不同之处，帮助学习者纠正错误的舌位，经过反复的练习使发音不断趋近于汉语母语者。同时，让学习者参与到语音录制，亲自对比自己所发元音的共振峰语图，能够提高学习者的参与度，激发其学习汉语的兴趣。

第 二 章

塔吉克族汉语塞音习得研究

第一节 塞音实验分析

一 实验的内容和方法

（一）实验方案

首先，本章结合《中国少数民族汉语水平等级考试大纲·（二级）》中的一级字选取合适的塞音例字。考察对象为/p/、/pʰ/、/t/、/tʰ/、/k/、/kʰ/六个塞音声母，每个辅音声母选取4组例字，制成24组测量字表。

其次，例字选取完后，以新疆塔县居民作为被试对象，将其对例字的发音录制下来，制成语音材料。同时选取两名普通话水平为一级甲等的汉语母语者作为对照。

最后，利用Praat语音分析软件对所取得的语音材料进行相关数据材料的收集以及辅音声学格局图的制作。采用EXCEL以及SPSS23.0对所收集到的数据进行相关处理，将塔吉克族母语者汉语塞音的声学格局图与汉语母语者的塞音声学格局图进行比对，从而得出塔吉克族关于塞音的习得特征分析报告。

（二）被试的选择

本次实验的被试是8名塔吉克族，男女各4人，分别用A、B代替，8名被试从小在塔县居住，母语为塔吉克语，发音器官正常，能够满足本次语音实验的要求。实验的对照组为两名汉语母语者，男女各一人，普通话水平为一级甲等，发音器官正常，也能满足本次语音实验的要求。

表 2—1　　　　　　　　　塔吉克族发音人基本情况

姓名	年龄（岁）	性别
A1	40	女
B1	42	男
A2	38	女
B2	37	男
A3	33	女
B3	47	男
A4	33	女
B4	45	男

（三）实验字表的设计及语音工具的选择

字表：本次实验主要涉及/p/、/p^h/、/t/、/t^h/、/k/、/k^h/六个汉语塞音，每个声母取 4 个例字，语料数量为 4×6＝24 个例字。因为本次实验所测量的闭塞段时长（GAP）指的是塞音声母从持阻到除阻之间的空白阶段，为了更加方便取得参量，本次实验所选的例字为双字组，后字为被测字。同时，为了尽量减少同一音节中韵母和声调对于被测辅音声母的干扰，提高实验数据的准确性，本次实验例字的韵头或韵母大多为/a/、/i/、/u/三个极端元音，声调为阴平或阳平。为了避免前字的干扰，前字的声母和后字声母不一样。所选例字均为常见字，每个例字标注拼音，确保被试者能正常认读。

表 2—2　　　　　　　　　实验例词

/p/	嘴巴	书包	结冰	分班
/p^h/	球拍	一批	反扑	身旁
/t/	回答	降低	孤独	名单
/t^h/	昨天	其他	楼梯	中途
/k/	应该	提高	铁锅	香菇
/k^h/	打开	痛哭	加宽	发狂

本次录音工具所使用的是 ThinkpadX280 笔记本电脑、索尼 ECM-MS907 话筒和创新 Sound Blaster Digital Music Premium HD USB 外置声卡、录音软件为 Praat6.1，采样率设置为 22050HZ，采样精度为 16 位，单声道录制。录音开始前，每位发音人有 10—15 分钟的时间熟悉语音文件，要求发音人尽可能放松。录音时，8 位发音人在自然状态下，以平稳语速分别朗读每个例字或词语 3 遍，且每个词语之间的时间间隔控制在 2—3 秒。本次实验样本容量为每组每人每个例字读 3 遍，得到塔吉克母语者 24×3×8=576 个语音样本，得到汉语母语者 24×3×2=144 个语音样本，样本总量 720 个，从两组语音样本中分别挑选发音情况最好的一组语音样本进行分析。本次语音分析工具采用的是 Praat（贝先明、向柠 2020 汉化修改版）。在进行相关数据的处理时，先将语音样本导入 Praat 中并转换生成语音图像，然后对所要分析的样本进行切音、标注，最后观察所选取的一段语音样本的语图及其声学参量数据，并将所得数据整理到 Excel 表格中，再用相关数据分析工具进行数据统计。

（四）所需的声学参量

本次实验调查主要涉及两个声学参量，对于塞音两个声学参量在语图上的切分方法，采用的是石锋、廖荣蓉（1986）所发表论文《中美学生汉语塞音时值对比分析》所采用的切分标准。两组声学参量分析如下：

嗓音起始时间（VOT）：嗓音起始时间（voice onset time）最早由 Lisker 和 Abramson 提出，指的是爆发音除阻和声带颤动之间的时间关系，在语图上表现为从冲直条到后面浊音横杠出现之间的距离，[①] 通常分为三种情况：VOT<0，此时声带在除阻之前开始震动，为浊塞音；VOT>0，此时声带在除阻之后开始震动，为塞音；VOT=0，此时声带振动与除阻同时进行，为清音。嗓音起始时间（VOT）对于区分不同类别的塞音是一项有效的参量。[②] 如图 2—1 所示：

[①] 金燕燕：《缅甸学生习得汉语普通话爆发音、塞擦音的声学实验和偏误分析》，硕士学位论文，广西师范大学，2011 年。

[②] 石锋、冉启斌：《论语音格局》，《南开语言学刊》2010 年第 1 期。

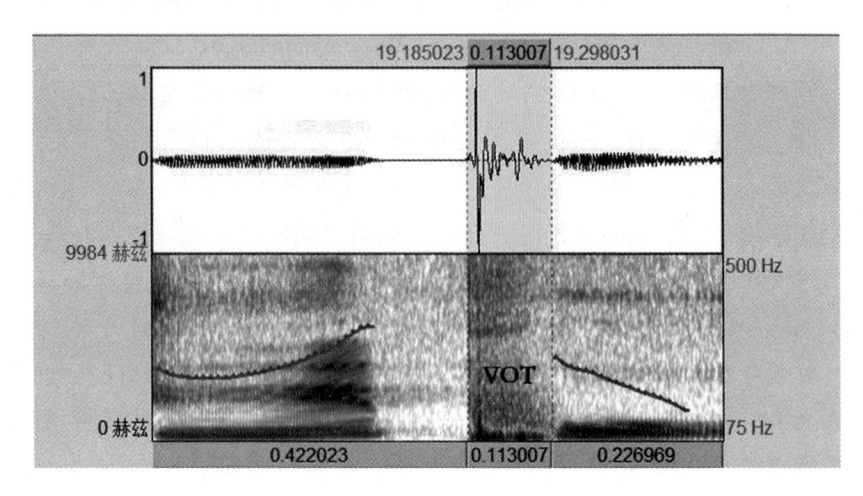

图 2—1　VOT 取值范围示例（单位：ms）

闭塞段时长（GAP）：闭塞段时长指的是爆发音在除阻之前的持阻阶段，此时声道完全关闭，从听觉上说是无声的，在语图上表现为空白段，[①] 称为 GAP。如图 2—2 所示：

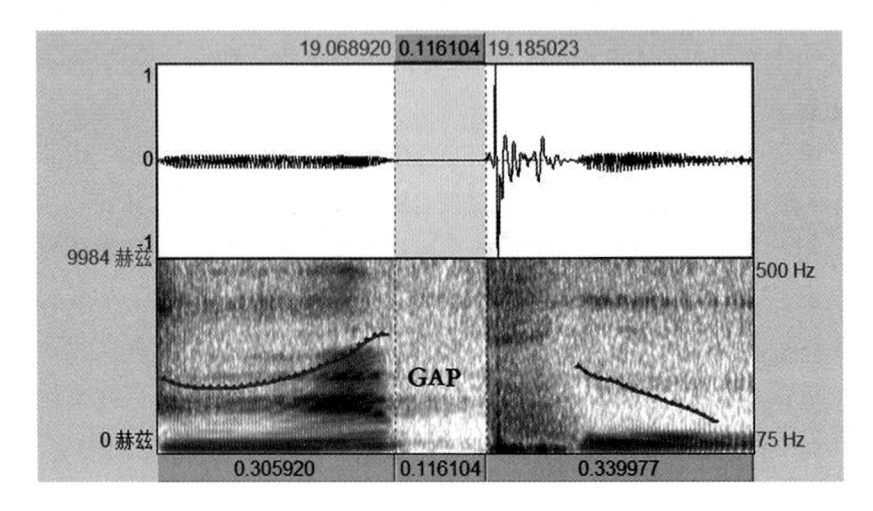

图 2—2　GAP 取值范围示例（单位：ms）

[①] 赛尔达尔·雅力坤：《维吾尔语塞音的声学特征分析》，硕士学位论文，新疆大学，2012 年。

二 VOT 值数据统计与处理

表 2—3　　　　　塔吉克族母语者塞音发音 VOT 值　　　（单位：ms）

声母		A1	B1	A2	B2	A3	B3	A4	B4
/p/	最小值	10.00	16.00	13.00	16.00	14.00	14.00	9.00	8.00
	最大值	21.00	20.00	28.00	20.00	23.00	24.00	19.00	24.00
	平均值	17.75	17.75	17.50	18.50	17.00	18.75	13.75	14.75
/p^h/	最小值	12.00	21.00	11.00	44.00	17.00	13.00	14.00	22.00
	最大值	31.00	48.00	156.00	127.00	91.00	90.00	97.00	140.00
	平均值	21.50	33.00	59.75	89.25	47.75	49.75	59.50	87.50
/t/	最小值	8.00	14.00	17.00	16.00	13.00	13.00	11.00	10.00
	最大值	30.00	22.00	19.00	33.00	44.00	29.00	20.00	25.00
	平均值	16.00	17.00	18.00	27.25	31.50	21.25	14.75	17.00
/t^h/	最小值	12.00	29.00	108.00	65.00	18.00	28.00	21.00	88.00
	最大值	120.00	55.00	172.00	103.00	39.00	127.00	101.00	139.00
	平均值	45.25	41.25	136.25	93.00	31.50	71.75	62.75	115.00
/k/	最小值	23.00	20.00	17.00	35.00	21.00	18.00	14.00	32.00
	最大值	35.00	31.00	47.00	88.00	50.00	35.00	32.00	87.00
	平均值	29.75	25.25	31.75	57.25	34.00	26.50	21.75	51.75
/k^h/	最小值	28.00	39.00	27.00	90.00	20.00	37.00	58.00	91.00
	最大值	117.00	77.00	129.00	127.00	61.00	77.00	141.00	156.00
	平均值	90.25	77.00	85.00	109.00	35.25	59.25	86.75	120.00

嗓音起始时间（VOT）指的是爆发音除阻和声带颤动之间的时间关系，[1] 在语图上表现为从冲直条到后面浊音横杠出现之间的距离。[2] VOT 值是用于区分送气与不送气塞音的一个重要标准。本次实验分别测量了 8 名被试以及两名对照者在发汉语塞音时的 VOT 值情况，并对其的最大值、最小值以及平均值进行了分析，如表 2—3 所示。

---

[1] 赵姣：《毛南语声母的声学研究》，硕士学位论文，中央民族大学，2016 年。
[2] 赛尔达尔·雅力坤：《维吾尔语塞音的声学特征分析》，硕士学位论文，新疆大学，2012 年。

（一）塔吉克族母语者塞音 VOT 情况分析

表 2—4　　　　塔吉克族母语者塞音发音 VOT 均值　　　（单位：ms）

	最小值	最大值	平均值
/p/	8.00	28.00	16.97
/p^h/	11.00	156.00	56.00
/t/	8.00	44.00	20.34
/t^h/	12.00	172.00	74.59
/k/	14.00	88.00	34.75
/k^h/	20.00	156.00	82.81

由表 2—4 可以看出，在不送气塞音方面，塔吉克族母语者所发/p/的分布范围为 8.00—28.00 毫秒，/t/的分布范围为 8.00—44.00 毫秒，/k/的分布范围为 14.00—88.00 毫秒，因此塔吉克族母语者不送气塞音的 VOT 分布范围为 8.00—88.00 毫秒。

在送气塞音方面，塔吉克族母语者所发/p^h/的分布范围为 11.00—156.00 毫秒，/t^h/的分布范围为 12.00—172.00 毫秒，/k^h/的分布范围为 20.00—156.00 毫秒，因此，塔吉克族母语者送气塞音的 VOT 分布范围为 11.00—172.00 毫秒。

（二）汉语母语者塞音 VOT 情况分析

表 2—5　　　　　　汉语母语者塞音发音 VOT 值　　　　（单位：ms）

		甲	乙
/p/	最大值	19.00	21.00
	最小值	8.00	9.00
	平均值	14.00	14.00
/p^h/	最大值	185.00	158.00
	最小值	138.00	85.00
	平均值	155.00	115.00

续表

		甲	乙
/t/	最大值	24.00	20.00
	最小值	9.00	11.00
	平均值	15.50	15.00
/tʰ/	最大值	223.00	133.00
	最小值	116.00	104.00
	平均值	175.00	116.00
/k/	最大值	56.00	31.00
	最小值	26.00	21.00
	平均值	41.25	24.25
/kʰ/	最大值	159.00	117.00
	最小值	116.00	48.00
	平均值	138.25	94.25

表2—6　　　　汉语母语者塞音发音 VOT 均值　　（单位：ms）

	最小值	最大值	平均值
/p/	8.00	21.00	14.00
/pʰ/	85.00	185.00	135.00
/t/	9.00	24.00	15.25
/tʰ/	104.00	223.00	145.50
/k/	21.00	56.00	32.75
/kʰ/	48.00	159.00	116.25

由表2—6可以看出，在发不送气塞音时，汉语母语者所发/p/的分布范围为8.00—21.00毫秒，/t/的分布范围为9.00—24.00毫秒，/k/的分布范围为21.00—56.00毫秒。因此，汉语母语者不送气塞音的 VOT 分布范围为8.00—56.00毫秒。

在送气塞音方面，汉语母语者所发/pʰ/的分布范围为85.00—185.00毫秒，/tʰ/的分布范围为104.00—223.00毫秒，/kʰ/的分布范围为48.00—159.00毫秒。因此，汉语母语者送气塞音的 VOT 分布范围为48.00—223.00毫秒。

综合表2—4、表2—6可以看到，塔吉克族母语者和汉语母语者在发送气塞音和不送气塞音时存在一定的差异。塔吉克族母语者在送气和不送气塞音方面，发音区间分别是11.00—172.00毫秒和8.00—88.00毫秒，而汉语母语者在发送气和不送气塞音时，发音区间分别是48.00—223.00毫秒和8.00—56.00毫秒。由此可以看出，塔吉克族母语者送气塞音VOT的最小值和最大值都比汉语母语者低，而在发不送气塞音时，其VOT值最小值与汉语母语者相近，最大值则比汉语母语者高。说明塔吉克族母语者在发汉语塞音时，与汉语母语者存在很大的差异，尤其是在送气塞音方面，二者相差更大。此外，汉语母语者送气塞音VOT和不送气塞音VOT之间相差215.00毫秒（223.00—8.00），说明汉语母语者在发送气塞音和不送气塞音时存在清晰的界限，汉语母语者能够对送气和不送气塞音进行准确的区分。而塔吉克族母语者送气塞音VOT和不送气塞音VOT之间相差164.00毫秒（172.00—8.00），说明塔吉克族汉语学习者在发送气塞音和不送气塞音时不存在明显界限，容易将二者混淆。这跟大多数印欧语系语言不将塞音送气和不送气作为区分语义的重要标准具有很大关系，这也是导致塔吉克族母语者学习汉语语音时产生偏误的主要原因。

（三）塔汉母语者汉语塞音VOT均值分析

表2—7　　　　　塔汉母语者塞音发音VOT均值对比　　　　（单位：ms）

	塔吉克母语者	汉语母语者
/p/	16.97	14.00
/p^h/	56.00	135.00
/t/	20.34	15.25
/t^h/	74.59	145.50
/k/	34.75	32.75
/k^h/	82.81	116.25

嗓音起始时间（VOT）表示的是辅音从除阻的那一刻到声带开始震动前一刻的时间长短，换言之，嗓音起始时间表示的是辅音的送气时长。

从塔汉母语塞音 VOT 均值对比中可以看出来，塔吉克族母语者塞音 VOT 发音均值整体上要小于汉语母语者，这表明塔吉克族汉语学习者在发汉语塞音时，其送气时长整体上小于汉语母语者。

三 GAP 值数据统计与处理

塞音闭塞段时长指的是爆发音在除阻之前的持阻阶段，此时声道完全关闭，从听觉上说是无声的，在语图上表现为空白段①，称为 GAP。如表 2—8 所示：

表 2—8　　　　　塔吉克族母语者塞音发音 GAP 值　　　（单位：ms）

		A1	B1	A2	B2	A3	B3	A4	B4
/p/	最小值	97.00	47.00	68.00	193.00	61.00	103.00	100.00	18.00
	最大值	140.00	132.00	137.00	345.00	114.00	149.00	122.00	163.00
	平均值	124.75	99.50	96.75	251.00	86.75	124.25	112.25	105.25
/p^h/	最小值	78.00	73.00	80.00	167.00	69.00	74.00	72.00	64.00
	最大值	146.00	135.00	130.00	325.00	178.00	176.00	104.00	146.00
	平均值	100.25	95.50	101.50	219.25	116.00	116.25	89.25	99.00
/t/	最小值	110.00	36.00	57.00	136.00	60.00	74.00	76.00	113.00
	最大值	247.00	111.00	163.00	310.00	119.00	74.00	138.00	213.00
	平均值	161.75	71.00	101.00	216.50	91.00	145.00	102.25	145.25
/t^h/	最小值	78.00	76.00	70.00	93.00	83.00	88.00	76.00	75.00
	最大值	148.00	122.00	142.00	187.00	124.00	75.00	122.00	155.00
	平均值	105.25	96.50	102.50	129.50	107.25	88.00	99.75	110.75
/k/	最小值	73.00	27.00	26.00	56.00	15.00	0.00	39.00	55.00
	最大值	176.00	81.00	179.00	167.00	80.00	115.00	113.00	125.00
	平均值	116.25	62.25	107.50	121.25	52.75	55.25	75.50	114.30
/k^h/	最小值	91.00	53.00	70.00	104.00	46.00	55.00	69.00	82.00
	最大值	161.00	75.00	139.00	191.00	109.00	131.00	127.00	141.00
	平均值	113.75	68.25	101.50	142.25	81.00	88.50	89.25	112.75

---

① 赛尔达尔·雅力坤：《维吾尔语塞音的声学特征分析》，硕士学位论文，新疆大学，2012 年。

(一)塔吉克母语者 GAP 情况分析

闭塞段时长（GAP）主要反映了发音时声带的松紧状态，即肌肉的强弱和紧张程度，以及发音时气流持续阻碍的时长。GAP 值越大，表明声带越紧张，气流持续阻碍的时间越长。

表 2—9　　　　塔吉克族母语者塞音发音 GAP 均值　　（单位：ms）

	最小值	最大值	平均值
/p/	18.00	345.00	125.06
/p^h/	64.00	325.00	117.13
/t/	36.00	310.00	129.22
/t^h/	70.00	187.00	104.94
/k/	23.00	179.00	88.13
/k^h/	46.00	191.00	99.66

由表 2—9 可以看出，在不送气塞音方面，塔吉克语母语者/p/的闭塞段时长在 18.00—345.00 毫秒，/t/的闭塞段时长在 36.00—310.00 毫秒，/k/的闭塞段时长在 23.00—179.00 毫秒，因此，塔吉克语母语者在发不送气塞音时，闭塞段时长在 18.00—345.00 毫秒。在送气音方面，塔吉克语母语者发/p^h/的闭塞段时长在 64.00—325.00 毫秒，/t^h/的闭塞段时长在 70.00—187.00 毫秒，/k^h/的闭塞段时长在 46.00—191.00 毫秒，因此，塔吉克语母语者在发送气塞音时，闭塞段时长在 46.00—325.00 毫秒。闭塞段时长最长是的/p/，即持阻时间最长，闭塞段时长最短的则是/t^h/，即持阻时间最短。

表 2—10　　　　汉语母语者塞音发音 GAP 值　　（单位：ms）

		甲	乙
	最大值	189.00	172.00
/p/	最小值	109.00	124.00
	平均值	135.00	149.50

续表

		甲	乙
/pʰ/	最大值	111.00	283.00
	最小值	69.00	74.00
	平均值	92.00	152.75
/t/	最大值	149.00	162.00
	最小值	93.00	81.00
	平均值	116.50	118.75
/tʰ/	最大值	104.00	108.00
	最小值	77.00	88.00
	平均值	89.00	95.75
/k/	最大值	119.00	139.00
	最小值	96.00	67.00
	平均值	106.75	110.00
/kʰ/	最大值	153.00	158.00
	最小值	113.00	102.00
	平均值	129.75	129.25

（二）汉语母语者塞音 GAP 值情况分析

表2—11　　　　汉语母语者塞音发音 GAP 均值　　　（单位：ms）

	最小值	最大值	平均值
/p/	109.00	189.00	142.25
/pʰ/	69.00	283.00	122.38
/t/	81.00	162.00	102.88
/tʰ/	77.00	108.00	92.38
/k/	67.00	139.00	108.38
/kʰ/	102.00	139.00	124.50

由表2—11可以看出，在不送气塞音方面，汉语母语者/p/的闭塞段时长在109.00—189.00毫秒，/t/的闭塞段时长在81.00—162.00毫秒，/k/的闭塞段时长在67.00—139.00毫秒，因此，汉语母语者在发不送气塞音时，闭塞段时长在67.00—189.00毫秒。在送气音方面，汉语母语者发/pʰ/

的闭塞段时长在69.00—283.00毫秒，/tʰ/的闭塞段时长在77.00—108.00毫秒，/kʰ/的闭塞段时长在102.00—139.00毫秒，因此汉语母语者在发送气塞音时，闭塞段时长在69.00—283.00毫秒，闭塞段时长最长的是/pʰ/，即持阻时间最长，闭塞段时长最短的是/kʰ/，即持阻时间最短。

综合表2—9、表2—11可以看出，塔吉克族母语者和汉语母语者在发送气塞音和不送气塞音时存在一定的差异。塔吉克族母语者在发送气时，闭塞段区间是46.00—325.00毫秒，相差279毫秒，在发不送气塞音时，闭塞段区间是18.00—345.00毫秒，相差327毫秒。而汉语母语者在发送气塞音时，闭塞段区间是69.00—283.00毫秒，相差214毫秒，在发不送气塞音时，闭塞段区间是67.00—189.00毫秒，相差122毫秒。由此可见，塔吉克族母语者无论是在送气塞音还是不送气塞音发音时，其闭塞段区间差都大于汉语母语者，这也是导致塔吉克族汉语学习者塞音发音偏误产生的重要原因。

（三）塔汉母语者汉语塞音 GAP 均值分析

表2—12　　　　　　塔汉母语者 GAP 均值对比　　　　（单位：ms）

	塔吉克母语者	汉语母语者
/p/	125.06	142.25
/pʰ/	117.13	122.38
/t/	129.22	102.88
/tʰ/	104.94	92.38
/k/	88.13	108.38
/kʰ/	99.66	124.50

闭塞段时长（GAP）反映的是爆破音从持阻到除阻之间的一段空白时间，在语图上表现为一段无声空白段。换言之，闭塞段时长反映的是发音者在发塞音时持阻时间的长短以及发音时肌肉的紧张程度。从塔汉母语者 GAP 均值对比表格数据中可以看出，塔吉克族母语者在/t/、/tʰ/这一对塞音时，其闭塞段时长要大于汉语母语者，除此之外的其他两对塞音闭塞段时长都要小于汉语母语者。由此可以看出，塔吉克族汉语学习者在学习汉语塞音时，除了/t/、/tʰ/这一对塞音，整体上的持阻时间要比汉语母语者短，肌肉紧张程度不如汉语母语者高。

四 塞音声学格局图对比分析

语音格局就是用语音实验的方法把语音系统中的各种对应关系进行归一化、格局化处理，对其进行量化析取和统计图示就形成了语音格局。[①] 塞音格局也是在此基础上，采用语音实验仪器对塞音进行数据化处理，对所取得的数据进行图表化展示，形成了塞音声学格局图。塞音的声学格局图可以直观地展现语言学习者在塞音学习时所展现的系统性程度以及与汉语母语者所存在的差异。

本次实验在处理完相关数据之后，根据处理之后的数据分别生成了汉语母语者的塞音声学格局图和塔吉克族汉语学习者的塞音声学格局图，以便更为直观地分析塔吉克族汉语学习者在学习汉语塞音时与汉语母语者存在的一些差异以及容易出现的偏误。

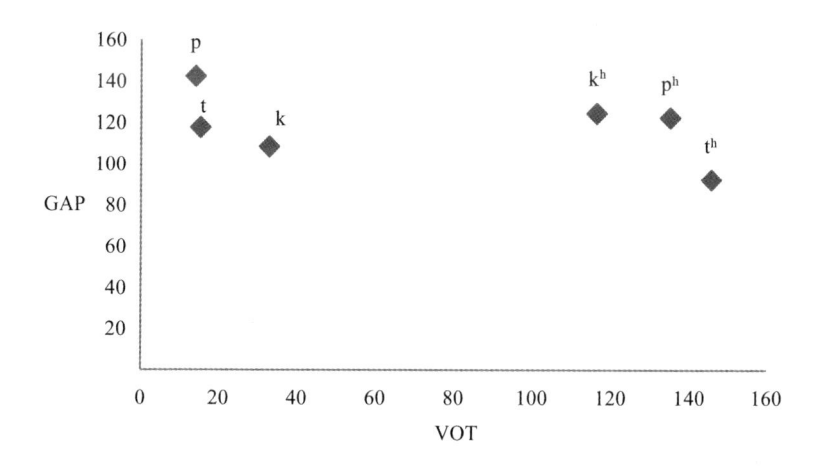

图2—3 汉语母语者普通话塞音格局图

（注：图2—3 的汉语母语者塞音声学格局图数据来源于汉语母语者的 GAP 平均值、VOT 平均值，以 GAP 值为纵坐标、VOT 值为横坐标所生成的。）

通过对汉语母语者的塞音声学格局的分析可以看出，在横轴上，汉语母语者的送气塞音和不送气塞音发音情况被分为两个明显的聚合，不送气塞音/p/、/t/、/k/集中于 60 毫秒以内，而送气塞音/p^h/、/t^h/、

---

① 石锋、冉启斌、王萍：《论语音格局》，《南开语言学刊》2010 年第 1 期。

/kʰ/则集中于 90 毫秒以上。这也印证了前面所说的，汉语母语者在发送气塞音和不送气塞音时存在明显的界限。从纵轴上看，汉语母语者发塞音时，GAP 值都分布在 90 毫秒以上，不送气组的 GAP 值在 100—150 毫秒，送气组的 GAP 值在 90—130 毫秒，这说明在发音时/p/、/t/、/k/的 GAP 值要高于/pʰ/、/tʰ/、/kʰ/，而 GAP 值表示的是闭塞时间的长短，也就是发音时肌肉的紧张程度。

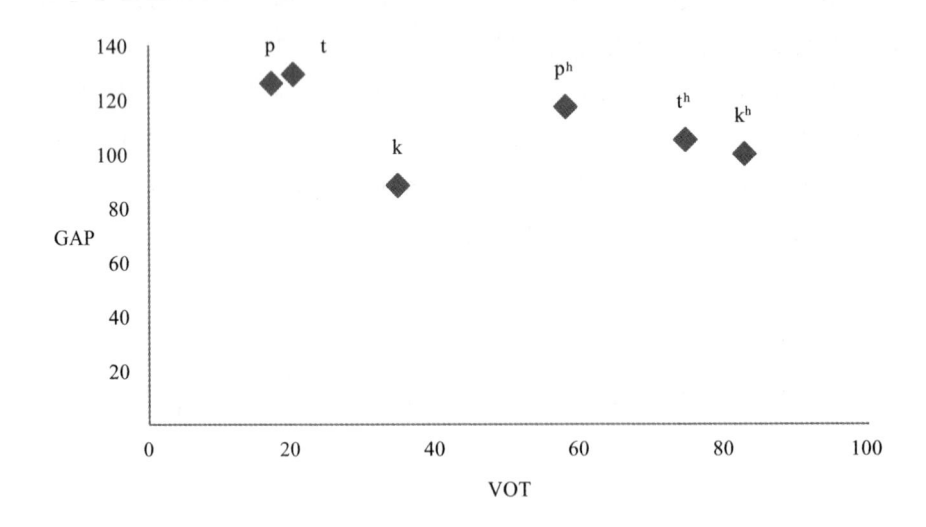

图 2—4 塔吉克族母语者普通话塞音格局图

（注：图 2—4 的塔吉克族母语者塞音声学格局图数据来源于塔吉克族母语者普通话塞音的 GAP 平均值、VOT 平均值，并以 GAP 值为纵坐标、VOT 值为横坐标所生成的。）

GAP 值越大，发音的紧张程度越高。由此可见，汉语母语者在发汉语塞音时，送气音的紧张程度要明显高于不送气音，气流持续阻碍的时长也比不送气塞音长。同时，从格局图的整体框架来看，不送气塞音组位于左边偏上的位置，而送气塞音组则位于右边偏下的位置，中间有明显的空白区域，表明汉语塞音具有聚集性。

由图 2—4 可以看出，从横轴上看，塔吉克族母语者在发汉语塞音时，不送气塞音/p/、/t/、/k/分布在 0—50 毫秒的区间，送气塞音/pʰ/、/tʰ/、/kʰ/则分布在 50—90 毫秒的区间，二者之间没有形成明显的两个聚合。从横轴的排列来看，/p/、/t/、/k/、/pʰ/、/tʰ/、/kʰ/从左到右依次排列,每个塞音之间的间隔相当,这充分说明了塔吉克族母语者发不送气塞音和送气塞音时不存在明显的界限,容易将二者混淆。同时,相比较于汉语母语者的发音情况,塔吉克族母语者无论是在送气塞音还是不送气塞音的 VOT 值上,整体区间都要低于汉语母语者,这也与之前的数据分析结果相吻合。从纵轴的排列来看,不送气组/p/、/t/的 GAP 值在 120—150 毫秒,送气组/t^h/、/p^h/的 GAP 值在 90—120 毫秒,说明在发不送气塞音/p/、/t/时,肌肉较发送气塞音/p^h/、/t^h/紧张,这与汉语母语者相似。但是不送气组/k/的 GAP 值却低于送气组/k^h/,说明发不送气音/k/时肌肉比发送气音/k^h/时要松弛,这就导致了语音偏误的产生。同时,从整体格局图上看,塔吉克族母语者在发汉语塞音时,无论是不送气塞音还是送气塞音,都不像汉语母语者那样具有明显的聚集性,说明塔吉克族母语者汉语塞音发音较为松弛,系统性不强,这也是导致其在学习汉语塞音时会产生语音偏误甚至化石化偏误的重要原因之一。

五 双总独立 T 值检验

使用双总独立 T 值检验,能够有效地检测出两个样本的平均数与其各自所代表的总体之间的差异是否显著。为了检验塔吉克族母语者所发的汉语塞音与汉语母语者所发的汉语塞音之间的差异性是否显著,我们采用 spss23.0 分别对塔吉克族母语者和汉语母语者的塞音数据进行了双总独立 T 值的检验。其中的显著性数据表示 sig 值,即两组样本之间的显著性差异。sig 值 < 0.05 代表两组样本之间的差异性显著;sig 值 > 0.05 则表示两组样本之间的差异性不显著。

通过表 2—13、表 2—14 我们可以看出,辅音/p/的 GAP 值 (f = 0.777, t = -0.153, sig = 0.399) 组间差异不显著,VOT 值 (f = 24.236, t = -0.154, sig = 0.001) 组间差异显著,说明塔吉克族母语者所发的/p/和汉语母语者所发的/p/持阻时间、肌肉紧张程度差异较大,但是在送气与否、送气时间长度方面则差异不大。

辅音/p^h/的 GAP 值 (f = 0.035, t = 0.141, sig = 0.855),组间差异不显著。VOT 值 (f = 201, t = -2.280, sig = 0.663) 组间差异不显著。说明塔吉克族母语者和汉语母语者在发汉语塞音/p^h/时,持阻时间长短、肌肉紧张程度以及送气与否、送气时长方面都不存在较大差异。

表 2—13　　GAP 值独立样本 T 检验

		莱文方差等同性检验		平均值等同性 t 检验						
		F	显著性	t	自由度	显著性（双尾）	平均值差值	标准误差差值	差值 95% 置信区间 下限	差值 95% 置信区间 上限
b (GAP)	假定等方差	0.777	0.399	-0.153	10	0.882	-4.18750	27.41989	-65.28282	56.90782
	不假定等方差			-0.208	8.986	0.840	-4.18750	20.11045	-49.69152	41.31652
P (GAP)	假定等方差	0.035	0.855	0.141	10	0.891	3.37500	23.97372	-50.04177	56.79177
	不假定等方差			0.158	8.268	0.878	3.37500	21.33689	-45.62081	52.37081
d (GAP)	假定等方差	2.429	0.150	0.236	10	0.818	5.96875	25.29981	-50.40273	62.34023
	不假定等方差			0.297	9.993	0.773	5.96875	20.09600	-38.81220	50.74970
t (GAP)	假定等方差	0.058	0.815	1.208	10	0.255	9.43750	7.81457	-7.97446	26.84946
	不假定等方差			1.144	5.332	0.301	9.43750	8.24852	-11.37477	30.24977
g (GAP)	假定等方差	25.34	0.001	-2.741	10	0.021	-42.11875	15.36386	-76.35155	-7.88595
	不假定等方差	0		-3.775	8.710	0.005	-42.11875	11.15798	-67.48844	-16.74906
K (GAP)	假定等方差	0.365	0.559	-0.389	10	0.706	-5.09375	13.11052	-34.30580	24.11830
	不假定等方差			-0.437	8.300	0.674	-5.09375	11.66678	-31.82902	21.64152

表2—14　VOT值独立样本T检验

		莱文方差等同性检验		平均值等同性 t 检验					差值95%置信区间	
		F	显著性	t	自由度	显著性（双尾）	平均值差值	标准误差差值	下限	上限
b (VOT)	假定等方差	24.236	0.001	-0.154	10	0.881	-0.53125	3.46034	-8.24136	7.17886
	不假定等方差			-0.106	3.097	0.922	-0.53125	5.01481	-16.21155	15.14905
p (VOT)	假定等方差	0.201	0.663	-2.280	10	0.46	-36.00000	15.78746	-71.17664	-0.82336
	不假定等方差			-2.905	4.970	0.091	-36.00000	17.18171	-80.24794	8.24794
d (VOT)	假定等方差	5.480	0.041	1.968	10	0.077	6.09375	3.09683	-0.80641	12.99391
	不假定等方差			2.759	8.143	0.024	6.09375	2.20858	1.01626	11.17124
t (VOT)	假定等方差	0.186	0.675	-0.506	10	0.624	-11.90625	23.53634	-64.34847	40.53597
	不假定等方差			-0.489	5.601	0.643	-11.90625	24.34227	-72.51395	48.70145
g (VOT)	假定等方差	1.670	0.225	0.575	10	0.578	4.00000	6.95488	-11.49643	19.49643
	不假定等方差			0.710	9.888	0.494	4.00000	5.63253	-8.56930	16.56930
k (VOT)	假定等方差	1.569	0.239	-0.883	10	0.398	-15.93750	18.04392	-56.14187	24.26687
	不假定等方差			-0.800	4.821	0.461	-15.93750	19.91065	-67.69686	35.82186a

辅音/t/的 GAP 值（f=2.429，t=0.236，sig=0.150）组间差异显著，VOT 值（f=5.480，t=1.968，sig=0.041）组间差异显著。说明塔吉克族母语者所发塞音/t/和汉语母语者所发塞音/t/无论是在持阻时长、肌肉紧张程度还是在送气与否、送气时长等方面都存在较大的差异。

辅音/t^h/的 GAP 值（f=0.058，t=1.208，sig=0.815）组间差异不显著，VOT 值（f=0.186，t=-0.506，sig=0.675）组间差异不显著。说明塔吉克族母语者和汉语母语者在发汉语塞音/t^h/时，持阻时间长短、肌肉紧张程度以及送气与否、送气时长方面都不存在较大差异。

辅音/k/的 GAP 值（f=25.340，t=-2.741，sig=0.001）组间差异显著，VOT 值（f=1.670，t=-0.883，sig=0.225）组间差异不显著，说明塔吉克族母语者所发的/k/和汉语母语者所发的/k/持阻时间、肌肉紧张程度差异较大，但是在送气与否、送气时间长度方面则差异不大。

辅音/k^h/的 GAP 值（f=0.365，t=-0.389，sig=0.559）组间差异不显著，VOT 值（f=1.569，t=-0.883，sig=0.239）说明塔吉克族母语者和汉语母语者在发汉语塞音/k^h/时，无论是在持阻时间长短、肌肉紧张程度方面还是在送气与否、送气时长方面都不存在较大差异。

根据以上数据分析我们可以看出，塔吉克族母语者在学习汉语塞音时，/p^h/、/t^h/、/k^h/三个塞音习得情况较好，无论在持阻时长、肌肉紧张程度方面，还是在送气与否、送气时长方面，与汉语母语者相差不大。而/p/、/k/两个塞音的习得情况相对较差一点，在送气与否、送气时长方面与汉语母语者不存在较大差异，但是在持阻时长，肌肉紧张程度等方面却与汉语母语者存在比较显著的差异。辅音/t/则是习得情况最差的塞音，无论是在持阻时长、肌肉紧张程度还是在送气与否、送气时长等方面都存在较大的差异。同时，经过双总独立 T 值检验也可以看出，塔吉克族母语者在习得汉语塞音时，送气塞音的习得情况整体上要好于不送气塞音的习得情况。

六　离散程度分析

离散度分析法是一种常用于测量某组数据之间的分散程度的方法，

一组数据的分散程度代表了其远离本组数据中心值的程度。此外，离散程度还决定了集中趋势对于一组数据的代表程度，而一组数据的变动趋势需要从集中趋势和分散程度两个方面进行说明。离散程度，即集中度的对立面，表示的是学习者发音和母语者发音的接近程度，如果二者发音越接近，离散度比值越接近于 1，发音差异度越大，比值越偏离 1，据此可了解二语学习者习得汉语塞音的顺序。

为了分析塔吉克族母语者习得汉语塞音的集中程度，本次实验计算了塔吉克族母语者和汉语母语者所发单个塞音的离散度关系，分别计算了塔吉克族母语者和汉语母语者所发每个塞音的 GAP 值和 VOT 值的单维度离散比，计算公式为：

$$\frac{\text{GAP/ VOT 学习者的最大值} - \text{GAP/ VOT 学习者的最小值}}{\text{GAP/ VOT 母语者的最大值} - \text{GAP/ VOT 母语者的最小值}}$$

这个公式的结果能够表明塔吉克族母语者所发的某个汉语塞音在 GAP 或 VOT 维度上的离散程度和汉语母语者所发该塞音在 GAP 和 VOT 维度上的离散程度的倍数关系。在此基础之上，将每个音的 GAP 值维度和 VOT 维度的比值相乘，即可得到塔吉克族母语者和汉语母语者关于每个塞音的离散程度比。[①]

表 2—15　　塔吉克族母语者和汉语母语者塞音离散程度比　　（单位：ms）

		单维度离散比	离散度比
/p/	GAP	4.088	6.288
	VOT	1.538	
/pʰ/	GAP	1.220	1.768
	VOT	1.450	
/t/	GAP	3.383	8.119
	VOT	2.400	
/tʰ/	GAP	3.774	5.075
	VOT	1.345	

---

① 闫晶晶：《法国初级汉语水平学生塞音习得实验分析》，硕士学位论文，华中师范大学，2014 年。

续表

		单维度离散比	离散度比
/k/	GAP	2.167	4.581
	VOT	2.114	
/k^h/	GAP	3.919	66.622
	VOT	17.000	

表 2—15 分别计算出了塔吉克族母语者和汉语母语者在发汉语六个塞音时的单维度离散比和每个塞音的离散程度比。首先，通过单个塞音的离散程度比对比可以看出，塔吉克族母语者在学习汉语塞音时的离散程度普遍较大，集中程度普遍较差，集中性最好的是塞音/p^h/但也是汉语母语者的 1.768 倍，而集中程度最差的塞音/k^h/则达到了汉语母语者的 66.622 倍。依照单个塞音离散程度比来看，塔吉克族母语者学习汉语塞音时，习得情况由好到坏依次是/p^h/、/k/、/t^h/、/p/、/t/、/k^h/。

其次，从单个塞音的单维度离散比上看，塔吉克母语者在习得汉语不送气组塞音时，VOT 维度上的离散度比整体上要低于 GAP 维度上的离散度比，即 VOT 维度上的集中性要优于 GAP 维度上的集中性。并且/t/、/k/两个塞音在 VOT 维度上的离散度比都大于母语者的 2 倍以上，只有/p/的 VOT 维度上的离散度比小于汉语母语者的两倍，但也达到了 1.5 倍。由此可以表明，在汉语不送气塞音发音这一方面，相较于汉语母语者来说，塔吉克族母语者的发音在持阻时长、肌肉紧张程度方面较差些，在清浊、送气与否以及送气时长方面则相对较好。但总体上来说，在不送气塞音这一组别上，塔吉克族母语者与汉语母语者发音所存在的差异较大。

而在习得汉语送气塞音时，塔吉克族母语者则表现出了与不送气塞音习得情况相反的现象。从不送气塞音的单维度离散比上看，GAP 维度上的离散度比整体上要低于 VOT 维度上的离散度比，即 GAP 维度上的集中性要优于 VOT 维度上的集中性。说明在汉语送气塞音发音这一方面，相较于汉语母语者来说，塔吉克族母语者的发音在清浊、送气与否以及送气时长方面较差些，在持阻时长、肌肉紧张程度方面则相对较好。但塞音/t^h/在 GAP 值的维度上达到了 3.7 倍，而在 VOT 维度上的离散度比则只有 1.345 倍,表明塔吉克族母语者在习得塞音/t^h/时在持阻时长、肌肉紧张程度方面较差些,在清浊、送气与否以及送气时长方面则相对较好。此外,送气塞音组别整体上的离散比差异较大,塞音/p^h/的离散度比为 1.768,而塞音/k^h/的离散度比则达到了 66 倍之多,说明塔吉克族母语者在送气塞音组发音方面集中性与汉语母语者相差较大,稳定性不高。

第二节　塔吉克族汉语塞音习得偏误分析及应对策略

一　习得偏误分析和原因分析

(一) 送气与不送气区分混淆导致的偏误

由以上对于塔吉克族母语者以及汉语母语者的 VOT 值、GAP 值和塞音格局图的对比分析可知,塔吉克族学生在学习汉语塞音时,最大的偏误出现在对送气音和不送气音的区分上。从格局图的整体分布位置来看,汉语母语者的不送气塞音组位于左边偏上的位置,而送气塞音组则位于右边偏下的位置,中间有明显的空白区域;而塔吉克族母语者在发汉语塞音时,送气音和不送气音之间不存在明显的界限,在声学空间图上 6 个塞音之间的间隔基本相当,表明塔吉克族母语者对汉语塞音的送气与不送气产生了混淆。同时,在 VOT 均值和 GAP 均值的对比上可以看出,无论是发送气塞音还是不送气塞音,塔吉克族母语者的送气时长以及持阻时间长短整体上都小于汉语母语者,这是导致偏误产生的一个重要原因。

在印欧语系大部分语言的语音体系中,如英语,塞音的送气与不送气大多不具有区分意义的作用,所以,此类印欧语系母语者在习得塞音时不会把送气与不送气作为一个明显的区分标准习得。而汉语作为汉藏语系语言,语音体系中塞音的送气与不送气具有明显的表意作用,所以汉语母语者在习得汉语塞音时,都会着重强调送气与不送气的区分。此外,塔吉克语的不送气塞音都是浊塞音,汉语是清塞音;塔吉克语的送气塞音是清塞音,汉语也是清塞音。二者之间存在的这种差异,导致塔吉克族母语者在习得汉语塞音体系时代入了母语语音体系的发音习惯,不对送气与不送气加以明显区分,从而导致了语音偏误的产生。

(二) 单维度差异导致的偏误

本次语言实验主要测量了塔吉克族母语者和汉语母语者在发汉语塞音时的两个维度的情况,即嗓音起始时间(VOT)和闭塞段时长(GAP),并在此基础之上对所有的数据进行归纳分析。通过双总独立T值检验可以看出,塔吉克族母语者在习得汉语塞音时,送气塞音的习得情况整体上要比不送气塞音的习得情况要好。且塔吉克族母语者在发不送气塞音时,辅音/p/、/k/在送气与否、送气时长方面的发音情况与汉语母语者不存在较大差异,但是在持阻时长,肌肉紧张程度等方面却与汉语母语者存在比较显著的差异。说明塔吉克族母语者在习得汉语不送气塞音时,容易因为塞音的持阻时长或者肌肉紧张程度不当而导致偏误的产生。如发汉语不送气塞音时,容易出现肌肉过度紧张或者持阻时间过长的现象。

(三) 习得顺序差异导致的偏误

本次语音实验对塔吉克族母语者在发汉语塞音时的离散度进行了计算和相关分析,由此可以了解到塔吉克族母语者在发汉语塞音时的集中度、系统性,并且了解到其习得汉语塞音的一个大致习得顺序。通过单个塞音的离散程度比可以看出,塔吉克族母语者在学习汉语塞音时的离散程度普遍较大,离散度比最小的塞音/p^h/也是汉语母语者的1.768倍,而离散度比最高的塞音/k^h/则达到了汉语母语者的66.622倍,集中程度普遍较差。说明塔吉克族母语者在习得汉语塞音时不具备较高的稳定性,容易出现偏误。通过离散度分析我们知道,可以得出塔吉克族母语者在习得汉语塞音时的大致习得顺序,即/p^h/>/k/>/t^h/>/p/>/t/>/k^h/。而从单个塞音的单维度离散比上看,塔吉克族母语者在习得汉语不送气组塞音时,VOT维度上的集中性要优于GAP维度上的集中性。但在习得汉语送气塞音时,塔吉克族母语者则表现出了与不送气塞音习得情况截然相反的现象,GAP维度上的集中性要优于VOT维度上的集中性。这也从一个侧面说明了塔吉克族母语者在习得汉语塞音时缺乏一定的系统性,习得顺序较汉语母语者来说相对比较混乱,从而容易导致语音偏误的产生。

二 教学对策

对于塔吉克族来说,汉语还是摆在他们面前必须跨过的一座大山,为了避免塔吉克族在日后的学习中受到此类重难点的干扰从而产生偏误,在汉语教学之初,我们可以采取以下几种方法对汉语塞音的送气音和不送气音进行区分:

(一) 对比法

对于刚开始学习汉语的学生来说,主要的学习方式就是模仿。因此,在教学时,对于学生发音有难度的音,教师可以提供尽可能多的标准音以供学生模仿,并进行反复的纠音、对比,让学生在这个过程中自己脑海中建立一套区分方法。例如,对于送气塞音和不送气塞音的区分,教师可以尽可能多地向学生展示送气塞音和不送气塞音的词语,并展示其标准读音,让学生加以记忆之后进行检查和纠音,以此来让学生达到自行区分的目的。在学生足够熟悉之后,教师可以给出更多的送气塞音和不送气塞音词组,让塔吉克族学生对其加以区分,加深印象,形成深刻记忆。

(二) 演示法

在教授送气塞音和不送气塞音的区别时,我们不必向学生解释"送气"和"不送气"这两个专业名词,而是采用直观演示的方法,直观地向学生展示送气与不送气的区别。例如:教师可以在教授送气音与不送气音时准备一张轻薄纸条,发音时将纸条靠近嘴部,纸条被吹动时所发的音就是送气音,没有被吹动时所发的音就是不送气音。通过这种方法可以轻松地让学生了解送气音和不送气音之间的差别,并较为准确地掌握这两个音。

(三) 感受法

关于塔吉克族在发送气塞音与不送气塞音时的"度"的掌握的问题上,可以让学生通过送气音与不送气音交替练习的方法,感受二者之间存在的一些微妙差异,以提高其发音的准确性,同时还可以借助适合的韵母,适当延长塞音发音时间,使学生形成整体发音意识,加强区分送气与不送气塞音的能力。

第 三 章

塔吉克族汉语擦音习得研究

第一节　实验设计

一　实验对象和实验例字

（一）实验对象

发音人共有 10 名，其中 8 名是民考民的新疆塔吉克族人，含 4 男 4 女（M2、M3、M4、M5、F2、F3、F4、F5），以确保男女数量均匀。这些人全部来自新疆塔县，他们在民族聚居区长大，精通塔吉克语，熟悉维吾尔语言文字，同时兼学汉语。此外，再选择 2 名普通话水平为一级甲等的播音员（含 1 男 1 女，分别为 M1、F1）进行对比实验。

（二）实验例字

汉语普通话声母当中共有 6 个擦音，其中清擦音共有 5 个，是/f/、/x/、/ɕ/、/s/、/ʂ/，浊擦音有 1 个，是/ʐ/。关于声母/ʐ/的语音性质，研究者们曾有各种不同看法，有人认为是浊擦音，也有人认为是浊通音、闪音，还有人认为是半元音、元音等。廖荣蓉、石锋（1987）通过声学实验的方法研究了普通话的/ʐ/声母，指出声母/ʐ/在部位和方法上都存在变体，本身在语音性质上并不是单一的，正因为如此才出现不同研究者看法的分歧。

考虑常用性、易于发音以及对辅音音色的影响，尽量选取含有/i/、/u/、/a/这三个典型元音的韵母；现代汉语中共有 6 个擦音，其中浊擦音/ʐ/无法与韵母/a/相拼，所以，只取 5 个清擦音：/f/、/s/、/ʂ/、/ɕ/、/x/。此外，为了避免声调对实验数据所产生的影响，例字全部选择阴平调或者阳平调。由于擦音发音时长较长，易取数值，故选取例字时只取单字擦音，5 组清擦音例字，每组 4 个例字，共 20 个例字。因为新疆塔吉克族是少数民族，需要通过 MHK，所以课题组根据《中国少数民族汉语水平等级考试大纲·（二级）》选取其中的一级字作为合适的擦音例字，具体例字见表 3—1：

表 3—1　　　　　　　　　实验例字

	擦音声学实验例字			
/f/	翻	发	肤	方
/x/	哈	杭	花	灰
/s/	苏	思	三	酸
/ʂ/	师	伤	书	沙
/ç/	西	先	消	休

二　汉塔擦音对比

塔吉克语属印欧语系伊朗语族。塔吉克族的双语、多语现象比较普遍，除母语塔吉克语外，主要兼用维吾尔语、汉语。

现代汉语辅音包含 6 个擦音，分别是/f/、/s/、/ʂ/、/ç/、/x/、/ʐ/。塔吉克语中含有 13 个擦音，通过比较表 3—2，我们可以发现塔吉克语有与现代汉语相同的 3 个擦音，同时也存在 10 个与现代汉语不同的擦音。因此，塔吉克族与汉族人各自的擦音发音是有所区别的。塔吉克语中"/h/是声门擦音，发音时舌头放松，气流经过声门摩擦成声；/z/是齿龈擦音，发音时声带振动，舌尖靠近上齿和上齿龈形成狭窄的缝隙，气流经过缝隙摩擦成声；/θ/发音时舌尖微微伸出一些，放在上下门齿之间，舌身保持扁平状态，气流通过舌齿之间摩擦发声；/v/发音时上齿轻触下唇，用力将气息从唇齿之间的缝隙中吹出，发音时声带振动；/ð/发音时把舌尖放在上下齿之间，舌尖轻触上齿，气流由舌齿之间流出，摩擦成音，发音时声带振动[1]"；/ʃ/和/ʒ/的发音方式相同，发音的时候，双唇稍微收圆并略突出，上下齿微微闭合。舌尖抬起靠近上颚，（但舌尖

---

[1] 魏思文：《汉语作为三语习得的语音迁移研究》，博士学位论文，吉林大学，2021 年。

不触碰到上颚），口腔气流从舌面与上颚间缝隙中出来摩擦成音（可以理解成把气流吹出来），/ʃ/为清辅音，发音时声带不振动，/ʒ/为浊辅音，发音时声带振动；/ɣ/的发音方式与/x/相同，它是舌根浊擦音，发音时声带振动；/χ/和/ʁ/是用气流冲击或摩擦小舌得到的摩擦音，/χ/是清擦音，发音时声带不振动，/ʁ/是浊擦音，发音时声带振动。

表3—2　　　　　　　　　　汉塔擦音对比

方法		部位	双唇	唇齿	齿间	舌尖前	舌尖后	舌尖面	舌面前	舌面中	舌根	小舌	喉
擦音	清	汉		f		s	ʂ		ɕ		x		
		塔		f	θ	s		ʃ			x	χ	h
	浊	汉					ʐ						
		塔		v	ð	z		ʒ			ɣ	ʁ	

三　塔吉克族习得汉语擦音偏误预测

塔吉克语中一共有13个擦音。形成清浊对立的有6组，分别是唇齿音清音/f/、浊音/v/，齿间音清音/θ/、浊音/ð/，舌尖前清音/s/、浊音/z/，舌尖面清音/ʃ/、浊音/ʒ/，舌根音清音/x/、浊音/ɣ/，小舌清音/χ/、浊音/ʁ/，还有一个喉音清音/h/。汉语共有6个擦音，其中舌尖后清音/ʂ/和浊音/ʐ/是对立存在的，另外4个擦音分别是唇齿音/f/、舌尖前音/s/、舌面前音/ɕ/、舌根音/x/。通过比较发现，塔吉克语与汉语有3个相同的擦音，分别是/f/、/s/、/x/。汉语擦音呈现出明显的发音部位后移现象。根据擦音音位的区别和对立，可以预测塔吉克族人学习汉语的难点将是/ɕ/、/ʂ/，其具体偏误表现预测为塔吉克族发音人不会发/ɕ/、/ʂ/这两个音，而将其误发为舌面清擦音/ʃ/。

四　实验过程

数据测量环境设在空间较小的、安静的办公室内，实验采用Praat5.3语音软件、ThinkPad X280笔记本电脑、索尼ECM-MS907话筒和创新

Sound Blaster Digital Music Premium HD USB 声卡进行录音。采样率为22050Hz，采样精度16位，单声道录音。为让发音人充分熟悉实验例字，使实验更加顺利地进行，录音前会事先将实验例字打印在A4纸上，并为发音人准备一杯水，以防其因为口干引起发音变化而造成的实验数据偏差。待发音人心情愉快、自信放松时，安排其依次进入录音室中，按照正常语速开始录制语音。录音人将20个例字制作成PPT，每页PPT放一个例字，为了避免可能的连续反应，每个例字之间间隔3秒，在录音过程中，如果发音人感觉某一例字发音有差错，可以暂停录制，稍作调整后重新开始录制。发音人共10人，其中10人共得到10（人）×20（字）×3（遍）=600个有效样本，共有600个有效样本。获取样本后，先利用桌上语音工作室（Mini Speech Lab）、语音软件 Praat，结合 Excel 数据分析工具，观察语图，对发音人的语音参量进行归一化和相对化处理，取频普重心（COG）、分散程度（DIS）以及声韵时长，并制作擦音声学空间图和擦音声学格局图，将其与汉语普通话擦音语音参量进行相关数据的比对，再进行人工听辨，并记录偏误现象。

第二节　塔吉克族习得汉语擦音实验数据分析

一　擦音实验的理论基础

（一）擦音基本概念

"擦音（fricative）是声道中有阻碍但没有完全闭塞，气流从缝隙中摩擦发出的辅音。[1]"擦音在发音时，气流从缝隙中通过时产生出"平流"或"湍流"，从而形成不规则的气流躁动，最终便形成了擦音。不同的擦音其阻碍缝隙的大小和气流通过时的速度是不一样的，这正是不同擦音得以区分的原因。与爆发音相比，擦音不普遍，也不是所有语言都具有的类，但无论是汉语还是塔吉克语中都含有丰富的擦音，研究其声学特点具有十分重要的语言学意义。

（二）擦音声学表现

辅音的发音方法是指发音时喉头、口腔和鼻腔节制气流的方式和状

---

[1] 冉启斌、石锋：《北京话擦音格局分析》，《华文教学与研究》2012年第1期。

况。从阻碍的方式来看，擦音在发音时，发音器官接近，留下窄缝，软腭上升，堵塞鼻腔的通路，气流从窄缝中挤出，摩擦成声。因此，是声门上的噪声源产生出擦音的，擦音在语图上表现为高频噪声区，有点收紧的前腔形成频谱能量集中区。从发音部位上说，擦音是靠摩擦发音，时长较长，声学特性较稳定，所以频谱特性较容易得到。擦音包括清擦音和浊擦音，典型的清擦音在宽带语图上表现为不规则乱纹，其时间较长、频率分布范围较宽，浊擦音在宽带语图上有两个表现特征：一是在低频处有浊音杠，二是有杂乱的条纹。[①]

（三）擦音格局理论

Svantesson 对汉语 6 个声母的频谱重心（center of gravity）、分散程度（dispersion）、平均强度级（mean intensity level）进行研究，并以上述三个参量中的任意两个参量作为二维坐标，形成一个擦音空间。考虑到音强是易变化参量，冉启斌只对由谱重心和分散程度构成的二维空间进行分析。[②] 擦音声学空间分析的具体方法是，先对擦音的某点频谱作快速傅里叶变换（Fast Fourier Transform，FFT），然后将变换后的频谱转换为 24 个临界带谱，在每个临界带内计算出该带内的平均强度的分贝数值。[③]

其中谱重心的计算公式为：

$$m = \sum_{n=2}^{24} n \times 10^{(x_n/10)} / F \tag{1}$$

分散程度的计算公式为：

$$s = \sqrt{\left(\sum_{n=2}^{24} (n-m)^2 \times 10^{(x_n/10)} / F\right)} \tag{2}$$

其中 F 值为：

$$F = \sum_{n=2}^{24} 10^{(x_n/10)} \tag{3}$$

利用桌上语音工作室（Mini Speech Lab）可以自动实施上述计算并得

---

① 贝先明、向柠：《实验语音学的基本原理与 Praat 软件操作》，湖南师范大学出版社 2016 年版，第 104 页。

② 冉启斌：《汉语普通话清擦音的声学空间分析》，载《第八届中国语音学学术会议暨庆贺吴宗济先生百岁华诞语音科学前沿问题国际研讨会论文集》，2008 年，第 737—742 页。

③ Svantesson, "Jan-Olof Acoustic Analysis of Chinese Fricatives and Affricates", *Journal of Chinese Linguistics*, No.1, 1986.

到某个擦音的谱重心和分散程度值。

根据石锋、冉启斌在《北京话擦音格局分析》中的思路及方法，对10个发音人的录音数据进行分析、整理，将得出的频谱重心和分散程度数据进行归一化和相对化处理，分别作为二维平面坐标的横轴与纵轴，制作出擦音声学格局图。

频谱重心的归一化和相对化公式为：

$$G = (Gx - Gmin) / (Gmax - Gmin) \times 100 \quad (4)$$

其中，Gx 为某个擦音的频谱重心值，Gmax 表示几个擦音中频谱重心的最大值，Gmin 表示几个擦音中频谱重心的最小值。

分散程度的归一化和相对化公式为：

$$D = (Dx - Dmin) / (Dmax - Dmin) \times 100 \quad (5)$$

其中，Dx 为某个擦音的分散程度值，Dmax 表示几个擦音中分散程度的最大值，Gmin 表示几个擦音中分散程度的最小值。[1]

通过归一化和相对化处理，所有的擦音参数都保持在 0—100 之间，得出的数值为该擦音的频谱重心、分散程度所占百分比，表现出该擦音在整个擦音空间内的指标和位置。同时运用 Excel 软件，对所得数据进行分析并作"XY 散点图"，并从中选取 6 张具有代表性的擦音格局图。

二　塔吉克族习得汉语擦音的声韵时长分析

（一）语料获取与处理

擦音是延续性辅音，音长是擦音比较容易观测的一个参量，本节打算对 10 位发音人所发擦音的声母时长、韵母时长、声韵比例进行实验测算和统计分析，利用 Praat 语音软件通过语图对擦音的音长进行测量。对于声母音段的切分标准，主要参考了前人的研究方法。研究者们研究辅音声母起点标准时，观点比较统一：擦音取频谱中的乱纹或波形图中的非周期波起始处，他们对辅音终点的标准共有三种方式：一是以嗓音起始时间为准[2]；二是以有无声调来确定元、辅音的界限[3]；三是以后接元

---

[1] 冉启斌、石锋：《北京话擦音格局分析》，《华文教学与研究》2012 年第 1 期。
[2] 吴宗济、林茂灿：《实验语音学概要》，高等教育出版社 1989 年版，第 121 页。
[3] 齐士钤、张家騄：《汉语普通话辅音音长分析》，《声学学报》1982 年第 1 期。

音低频区的共振峰起始处作为元、辅音的界限①，本章将以第三种方式作为切分标准，利用语音分析软件 Praat 测量 10 位发音人的擦音音长，辅以宽带图作为参考。图 3—1 为例字"翻"的语图，图中阴影部分为擦音 /f/ 的时长，数据取样时使用四舍五入法精确到毫秒。

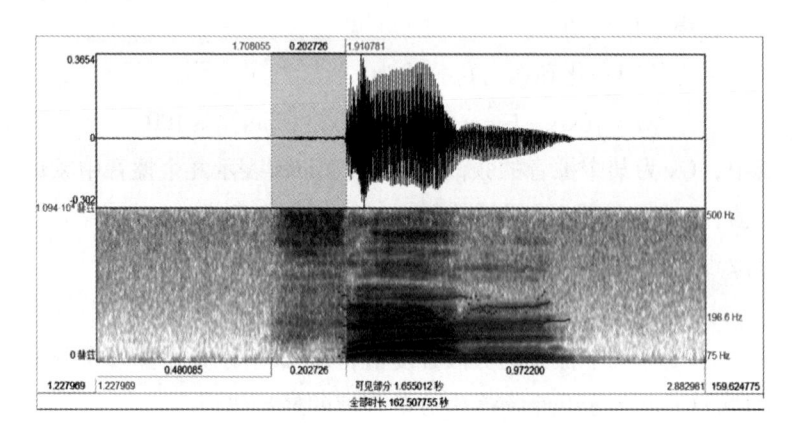

图 3—1　例字"翻"音长测量示意图

（二）擦音音长参量分析

1. 汉语普通话擦音音长参量

国内有较多学者研究汉语普通话擦音音长，他们得到的数据如表 3—3 所示。

表 3—3　　　　　　　　汉语普通话擦音音长　　　　　　（单位：ms）

数据来源	语料说明	发音人	/f/	/x/	/ɕ/	/s/	/ʂ/
齐士铃、张家騄（1982）	双音节词的前音节	7 名男发音人平均值	90.1	88.2	105.1	120.4	118.7
		6 名女发音人平均值	125.7	128.0	156.9	163.4	161.7
		13 名发音人平均值	106.6	106.6	129.1	140.3	138.6

---

① ［美］G. E. Peterson, "Duration of Syllable Nuclei in English", *The Journal of the Acoustical Society of America*, No.6, 2005.

续表

数据来源	语料说明	发音人	/f/	/x/	/ç/	/s/	/ʂ/
冯隆（1985）	语流中双音节词前音节；	3男3女	122	121	145	136	134
吴宗济（1986）	单音节；测量除阻音段长度	1男1女	173.5	127.8	219.8	204.2	194
陈韬、李昌立、莫福源（1993）	单音节		179.2—192	140.8—153.6	217.6—230.4	217.6—230.4	217.6—230.4
冉启斌（2005）	单音节	1男	154.47	122.72	199.44	198.13	189.05

观察表3—3可以发现，不同发音人的各个擦音音长都不相同，这与其语速、个人特征都有关系。但是对于同一个发音人来说，各个擦音在音长的相对关系上却是很一致的，可以发现普通话擦音明显分为长（/ç/、/s/、/ʂ/）和短（/f/、/x/）两组。

根据上述语料研究方法，得出此次实验中两位普通话发音人的擦音声母时长参量以及音长统计箱形图。

表3—4　　　　　汉语发音人的擦音音长统计结果　　　（单位：ms）

声母	平均值	最小值	最大值	标准差
/f/	229.007	163.983	277.791	31.08
/x/	242.322	168.736	313.707	36.33
/ç/	274.470	225.557	344.603	36.33
/s/	293.085	187.749	351.732	47.79
/ʂ/	284.137	204.118	358.862	47.32

表3—4中，整体的擦音声母时长特征基本与前人一致：擦音/f/、/x/的声母时长偏短，擦音/ç/、/s/、/ʂ/的声母时长偏长。其中/s/、/ʂ/的长度最大，二者相差无几；/x/的长度最小，占/s/、/ʂ/长度的百分之八十多一点。舌面前音声母/ç/也较长，其中最长的一个数据达到

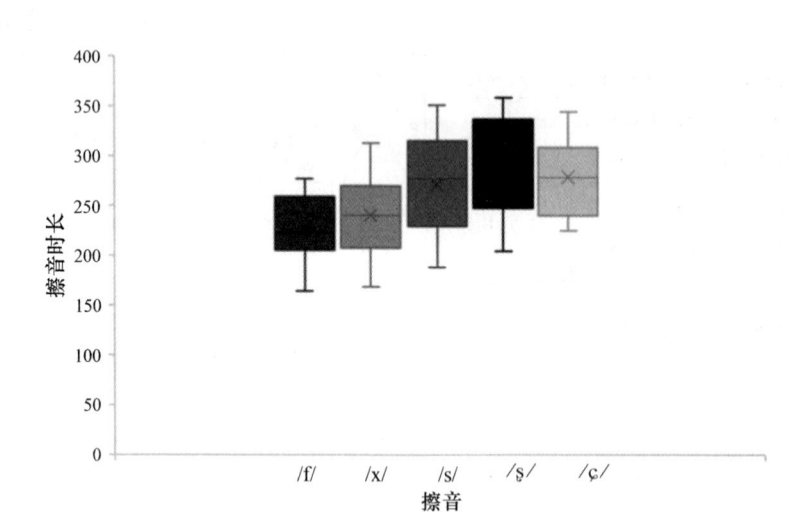

图 3—2　汉语发音人擦音音长统计箱形图（单位：ms）

344.603 毫秒，超过了四分之一秒；舌根擦音声母/x/最短为 168.736 毫秒，比八分之一秒稍微多一点。从上图中能够直观地看到上述情形，其中/f/的音长变化范围最小，/x/与/ɕ/居中，/s/和/ʂ/的音长变化范围都很大。这说明/f/的音长受韵母的影响相对较小，/s/和/ʂ/的音长受韵母的影响较大。

2. 塔吉克族习得汉语擦音音长参量

经过统计分析，得到了塔吉克族习得汉语擦音音长参量。

表 3—5　　　　　塔吉克族习得汉语擦音音长统计结果　　　（单位：ms）

声母	平均值	最小值	最大值	标准差
/f/	187.108	16.614	588.418	90.60
/x/	187.564	113.932	383.005	45.22
/ɕ/	284.687	157.622	487.896	67.27
/s/	264.676	123.315	458.408	77.95
/ʂ/	265.878	164.421	421.152	56.93

观察表 3—5 可以发现，塔吉克族习得汉语擦音时，与汉语发音人具有一个共同特征：擦音/f/和/x/的声母时长为偏短一组，擦音/ɕ/、/s/

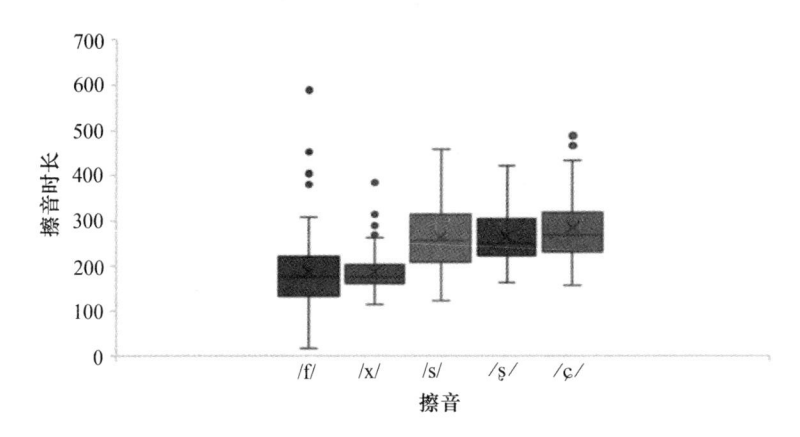

图3—3 塔吉克族习得汉语擦音音长统计箱形图（单位：ms）

和/ʂ/的声母时长为偏长一组。但是，塔吉克族所发擦音/f/和/x/的平均声母时长数值低于普通话发音人的，这一现象表明，塔吉克语中与擦音/f/和/x/相近或相对立的擦音如浊音/v/、小舌清音/χ/、喉音清音/h/可能对塔吉克族习得汉语擦音产生了母语负迁移作用。偏长一组的擦音中/ɕ/的长度最大，/s/和/ʂ/二者相差无几，此特征与前面所述汉语发音人的声母时长特征正好相反，这说明塔吉克族发音人在发/ɕ/、/s/和/ʂ/三个擦音时存在偏误现象；/f/和/x/的平均声母时长非常接近，占/ɕ/长度的百分之六十多一点。/f/声母时长的最小值为16.614毫秒，最大值为588.418毫秒，标准差为90.60；/ɕ/声母时长的最小值为157.622毫秒，最大值为487.896毫秒，标准差为67.27；/s/声母时长的最小值为123.315毫秒，最大值为458.408毫秒，标准差为77.95，这3个擦音相较于其他2个擦音，声母时长标准差偏大，这说明塔吉克族发音人在发/f/、/ɕ/、/s/这3个擦音时，发音水平参差不齐，发挥不稳定。塔吉克族所发擦音从上图中能够直观地看到，其中/f/、/ɕ/、/s/的音长变化范围都很大，/ʂ/居中，/x/的变化范围最小。这说明/f/、/ɕ/和/s/的音长受韵母的影响较大，/x/的音长则受韵母的影响相对较小。

（三）擦音声韵时长比分析

为了更好地进行横向比较，分别把10位发音人的声韵比值放在同一张表格中进行比较分析。汉语普通话男性发音人为M1，女性发音人为

F1，塔吉克族男性发音人为 M2、M3、M4、M5，女性发音人为 F2、F3、F4、F5。

表3—6　　　　塔吉克族发音人和汉语发音人的声韵比值表　　　（单位:%）

擦音 发音人	/f/	/x/	/ɕ/	/s/	/ʂ/
M1	31.59	31.39	32.44	34.05	34.69
F1	41.34	42.57	53.61	51.26	65.61
M2	30.26	48.10	61.63	56.51	62.40
M3	46.75	35.07	39.42	40.75	34.08
M4	45.92	39.48	66.86	66.06	74.73
M5	31.50	29.95	59.39	61.83	52.91
F2	20.37	20.70	27.21	28.51	28.19
F3	18.82	25.80	42.19	37.65	40.80
F4	23.52	24.31	33.69	35.78	33.85
F5	20.75	23.78	29.67	24.53	28.52

观察表3—6得知，每个人的声韵比例各不相同，这说明汉语擦音发音具有明显的个性特征。根据声韵比例的公式可知，比值越大，元音发音时间越短或擦音发音时间越长，比值越小，元音发音时间越长或者擦音发音时间越短。汉语母语发音人 M1 的声韵比例最小比值出现在/x/，最大值出现在/ʂ/，其声韵比值从大到小的排列顺序为：/ʂ/＞/s/＞/ɕ/＞/f/＞/x/；F1 的声韵比例最大值出现在/ʂ/，而最小比值出现在/f/，其声韵比值从大到小的排列顺序为：/ʂ/＞/ɕ/＞/s/＞/x/＞/f/。综上所述，汉语发音人在发擦音/ʂ/时，发音时间最短。

按照此方法，我们求得8位塔吉克族发音人的声韵比值的排列顺序。其中，M2 的声韵比值大小排列顺序为：/ʂ/＞/ɕ/＞/s/＞/x/＞/f/；M3 的声韵比值大小排列顺序为：/f/＞/s/＞/ɕ/＞/x/＞/ʂ/；M4 的声韵比值大小排列顺序为：/ʂ/＞/ɕ/＞/s/＞/f/＞/x/；M5 的声韵比值大小排列顺序为：/s/＞/ɕ/＞/ʂ/＞/f/＞/x/。观察前4位塔吉克族男性发音人的数据，可以发现，整体发音水平较稳定，/ʂ/的发音时间较长，/x/和

/f/的发音时间依旧较短，但是发音人 M3 的声韵比值排序与其他三位发音人完全相反。此外，对比发音人 M5 和发音人 M2、M4 的数据，得出塔吉克族发音人在发擦音/s/和/ʂ/时存在一定的问题。F2 的声韵比值大小排列顺序为：/s/＞/ʂ/＞/ɕ/＞/x/＞/f/；F3 的声韵比值大小排列顺序为：/ɕ/＞/ʂ/＞/s/＞/x/＞/f/；F4 的声韵比值大小排列顺序为：/s/＞/ʂ/＞/ɕ/＞/x/＞/f/；F5 的声韵比值大小排列顺序为：/ɕ/＞/ʂ/＞/s/＞/x/＞/f/。观察后 4 位塔吉克族女性发音人的数据，可以发现，F2 与 F4 的声韵比值大小排列顺序相同，F3 与 F5 的声韵比值大小排列顺序相同，其差别为/s/、/ʂ/、/ɕ/三个擦音的排列顺序完全相反，而擦音/x/和/f/仍为发音时间较短的一组。将塔吉克族发音人 5 个擦音的声韵比值与汉语母语发音人的相比较，可以观察到，塔吉克族发音人在发擦音/ɕ/、/s/、/ʂ/时，声母时长普遍较长，这说明塔吉克族发音人习得这三个新擦音时，为使发音更加准确会有意拖长时间。

为了进一步比较塔吉克族发音人和汉语母语发音人在发 5 个汉语擦音时的差异，我们综合平均值比较了上面的数据，即将塔吉克族发音人和汉语母语发音人发汉语擦音的声韵时间各自相加后求其平均值，然后按照从大到小的顺序进行排列，以观察塔吉克族发音人在汉语擦音习得上可能存在的差异，并通过 excel 做出各自的柱状图。

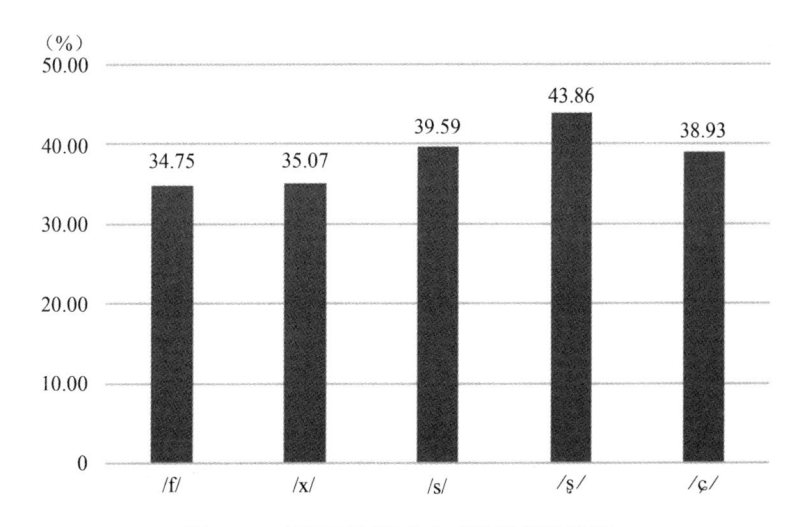

图 3—4　汉语母语发音人声韵比例柱状图

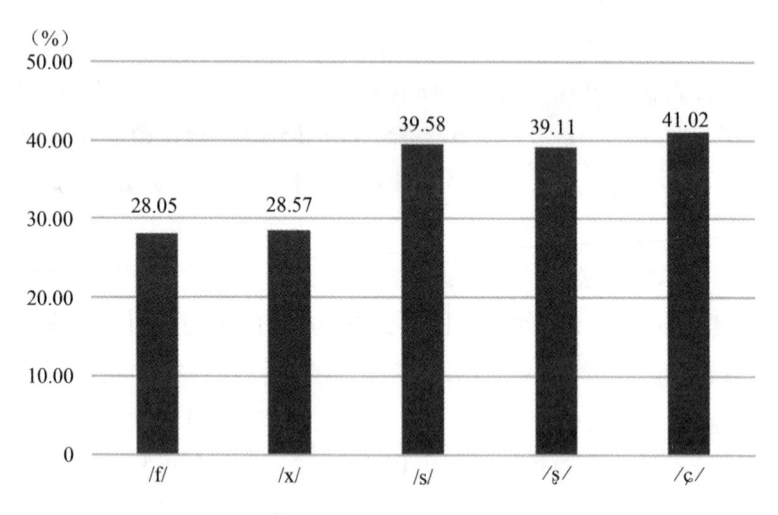

```
(%)
50.00
40.00                    39.58   39.11   41.02
        28.05   28.57
30.00
20.00
10.00
  0
        /f/     /x/      /s/     /ʂ/     /ɕ/
```

图3—5　塔吉克族发音人声韵比例柱状图

从上图可以看出，汉语母语发音人擦音的声韵比例大小排列顺序是：/ʂ/＞/s/＞/ɕ/＞/x/＞/f/，塔吉克族发音人擦音的声韵比例大小排列顺序是：/ɕ/＞/s/＞/ʂ/＞/x/＞/f/，将两者对比发现，擦音/x/和/f/的大小排列顺序相同，擦音/ʂ/、/ɕ/的大小排列顺序完全相反，这说明塔吉克族发音人在发汉语擦音/ʂ/、/ɕ/时存在困难。塔吉克语和汉语里都有/f/、/s/、/x/，这在语言习得中本应该是正迁移的语言现象，但是塔吉克族发音人在习得汉语擦音/f/和/x/时表现出一些偏误：声韵略有失衡，发音时间不够长，比例偏低。这是因为，塔吉克语是多音节词占优势的语言，/f/和/x/可以分别位于词首、词中、词尾，且声学表现各有不同，通常是又短又快的。相反，汉语是单音节语言，一个音节一个汉字，在词汇和短语中，虽然也常以多音节的形式出现，但各个音节间的区分十分明显，且辅音/f/和/x/一般只出现在音节的开头。所以，汉语中的声母常常较之于多音节语言的辅音发音更为"饱满"一些，表现在具体的语音中便是时间更长，能量更大。

三　塔吉克族习得汉语擦音的中心频率、下限频率分析

（一）理论依据及实验方法

吴宗济提出，在语图上擦音表现为噪音乱纹，呈现为能量较强的强

频集中区。普通话的 5 个清擦音在音高感觉上是不相同的。不同擦音的特性主要表现在中心频率和下限频率上。① 中心频率和下限频率是擦音的两个重要的声学参量，语图上的频率集中区就是中心频率，可以取得一个大概的数值范围，下限频率值即擦音乱纹的最低点的数值，可以得到比较准确的数值。"其中三个擦音/ɕ/、/s/、/ʂ/属于舌尖到舌面前擦音，它们具有共同的声学特征：长度差不多，中心频率都比较高，频率下限清晰且稳定，其下限频率又各有不同，/ʂ/的下限最低，/ɕ/次之，/s/的下限最高。"② /f/的中心频率也比较高，一般在 5000Hz 以上，但是它的能量很弱而且很分散，"在语图上常分布于整个频率范围内（80—12000Hz）"，而且"很少有特别明显的共振峰，能量分布的下限频率较低"③。这样，实际上/f/的音高感并不是很高。/x/的频率构成则很不稳定，常常随后接元音的不同而变化。一般的情况是"在相当于后接元音的 F_2 处有一个强频区，另外在相当于后接元音的 F_5 处有一个强频区"，并且/x/的能量也很弱。总体来说/x/的音高也是比较低的。本章将从中心频率和下限频率两个声学参量，研究塔吉克族发音人和普通话母语者关于普通话擦音/x/、/ɕ/、/s/、/ʂ/的单音节发音，并进行对比分析。吴宗济的《实验语音学概要》中有关汉语母语者中心频率和下限频率数据较为准确，以其测量数据为准，塔吉克族发音人的数据通过实际测量，取平均值得到。

本章主要通过宽带语图来测量擦音乱纹的下限频率以及强频峰，其中，下限频率取擦音乱纹的最低点的数值，中心频率选取频率集中区的最小值。考虑本实验发音人的音高特征，为使其中心频率更加清晰地在语图中显现出来，取值之前，在 Praat 语音软件中，将频谱取值范围设置为 0—11000Hz。图 3—6 是一名普通话男发音人例字"苏"的宽带语图，鼠标停在擦音乱纹频谱最低处，语图左边的纵轴上即会显示/s/的下限频率数值，即为 1348Hz。图 3—7 中，鼠标放在强频区的最低处，语图左边的纵轴上会显示中心频率数值，即为 7066Hz。

---

① 吴宗济、林茂灿：《实验语音学概要》，高等教育出版社 1989 年版，第 133 页。
② 吴宗济：《汉语普通话单音节语图册》，中国社会科学出版社 1986 年版，第 45 页。
③ 吴宗济、林茂灿：《实验语音学概要》，高等教育出版社 1989 年版，第 197 页。

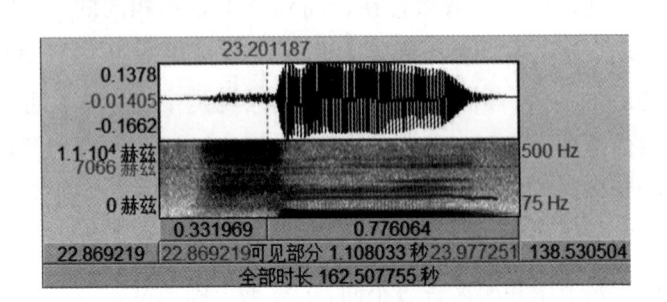

图 3—6　擦音/s/下限频率取值示意图

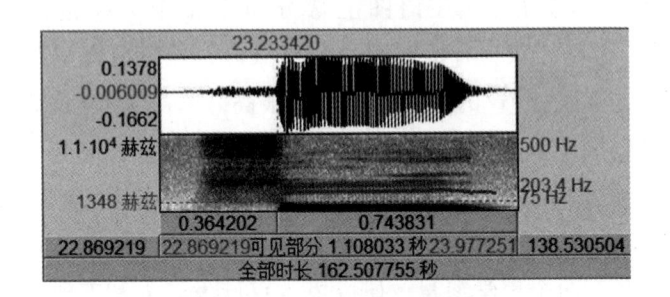

图 3—7　擦音/s/中心限频率取值示意图

(二) 实验数据分析

1. 普通话擦音/x/塔汉的发音对比

塔吉克语中有擦音/x/，也有小舌音/χ/。从表3—7可以看到，塔吉克族发音人和普通话母语者的中心频率范围在两者发/x/音时并不完全相同。汉语母语者的下限频率明显高于塔吉克族发音人的下限频率，下限频率与舌位相关联，下限频率越低，舌位越后，因此，塔吉克族发音人在实际发音中，发擦音/x/音时舌位靠后，原因可能是其容易混淆舌面后擦音/x/与小舌音/χ/。

表3—7　　塔吉克族发音人和汉语母语发音人/x/的对比分析　　（单位：Hz）

测量数据	塔吉克族发音人	汉语母语者
中心频率	3000—5000	4000—5000
下限频率	743.5	800

2. 普通话擦音/s/塔汉的发音对比

Maddieson（1987）的研究显示，如果一种语言只有一个擦音，这个擦音在84%的情况下是/s/。擦音/s/也存在于塔吉克语的声母系统中，结合母语正迁移的作用推测：/s/不是其习得的难点。依据表3—8，塔吉克族发音人的中心频率、下限频率都要比普通话母语者的低。吴宗济认为，"下限的不同反映了舌位前后的不同，下限愈高，舌位愈高"①。/s/是一个舌尖前音，但是塔吉克族发这个音时舌位偏后，但整体发音相对较准确。

表3—8　　塔吉克族发音人和汉语母语发音人/s/的对比分析　　（单位：Hz）

测量数据	塔吉克族发音人	汉语母语者
中心频率	6698	7000
下限频率	2314	3100

3. 普通话擦音/ʂ/塔汉的发音对比

/ʂ/是舌尖后擦音，塔吉克语中没有舌尖后音，因此塔吉克族发音人不容易完全掌握此类音的发音规则，从而造成误读，如把"[ʂaŋ⁵⁵]"发成"[ʃaŋ⁵⁵]"，从实验的角度证明塔吉克族发音人在实际发音中，舌尖后音/ʂ/、舌面前音/ɕ/容易与舌尖面音/ʃ/发生混淆。从中心频率来看，塔吉克族发音人和汉语母语者大致相同。从下限频率看，普通话母语者/ʂ/的下限频率在1600Hz左右，塔吉克族发音人的下限频率在1480Hz左右，要比普通话母语者低，下限频率低表明发音部位过于靠后，因此，塔吉克族发音人在发擦音/ʂ/时，舌位略微靠后。

表3—9　　塔吉克族发音人和汉语母语发音人/ʂ/的对比分析　　（单位：Hz）

测量数据	塔吉克族发音人	汉语母语者
中心频率	3000—7000	3000，6000—7000
下限频率	1480	1600

---

① 吴宗济、林茂灿：《实验语音学概要》，高等教育出版社1989年版，第133页。

4. 普通话擦音/ɕ/塔汉的发音对比

/ɕ/是舌面前清擦音。塔吉克语中没有舌面前音，塔吉克族发音人很难分清楚舌面前音和舌尖后音的区别，常常会发生混淆。例如，把"[ɕiau⁵⁵]"发成"[ʃau⁵⁵]"。/ɕ/的中心频率范围塔吉克族发音人和普通话母语者大致重叠，下限频率要比普通话母语者高，表明舌位比普通话母语者靠前。

表3—10　塔吉克族发音人和汉语母语发音人/ɕ/的对比分析　（单位：Hz）

测量数据	塔吉克族发音人	汉语母语者
中心频率	5000—9000	5000—7000
下限频率	1819	1800

四　塔吉克族习得汉语擦音声学空间分析

通过对实验语料进行处理、分析，得到塔吉克族擦音声学空间图。由于石锋、冉启斌根据实验得出的普通话擦音声学空间图更加标准，所以此处选择他们的实验结果图作为对比参照。

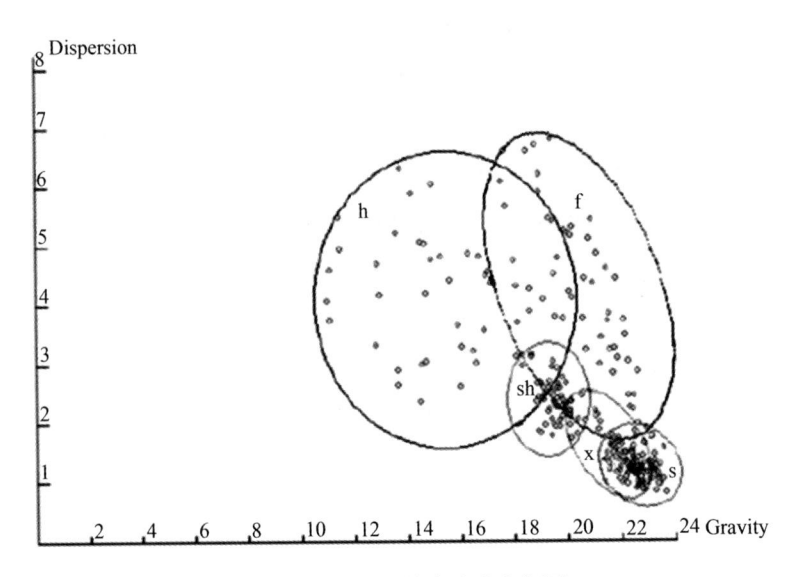

图3—8　普通话擦音声学空间图

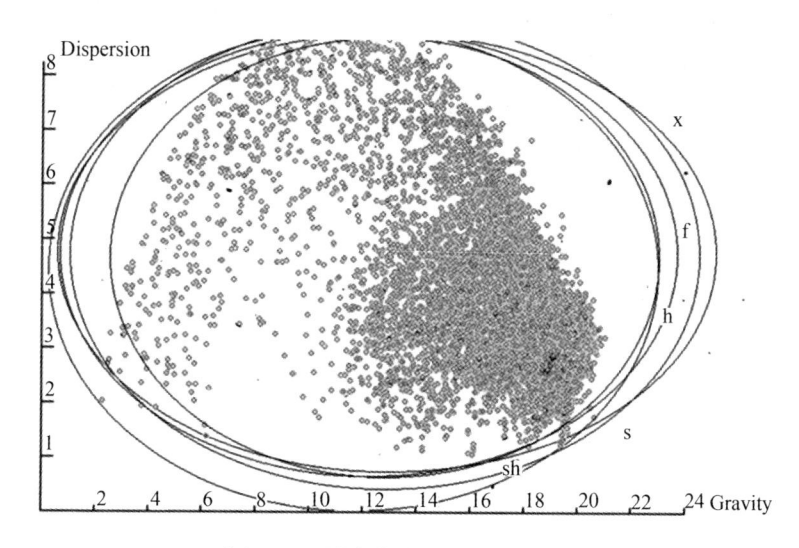

图3—9 塔吉克族擦音声学空间图

通过观察图3—8普通话擦音声学空间图，可以发现，在普通话中，5个擦音基本上都各自分布于一定的空间区域内，其分布的大小和形状均有不同。其中/x/的位置最靠左、靠上，占据面积很大，分布范围最为分散；/s/位置最靠右、靠下，占据面积最小，分布范围最为集中。图3—8很好地展示了各个擦音即时的频谱特性和随时间变化的频谱特性，体现了5个擦音各自的声学特性。同时，还可以发现5个擦音基本上都集中在图的右下部，左部几乎没有擦音分布，它们都更加集中于横轴上，在纵轴上的分布比较宽泛，频谱重心主要分布在11—24，比较集中，分散程度主要分布在1—7，比较宽泛。从图3—9塔吉克族擦音声学空间图中，可以发现与普通话擦音分布特性不同的是，塔吉克族所发5个擦音基本分布于整张图，他们的分布范围都是重叠交合在一起的，主要密集于图的右中部位置，各个擦音的界限非常不明晰。无论是横轴的频谱重心还是纵轴的分散程度都比较宽泛，基本上覆盖了所有的区域，即频谱重心区域分布在2—21，分散程度的分布范围超出了1—8，这一点与普通话擦音声学空间图相对比的话差别比较大。普通话擦音声学空间图中各个擦音之间的区域有相交的情况，且各个擦音之间的区域相对比较松散一些，但在塔吉克族擦音声学空间图中，虽然各个擦音之间的区域分布同样存在相交的情况，但是相较于普通话的擦音声学分布来说相交的区域也更大更广，说明塔吉克族对 5 个擦音的发音可能会出现混淆，及发音不标准、发音困难的情况。由于擦音声学空间图无法体现两者之间的具体差异，拟使用擦音声学格局图对其进行进一步分析。

五　塔吉克族习得汉语擦音声学格局分析

根据发音人发擦音时的频谱重心值（COG）和分散程度值（DIS），可以分别制作出擦音声学格局图，由于这一部分数据易于细化，所以还专门进行了男女对比分析。

（一）汉语普通话擦音格局分析

借助软件桌上语音工作室，测量了两位汉语普通话发音人 5 个擦音的频谱重心（COG）、分散程度（DIS）。以下是经过计算得出的相关数据：

表 3—11　　　　　　　汉语普通话擦音 COG 与 DIS 值

擦音	COG	DIS
/f/	78.48198594	58.96373057
/x/	0	100
/s/	100	0
/ʂ/	69.1344464	28.66321244
/ɕ/	77.8668717	12.62176166

根据表 3—11 中的数据，以 COG 为横轴，DIS 为纵轴，绘入二维平面直角坐标，得到普通话擦音声学格局图，见图 3—10。

5 个擦音在普通话擦音声学格局图中各占据一个点，较好地体现了各个擦音之间的清晰明了的位置关系。在图 3—10 中可以观察到，/s/ 的分散程度最小，频谱重心最高，位于擦音格局图的右下角；/x/ 频谱重心最低，分散程度最大，位于擦音格局图的左上角。因此，具有最大限度声学特性的擦音是 /x/ 和 /s/，它们共同构成了整个擦音格局图的极限范围，确定了擦音格局的最大分布区域，其他擦音则位于由 /x/ 和 /s/ 所确定的擦音格局内。另外，擦音 /f/ 的分散程度仅次于 /x/，频谱重心略高于

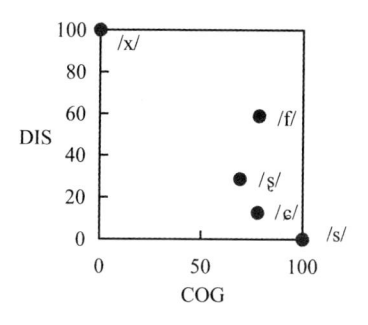

图3—10　普通话擦音声学格局图

/ɕ/；/ʂ/的分散程度低于/f/，频谱重心略低于/ɕ/；/ɕ/的分散程度很低，频谱重心介于/ʂ/和/f/之间。

从总体的擦音声学格局图来看，/x/与/s/的声学特性大相径庭，/x/具有分散程度的最大值和频谱重心的最小值，/s/具有分散程度的最小值和频谱重心的最大值。与擦音/x/类似的摩擦称为柔性摩擦，而与擦音/s/类似的摩擦可以称为刚性摩擦，二者典型地代表了两种截然不同的摩擦性质。"阻碍缝隙和气流速度越大则摩擦噪声越强，为湍流；阻碍缝隙和气流速度越小则摩擦噪声较弱，为平流"[①]。/x/与/s/的发音生理状态截然不同，/x/和/f/发音时由软腭和舌面后部产生摩擦，形成的摩擦缝隙较大，气流泄漏面积较宽，气流速度较慢；同时软腭和舌面后部的肌肉也较为柔软，因此产生的摩擦中平流较多，在高频区及某个频率范围上的能量就降低了，从而造成分散程度较高。而/s/、/ʂ/、/ɕ/发音时靠舌尖和齿龈产生摩擦，形成的摩擦缝隙较小，气流泄漏面积较窄，气流速度较快；同时齿背及齿龈部位质地坚硬，舌尖肌肉也比舌面后部肌肉坚硬，因此产生的摩擦中湍流较多，在高频区及某个频率范围上的能量就会升高，从而造成分散程度较低。从这个角度分析，格局图中从右下角到左上角的逐渐变化，表明了擦音从刚性摩擦向柔性摩擦的逐步过渡与变化。

---

① 吴宗济、林茂灿：《实验语音学概要》，高等教育出版社1989年版，第114—115页。

（二）塔吉克族习得汉语擦音格局分析

借助软件桌上语音工作室，测量了8位塔吉克族发音人关于5个擦音的频谱重心（COG）、分散程度（DIS）。以下是经过计算得出的相关数据：

表3—12　　　　　　　　塔吉克族擦音COG与DIS值

擦音	COG	DIS
/f/	73.68953069	48.25624276
/x/	0.570397112	100
/s/	100	11.20008429
/ʂ/	0	23.00073754
/ɕ/	96.0433213	0

根据表3—12中的数据，以COG为横轴，DIS为纵轴，绘入二维平面直角坐标，得到塔吉克族擦音声学格局图，见图3—11：

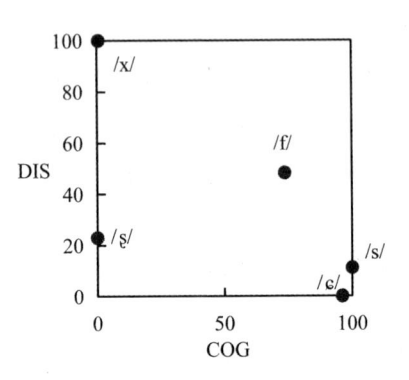

图3—11　塔吉克族擦音声学格局图

图3—11是塔吉克族擦音声学格局图，根据上图可以得出以下信息：首先，/x/位于擦音格局图中的左上角，它的分散程度最大，频谱重心最低。/f/的分散程度为48.27，频谱重心为73.69，比/ɕ/稍微低一些。/x/和/f/仍然属于柔性擦音。/ʂ/的分散程度为23，频谱重心为0。/s/的频谱重心最高，分散程度介于10—20。/ɕ/的分散程度最小，频谱重心为

96.04，略低于/s/。/s/、/ʂ/、/ɕ/仍为刚性擦音。

（三）擦音格局对比分析

塔吉克族擦音声学格局图与普通话擦音声学格局图存在一定的共性与差异性。首先，/x/的位置在两张擦音格局图中的位置相同，/f/在图3—11中的位置相较于图3—10稍偏于左下角，分散程度变小了一点，频谱重心降低了一些，这说明塔吉克族在发/f/这个音时，发音器官摩擦缝隙偏小，摩擦程度偏弱，发音位置略微后移。虽然刚性擦音/s/、/ʂ/、/ɕ/的分散程度总体而言相对较低，但是其在格局图中的具体位置变化较大。无论是普通话擦音格局还是塔吉克族擦音格局中，/s/的频谱重心都比/ɕ/高，但是两者的分散程度发生了一些变化。/s/的分散程度由表3—11中的0变为表3—12中的11.2，/ɕ/的分散程度由表3—11中的12.62变为表3—12中的0。在普通话擦音格局中，/s/的分散程度小于/ɕ/，因此其摩擦缝隙小于/ɕ/；相比较而言，在塔吉克族擦音格局中，/s/的分散程度大于/ɕ/，因此其摩擦缝隙大于/ɕ/。这说明与普通话中的/s/不同，塔吉克族在发/ɕ/这个音时，气流泄漏面积最窄，气流速度最强，产生的摩擦中湍流也相对最多。此外，虽然/ʂ/的分散程度相较于普通话擦音格局图中没有太大的变化，但是其频谱重心发生了非常明显的变化：数值从69.13直接降低为0，这说明塔吉克族在发/ʂ/这个音时，发音位置产生了后移现象。

（四）普通话男性擦音格局与塔吉克族男性擦音格局的对比

将普通话男性母语者的汉语擦音格局图与塔吉克族男性发音人的汉语擦音格局图进行对比分析，可以得到两者的相近和不同。

表3—13　　　　　　汉语普通话男性擦音 COG 与 DIS 值

擦音	COG	DIS
/f/	86.54748603	70.56303550
/x/	0	100
/s/	100	0
/ʂ/	69.54189944	26.98898409
/ɕ/	77.76536313	13.21909425

表 3—14　　　　塔吉克族男性擦音 COG 与 DIS 值

擦音	COG	DIS
/f/	100	5.219858156
/x/	0	100
/s/	86.08680734	5.163120567
/ʂ/	6.639217705	33.75886525
/ɕ/	44.57025219	0

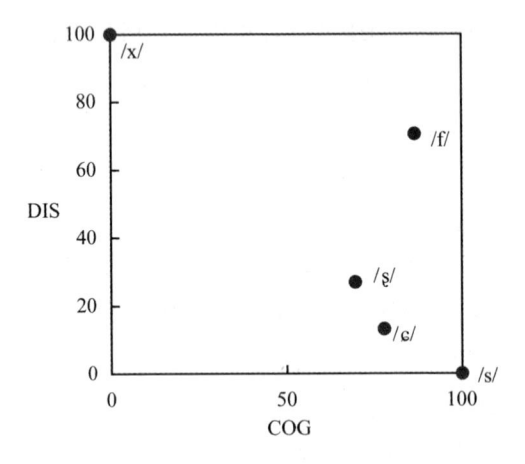

图 3—12　普通话男性擦音声学格局图

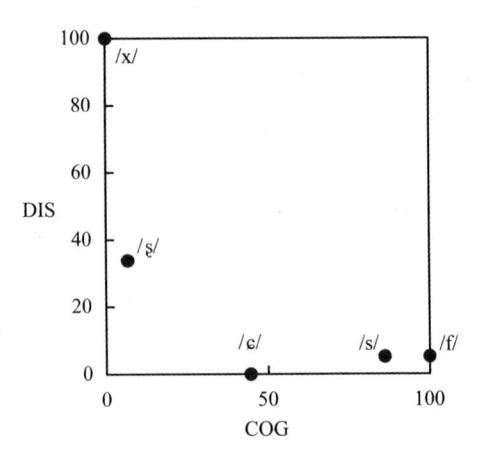

图 3—13　塔吉克族男性擦音声学格局图

根据表3—13可得知,汉语普通男性擦音的COG、DIS由小到大的排序为:COG:/x/</ʂ/</ɕ/</f/</s/,DIS:/s/</ɕ/</ʂ/</f/</x/;根据表3—14可得知,塔吉克族男性擦音的COG、DIS由小到大的排序为:COG:/x/</ʂ/</ɕ/</s/</f/,DIS:/ɕ/</s/</f/</ʂ/</x/。

相似之处:首先,无论是在汉语普通话男性发音中,还是在塔吉克族男性发音中,/x/、/ʂ/、/ɕ/这三者的频谱重心高低顺序都一致,说明塔吉克族男性在发这三个音时,其发音位置前后顺序与汉语普通话男性发音相同。其次,/x/的分散程度均为100,频谱重心均为0,它在两张格局图中的位置都处于左上角顶点处,这说明在塔吉克族男性擦音发音中/x/也具有最大限度的声学特征,其摩擦缝隙最大,摩擦程度最强。

两者相异之处如下:

(1) 从频谱重心值看,汉语普通话男性擦音/s/和/f/的值分别为100和86.55,/s/的COG值比/f/大;塔吉克族男性擦音/s/和/f/的值分别为86.09和100,/s/的COG值比/f/小。并且,观察图3—12和图3—13可以发现,/s/和/f/在两张格局图中的位置发生了颠倒。这些情况均可以说明塔吉克族男性在发/s/这个音时,发音位置相对于汉语普通话男性产生了后移现象,而在发/f/这个音时,发音位置产生了前移现象。

(2) 从分散程度值的大小排序看,有两组擦音发生了大小顺序颠倒的情况,一组是/f/和/ʂ/,另一组是/ɕ/和/s/。汉语普通话男性擦音/f/和/ʂ/的DIS值分别为70.56和26.99,/f/>/ʂ/;塔吉克族男性擦音/f/和/ʂ/的DIS值分别为5.22和33.76,/ʂ/>/f/。相对而言,/ʂ/的DIS值变化并不大,但是/f/的DIS值发生了较大变化,数值降低约65.34,这说明塔吉克族男性在发/f/这个音时,相较于汉语普通话中的男性发音,其发音形成的摩擦缝隙小了很多,气流泄漏面积变窄,气流速度变快,因此产生的摩擦中湍流多,在高频区及某个频率范围上的能量升高,从而造成分散程度减小。此外,另一组擦音/ɕ/和/s/也发生了类似的情况。汉语普通话男性擦音/ɕ/和/s/的DIS值分别为13.22和0,/ɕ/>/s/;塔吉克族男性擦音/ɕ/和/s/的DIS值分别为0和5.16,/s/>/ɕ/。观察数据可以发现,/ɕ/的分散程度变小,表明相比于塔吉克族男性,汉语普通话中男性在发这个音时,其摩擦缝隙更大,气流泄漏面积更宽,气流速度更慢。

（五）普通话女性擦音格局与塔吉克族女性擦音格局的对比

将普通话女性母语者的汉语擦音格局图与塔吉克族女性发音人的汉语擦音格局图进行对比分析，同样可以得到两者的相同之处和不同之处。

表3—15　　　　　汉语普通话女性擦音 COG 与 DIS 值

擦音	COG	DIS
/f/	70.68481313	53.02413037
/x/	0	100
/s/	100	0
/ʂ/	62.25966731	29.52052648
/ɕ/	74.76776842	12.31588844

表3—16　　　　　塔吉克族女性擦音 COG 与 DIS 值

擦音	COG	DIS
/f/	42.95374628	73.68421053
/x/	4.201604905	100
/s/	83.12144982	14.76701307
/ʂ/	0	16.6443178
/ɕ/	100	0

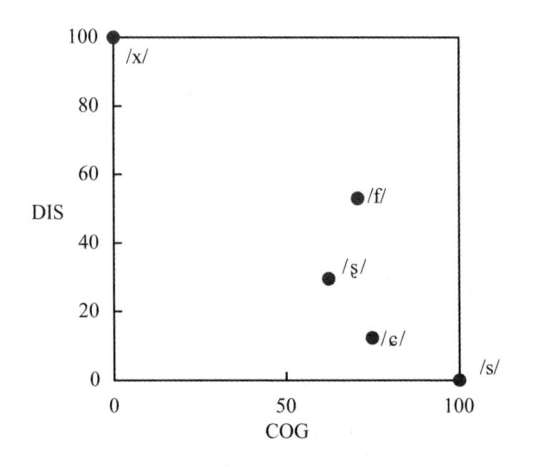

图3—14　普通话女性擦音声学格局图

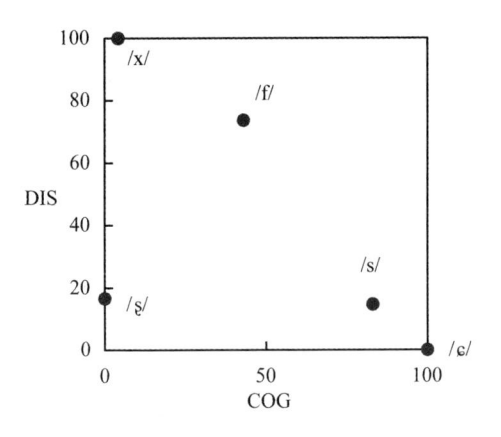

图 3—15 塔吉克族女性擦音声学格局图

根据表 3—15 可知，汉语普通话女性擦音的 COG、DIS 由小到大的排序为：COG：/x/＜/ʂ/＜/f/＜/ɕ/＜/s/，DIS：/s/＜/ɕ/＜/ʂ/＜/f/＜/x/；根据表 3—16 可得知，塔吉克族女性擦音的 COG、DIS 由小到大的排序为：COG：/ʂ/＜/x/＜/f/＜/s/＜/ɕ/，DIS：/ɕ/＜/s/＜/ʂ/＜/f/＜/x/。

相似之处：从分散程度方面看，无论是在汉语普通话女性发音中，还是在塔吉克族女性发音中，擦音/ʂ/、/f/、/x/的大小排序都一致，均为/ʂ/＜/f/＜/x/，表明两者在发这三个擦音时所产生的摩擦缝隙逐步增大、摩擦程度逐步变强、气流泄漏积逐渐变宽，气流速度逐渐减慢。

相异之处：

（1）通过比较可以发现，塔吉克族女性发音中，/ʂ/和/x/的 COG 值大小排序与汉语普通话女性发音的 COG 值大小排序相反。前者/ʂ/的 COG 值为 0，后者/ʂ/的 COG 值为 62.26，这说明塔吉克族女性发擦音/ʂ/时发音位置比汉语普通话女性的发音位置更靠后；前者/x/的 COG 值为 4.20，后者/x/的 COG 值为 0，这说塔吉克族女性发擦音/x/时发音位置比汉语普通话女性的发音位置偏前一些。此外，观察图 3—14 和图 3—15 可以发现，在汉语普通话女性擦音发音中，/ʂ/和/ɕ/的发音位置离得相对近一些；在塔吉克族女性擦音发音中，/ʂ/和/ɕ/的发音位置离得很远。

（2）表 3—15 中/ɕ/的 COG、DIS 值分别为 74.77 和 12.32，/s/的 COG、DIS 值分别为 100 和 0；表 3—16 中/ɕ/的 COG、DIS 值分别为 100

和 0，/s/的 COG、DIS 值分别为 83.12 和 14.77。对比以上数据得出两者 COG、DIS 值的大小排序均相反，并且对比上述两张图也能够看到/ɕ/和/s/在两张擦音声学格局图中所处的位置发生了颠倒现象，这说明塔吉克族女性对于这两个擦音的发音存在混淆。

六　小结

本节先对塔吉克族习得汉语擦音的声韵时长进行分析，其次从中心频率和下限频率两个角度对塔吉克族发音人和普通话母语者有关普通话擦音/x/、/ɕ/、/s/、/ʂ/的发音进行对比分析，紧接着参照普通话擦音空间图，分析塔吉克族习得汉语擦音声学空间图，最后，通过分析塔吉克族习得汉语擦音时的频谱重心值（COG）、分散程度值（DIS），制作擦音声学格局图，并区分性别进行具体分析。

关于普通话擦音的声母时长方面，塔吉克族发音人的特征与汉语发音人一致，分为长组（/ɕ/、/s/、/ʂ/）和短组（/f/、/x/）；相较于汉语发音人的擦音发音水平，塔吉克族发音人的个体差异较大，擦音发音水平差距大，发挥不稳定，效果参差不齐；塔吉克族发音人发擦音/ɕ/、/s/和/ʂ/时存在问题，不能非常准确地发音。

从中心频率和下限频率角度发现，塔吉克族发音人在实际发音中，发/x/音时舌位靠后，原因可能是受到塔吉克语中小舌音/χ/的影响；/s/是一个舌尖前音，塔吉克族发音时舌位偏后，但整体发音相对标准；其在发擦音/ʂ/时，整体发音位置靠后，个别人发音部位过于靠前，容易与舌尖面音/ʃ/发生混淆；其在发擦音/ɕ/时舌位比普通话母语者靠前，相比较汉语发音人，/ɕ/和/ʂ/的下限频率差距更大，说明其发音位置相离更远。

观察对比塔吉克族和汉语母语者的擦音声学空间图得知，塔吉克族擦音声学空间图中的擦音声学分布相较于普通话擦音声学空间图的来说，各个擦音之间相交的区域更加大、更加广，说明塔吉克族在发 5 个汉语擦音时可能会出现混淆、发音不标准、发音困难的情况。

从擦音声学格局图来看，塔吉克族男性在发/x/、/ʂ/、/ɕ/这三个音时，其发音位置前后顺序与汉语普通话男性发音相同。塔吉克族男性在发/s/这个音时，发音位置相对于汉语普通话男性产生了后移现象，而在发/f/这个音时，发音位置产生了前移现象，相较于汉语普通话中的男性发音，其在发擦音/f/和/ɕ/时形成的摩擦缝隙小了很多，气流泄漏面积变窄，气流速度变快；塔吉克族女性发擦音/ʂ/时发音位置比汉语普通话女性的发音位置更靠后，发擦音/x/时发音位置比汉语普通话女性的发音位置偏前一些，在塔吉克族女性擦音声学格局图中，/ʂ/和/ɕ/的发音位置离得很远，/ɕ/和/s/在两张擦音声学格局图中所处的位置发生了颠倒现象，这说明塔吉克族女性对于这两个擦音的发音存在混淆；总体而言，塔吉克族在发/f/这个音时，发音器官摩擦缝隙偏小，摩擦程度偏弱，发音位置略微后移，在发/ɕ/这个音时，气流泄漏面积相对最窄，气流速度相对最强，产生的摩擦中湍流也相对最多，这说明塔吉克族在发/ʂ/这个音时，发音位置产生了后移现象。

第三节　塔吉克族习得汉语擦音偏误声学分析

一　录音听辨偏误统计

本次调查收集了 10 份有效录音，包含 5 个擦音声母，600 个语料，其中 2 位普通话发音人的语料共有 120 个，8 位塔吉克族发音人的语料共有 480 个。

声韵拼合部分，认读声母/f/时的偏误总人数为 5 人，偏误类型为：清音浊化，将清擦音读作浊擦音，发音人在认读例字时发生了 5 次偏误；认读声母/x/时的偏误总人数为 3 人，偏误类型有两种：出现"擦音塞音化"现象，将舌根音/x/读作小舌音/χ/，发音人在认读例字时发生了 5 次偏误；认读声母/s/时，无人产生偏误；认读声母/ʂ/时的偏误总人数为 2 人，偏误类型有两种：将舌尖后音/ʂ/读作舌尖面音/ʃ/，发音人在认读例字时发生了 3 次偏误；认读声母/ɕ/时的偏误总人数为 3 人，偏误类型有两种：将舌面前音/ɕ/读作舌尖面音/ʃ/，发音人在认读例字时发生了 4 次偏误。

综上所述，塔吉克族发音人在认读汉语擦音声母/f/、/x/、/ʂ/、/ɕ/时存在偏误现象：发擦音/f/时，受到了塔吉克语中与之相对立的浊擦音/v/的影响；发擦音/x/时，存在"擦音塞音化"现象，或受到塔吉克语中小舌擦音/χ/的影响；发擦音/ʂ/、/ɕ/时，易受到塔吉克语中舌尖面清擦音/ʃ/的影响，形成一种中介音。

表3—17　　　　　塔吉克族习得汉语擦音发音偏误情况统计

擦音声母	偏误人数（人）	偏误总数（次）	偏误现象
/f/	5	5	清音浊化，清擦音读作浊擦音/v/
/x/	3	5	擦音塞音化，舌根音读作小舌音/χ/
/s/	0	0	无
/ʂ/	2	3	舌尖后音读作舌尖面音/ʃ/
/ɕ/	3	4	舌面前音读作舌尖面音/ʃ/

二　语图观察偏误分析

实验共计600个样本，即可得到600个语图，本节只取普通话发音人和部分塔吉克族发音人具有代表性的发音语图进行对比，具体例图如下：

从图3—16中可知，汉语母语者发/f/音时，语图中呈现了一段不稳定的乱纹（图中框出区域），说明汉语母语发音人在发音的过程气流摩擦时产生的连续噪音段，这段乱纹时长为（6.828458 - 6.544003）×1000 = 284.455毫秒。由图3—17可知，塔吉克族发音人发/f/音时，在语图中呈现出了一条颜色较深直线的冲直条（黑色箭头），冲直条后显示出一段不稳定的乱纹（图中框出区域），这段乱纹时长为（6.018931 - 5.851868）× 1000 = 167.063毫秒。观察图3—18，可以发现，语图中的低频区出现黑色横杠，高频区显乱纹，图3—19也具有同样特征。从4张语图中可以总结出以下差异：塔吉克族发音人的发音在语图3—17中显示了一条直线冲直条，另一张语图3—19上显示了一条黑色横杠，而从清擦音的声学特征的角度分析，语图上不应该显示冲直条或黑色横杠，说明塔吉克族发音人在发擦音时存在"擦音塞音化"现象或是受到母语中浊擦音/v/的影响，导致其发/f/音时产生了偏误。塔吉克族发音人的宽带语图上的阴影部分颜色较浅，说明其发音振幅不大，发音力度不够强，同时发音时长相较于汉语母语者发音时长较短一些。

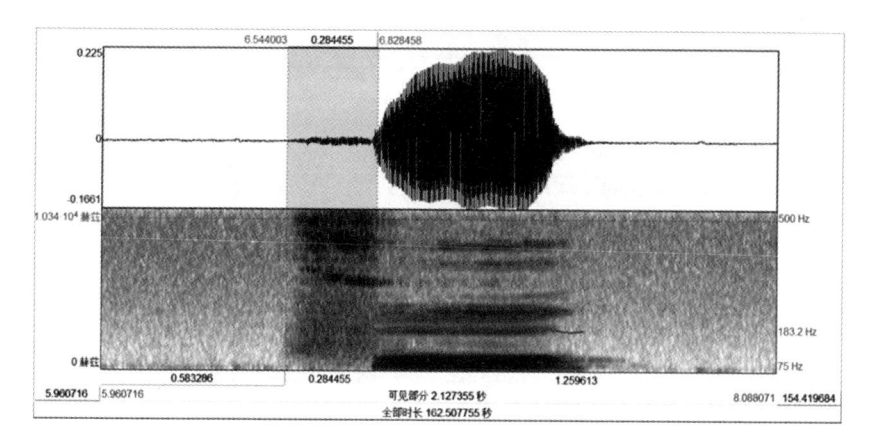

图3—16　汉语母语发音人发音/f/

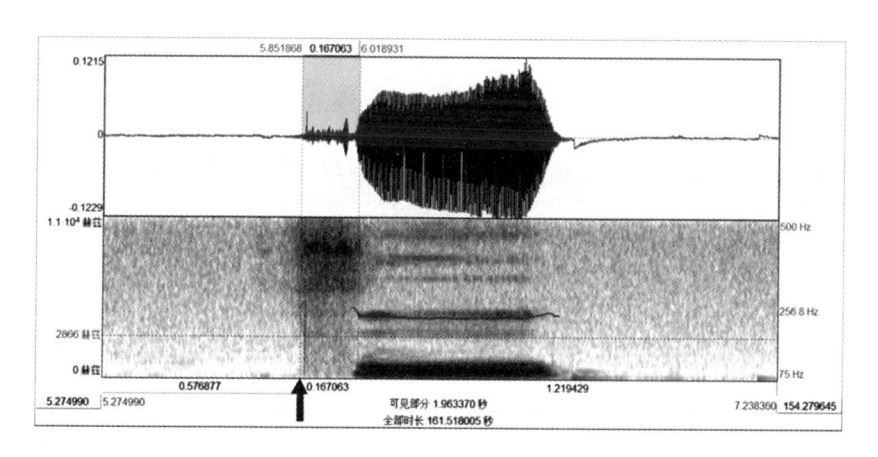

图3—17　塔吉克族发音人发音/f/（冲直条）

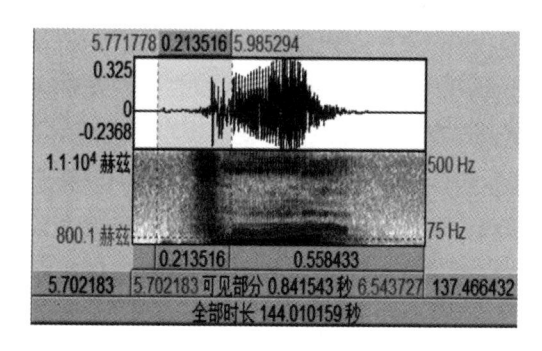

图3—18　塔吉克发音人发音/f/（高频区乱纹）

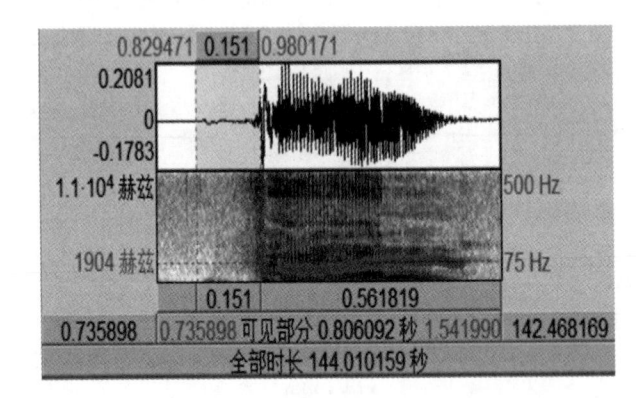

图3—19　塔吉克发音人发音/f/（低频区黑色横杠）

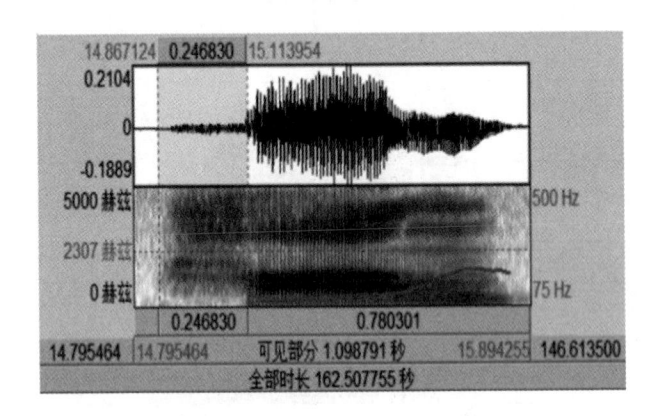

图3—20　汉语母语发音人发音/x/

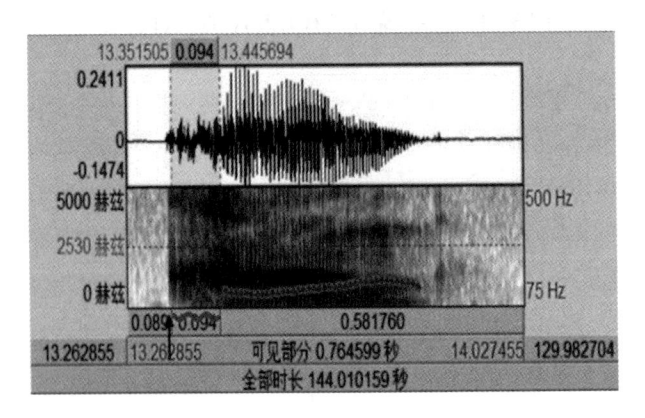

图3—21　塔吉克族发音人发音/x/（冲直条、杂乱条纹）

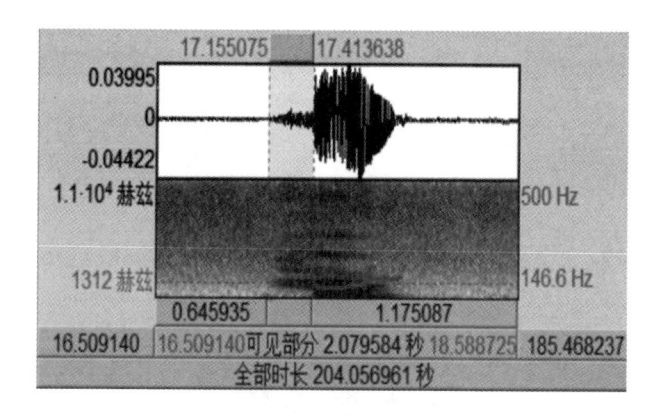

图 3—22　塔吉克族发音人发音/x/（共振峰）

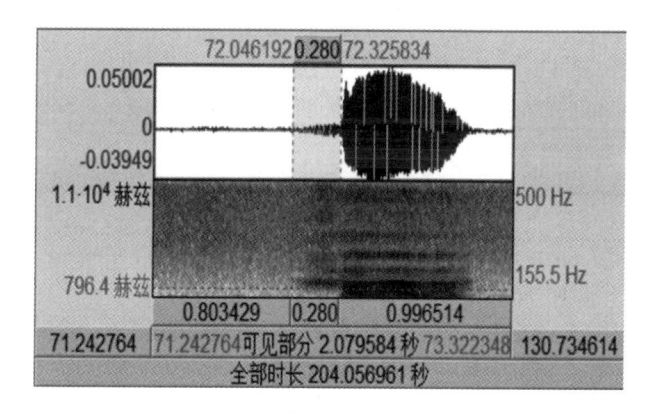

图 3—23　塔吉克族发音人发音/x/（乱纹）

从图 3—20 中可知，汉语母语发音人发/x/音时，语图中呈现了一段不稳定的乱纹（图中框出区域），这段乱纹时长为（15.113954 – 14.867124）×1000 = 246.830 毫秒。说明汉语母语者的发音过程符合清擦音的声学特征。由图 3—21 可知，塔吉克族发音人在发/x/音时，在语图上表现为送气清塞音特征，即空白段后有冲直条，冲直条后有乱纹。冲直条是图中箭头所指上方的一条浓度较深的、黑色的直线，冲直条的前面有一段没有颜色的空白段，冲直条后面是杂乱的条纹，即曲线所标记的上方区域。空白段体现的是塞音持阻特征，没有气流从口中流出。冲直条体现的是塞音除阻特征，气流突然爆发而出，在语图上表现为浓度较深的黑线。送气塞音在口腔打开之后，还有一段较长时间（图中约为94毫秒）的气流冲出，这个送气特征在语图上表现为乱纹。图3—22、图3—23中，语图上出现了共振峰横杠加乱纹，这说明其发音时发生清音浊化，观察并对比三张语图可以得出以下差异：塔吉克族发音人在发/x/音时，受到其母语负迁移影响，存在"擦音塞音化"现象，此外也受到与之相对立的浊擦音/ɣ/的影响。

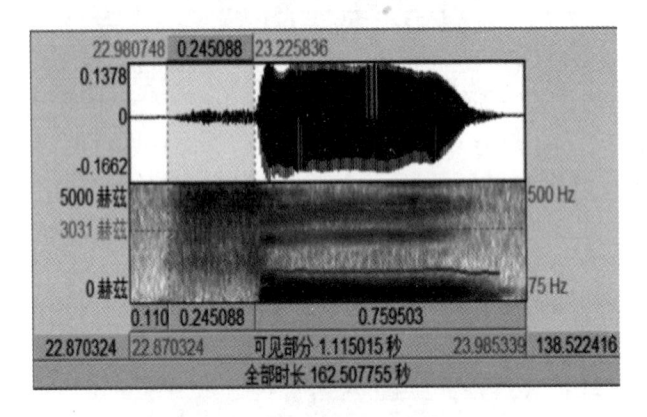

图3—24　汉语母语发音人发音/s/

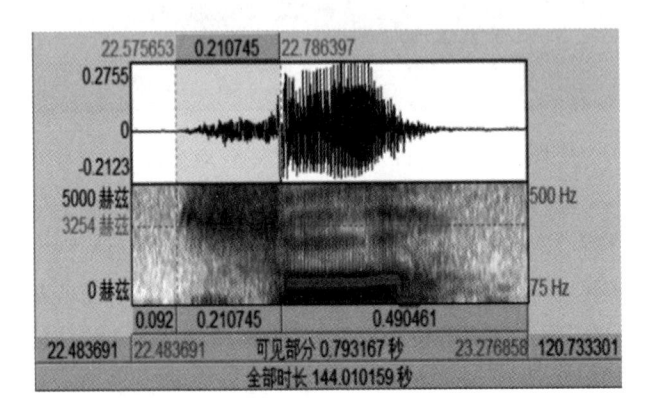

图3—25　塔吉克族发音人发音/s/

从图3—24中可知，汉语母语发音人发/s/时在语图上呈现了一段不稳定的乱纹（图中框出区域），乱纹前未显示冲直条，这段乱纹时长为（23.225836 - 22.980748）×1000 = 245.088毫秒。由图3—25可知，在塔吉克族发音人的语图上也呈现了一段不稳定的乱纹（图中框出区域），乱纹前未显示冲直条，这段乱纹时长为（22.786397 – 22.575653）× 1000 = 210.745 毫秒。其发音时长相较于汉语母语者发音时长较短一些。图3—24中，擦音/s/的频率集中区大致在5000Hz偏上；图3—25中，擦音/s/的频率集中区在3000—4000Hz，这说明塔吉克族发音人发擦音/s/时中心频率低于汉语母语发音者，因此塔吉克族发音人在发/s/音时舌位靠后。

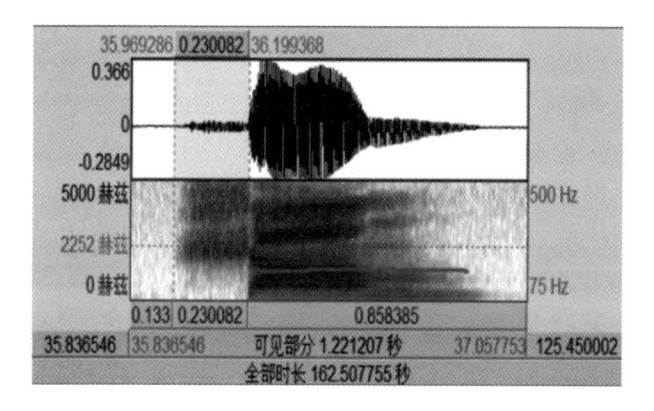

图3—26　汉语母语发音人发音/ʂ/

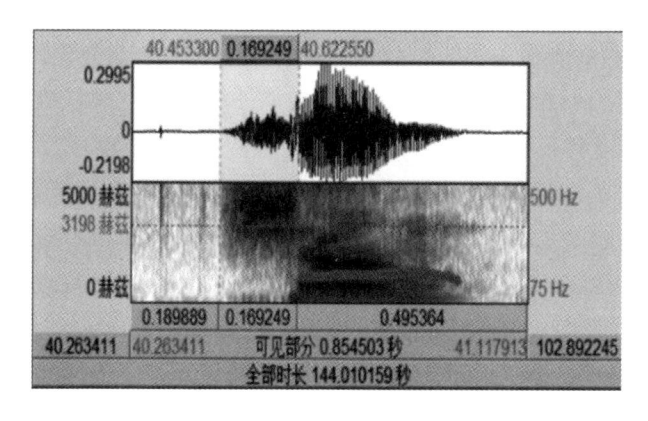

图3—27　塔吉克族母语发音人发音/ʂ/

从图3—26中可知，汉语母语发音人发/ʂ/时在语图上呈现了一段不稳定的乱纹（图中框出区域），这段乱纹时长为（36.199368 –

35.969286）×1000＝230.082 毫秒。由图3—27 可知，塔吉克族发音人在发/ʂ/音的过程中，语谱图中呈现了一段不稳定的乱纹（图中框出区域），这段乱纹时长为（40.622550－40.453300）×1000＝169.249 毫秒。塔吉克族发音人的共振峰大部分集中在高频区，通过语谱图以及听辨，可以判断出塔吉克族发音人发擦音/ʂ/时易产生偏误，发成舌尖面音/ʃ/。

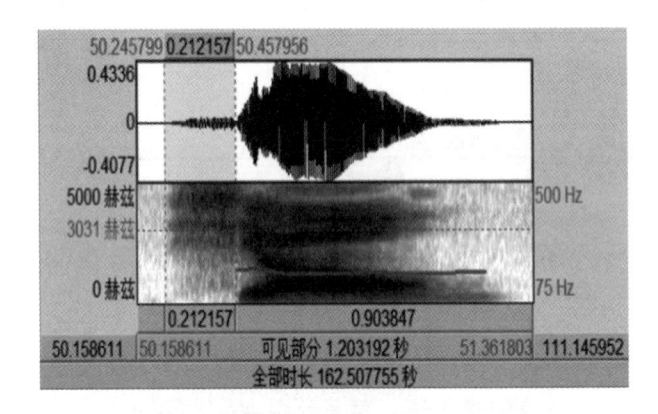

图3—28 汉语母语发音人发音/ç/

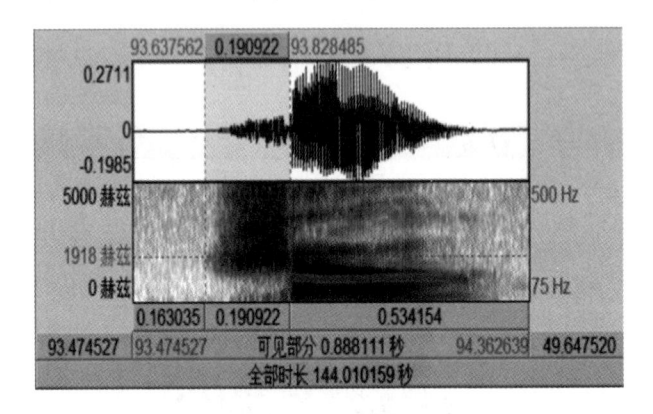

图3—29 塔吉克族发音人发音/ç/

如图3—28 所示，汉语母语发音人的语图在空白段后有一段不规则的乱纹，到声带振动之前，时长为（50.457956－50.245799）×1000＝212.157 毫秒。图3—29 中，塔吉克族发音人的语图也表现为空白段后有乱纹，时长为（93.828485－93.637562）×1000＝190.922 毫秒。二者的乱纹时长相差无几，但在实际发音过程中，因为塔吉克语辅音中没有与/ɕ/发音接近的音位，加上没有准确掌握发音方法，所以其学习擦音/ɕ/时也容易出现偏误，偏误形式主要表现为将其读作舌尖面音/ʃ/。

三　小结

前文结合录音资料通过听辨及声学语图分析了塔吉克族习得汉语擦音的常见偏误形式，并将塔吉克族发音人和普通话母语者的擦音/f/、/x/、/s/、/ʂ/、/ɕ/作了语图对比分析，得出以下一些结论。

从听辨角度分析发现，塔吉克族发音人在认读汉语擦音声母/f/、/x/、/ʂ/、/ɕ/时存在偏误现象：发擦音/f/时，受到了塔吉克语中与之相对立的浊擦音/v/的影响；发擦音/x/时，受到塔吉克语中小舌擦音/χ/的影响；发擦音/ʂ/、/ɕ/时，易受到塔吉克语中舌尖面清擦音/ʃ/的影响，形成一种中介音。

通过观察语图得知，塔吉克族发音人在发擦音/f/时存在"擦音塞音化"现象或是受到母语中浊擦音/v/的影响，其发音振幅不大，发音力度不够强；其在发/x/音时，受到其母语负迁移影响，存在"擦音塞音化"现象，也受到与之相对立的浊擦音/ɣ/的影响；关于擦音/s/，其发音时长相较于汉语母语者发音时长较短一些，且中心频率低于汉语母语发音者，因此塔吉克族发音人发/s/音时舌位靠后。

第四节　塔吉克族汉语擦音习得偏误分析及应对策略

偏误分析是对学习者在第二语言习得过程中所产生的偏误进行系统的分析，研究其来源，揭示学习者的中介语体系，解释第二语言习得的过程与规律。科德认为偏误分析可以帮助教师了解学习者对目的语的掌握程度及其所达到的阶段，可以帮助研究者了解学习者是如何习得目的语的，有助于了解学习者在学习过程中所采取的学习策略和步骤，还可以帮助学习者更好地检验对所学的语言做的假设，以上就是科德所提出的偏误分析的三种作用。

因此，对塔吉克族习得汉语擦音过程中的偏误现象进行分析，对认清塔吉克族语音习得的真正面貌及提出具有针对性的教学策略，都具有十分重要的参考价值。

一　偏误分析

（一）语际迁移的影响

学习者不熟悉目的语时，会本能地依赖母语知识，因此同一母语背景的学习者往往会出现同类性质的偏误。这也是初学者产生偏误的原因之一。母语负迁移又特别体现在目的语语音的学习中，中介语语音的一大特色是用学习者第一语言的语音规律代替目的语的语音规律。通过前文中对比分析汉塔语音单辅音系统，可以发现塔吉克语中的擦音更加丰富。

首先，塔吉克语中存在 6 对清浊对立擦音，即为"/f/—/v/""/θ/—/ð/""/s/—/z/""/ʃ/—/ʒ/""/x/—/ɣ/""/χ/—/ʁ/"，汉语中只有清擦音"/f/、/s/、/x/"，由于受到母语中浊擦音/v/和/ɣ/的负迁移影响，塔吉克族发清擦音/f/和/x/音时产生了偏误。其次，塔吉克族发音人在发擦音/x/时还产生了舌位后移现象，易与塔吉克语中小舌音/χ/混淆。塔吉克语包含汉语擦音/s/、/f/，所以塔吉克族在学习这两个擦音时较为轻松。但经过上文分析得知相同辅音在不同的语言中的声学表现并不完全一样，如擦音/f/和/s/在塔吉克语和汉语中的声学表现并不相同，塔吉克语是多音节，擦音/s/和/f/的时长偏短，塔吉克族发音人将这一特性迁移到汉语中，因此在汉语中形成了声韵失衡现象，汉语是单音节的语言，因此每个音素所占时长要长于塔吉克语，这是母语负迁移的很好体现。

（二）语内迁移的影响

从塔吉克族习得汉语擦音的声学分析中可以发现，塔吉克族发音人的偏误不仅受语际迁移的影响，还受到语内迁移的影响。汉语擦音内部也会发生负迁移，造成偏误。这是语言习得偏误的第二阶段，这种偏误一般发生在完成擦音教学后。根据前文研究发现，擦音/ɕ/和/ʂ/是塔吉克族发音人的习得难点，/s/是汉塔两种语言共有的音，塔吉克族习得相对容易。塔吉克语中不存在/ɕ/和/ʂ/这两个擦音，所以他们在学习擦音时需要重新建立发音习惯，通过不断地模仿以达到比较接近普通话母语者的发音标准。当其母语中有与之近似的发音，塔吉克族发音人很难一下子找到准确的发音部位，其发音方法和发音部位会略有不同，比如直接把擦音/ɕ/和/ʂ/发成/ʃ/，这一现象通过前文研究已经得到印证。

（三）语音化石化现象

语言学习的过程中，"语言中的某一部分可能会停滞不前，产生'僵化'或'化石化'（fossilization）的现象，特别表现在语音方面"[①]。这种语音"僵化"现象的持续时间会很长，甚至成为不能改变的语言化石，比如本章指出的塔吉克族发音人关于擦音/f/的"擦音塞音化"现象，在这一问题上，我们需要改善的是，要让他们意识到擦音与塞音在发音方法上的区别。

"感觉到的东西不一定能正确理解，只有理解了的东西才能更深地感觉到它"[②]。汉语中存在很多塔吉克语中没有的辅音，在汉语语音教学过程中，许多学生很难能完全模仿好老师的发音。如果在刚开始不纠正学生的错误发音，一旦学生将错误发音当作正确语音进行强化，这个错误语音就会产生"化石化"现象。因此不仅要让学生能听能正确模仿汉语老师的发音，还要让他们能理解汉语语音，帮助他们找到正确的发音部位和正确的发音方法之后进行强化练习。

（四）教学方面局限性

塔吉克族习得汉语擦音产生的偏误，不仅会受到语言内因素的影响，语际迁移和语内迁移，还会受到语言外因素的影响。和我国内地汉语教学相比，少数民族地区的汉语教学由于环境特殊，在教师水平、学习环境等多方面都有相当大的局限性。

1. 教师水平

在语音教学方面，教师的教学水平对学生的习得情况起着关键作用。新疆塔县的汉语教师大致可以分为两类：

一类是当地教师。他们会说塔吉克语或者维吾尔语，了解当地的教

---

① 刘珣：《对外汉语教育学引论》，北京语言大学出版社2000年版，第170页。
② 石锋：《汉语语音教学笔记》，《南开语言学刊》2007年第1期。

学体制以及学生的心理特点、学习特点，能和学生进行高效沟通。有的教师教学经验丰富，深受学生爱戴，由于他们的母语并非汉语，他们之中大部分人没有测试过普通话水平，根据国内中小学语文教师资格认证标准，中小学语文教师在教授语文课程前，其普通话水平必须要达到二级甲等及以上，然而塔县当地汉语教师的平均水平并未达到这一标准。受教师语音水平的局限，学生的语音面貌就不可避免地会带上"新疆腔"。

另一类是赴新疆塔什库尔干塔吉克自治县支教的内地汉语教师，随着国家对少数民族地区普及国家通用语言这一任务的重视，全国各地每年都涌现一批志愿者赴少数民族地区支教。这些志愿者大多为国内高校本科生或在读硕士研究生等，虽然他们都是汉语母语者，普通话发音纯正，具有"先天"优势，但是他们中绝大多数人没有从事过相关教学工作，缺乏教学经验，再加上语言障碍、文化差异、支教时间的限制，教学效果可想而知。因此，建议国家或地方在今后选拔志愿者时，能更加注重考察教师的实际教学能力。

2. 教学环境

"语言学习，分为在目的语社会环境中和非目的语社会环境中两种不同的情况。语言环境为学习者提供了自然生动、丰富多彩、无穷无尽的语言输入和学习模仿的语言资源。社会环境对语言学习有极其重要的意义。在非目的语社会环境中学习目的语，无论在语言输入、自然语言资源的提供、语言运用机会等方面，都无法与在目的语社会环境中学习相比。"[1] 新疆塔县少数民族人口众多，自然条件差，经济基础薄弱，文化教育落后，当地人的文化程度普遍较低，他们大部分小学都没有读完，再加上住所偏僻、交通不便等原因，他们很少有和外族人交往的机会，所以基本不使用汉语，也不太会说汉语，21世纪国家各级政府出台了包括加快推进双语教学和全面推进民汉合校等一系列重大决策，塔县人民的汉语水平整体有所提高，但是也仅限于少数群体，如在读学生、政府工作人员等，大部分塔吉克族群众的汉语水平仍然较低，且存在发音不标准等问题，这一现象主要是因为缺乏汉语语言环境。因此，除了提高

---

[1] 刘珣：《对外汉语教育学引论》，北京语言大学出版社2000年版，第227—228页。

当地的汉语教学水平,应主动制定人才战略规划,利用高薪福利等吸引内地人才到塔县就业,从而为少数民族群众创造一个良好的汉语学习环境。

二 教学策略

擦音是学习汉语普通话声母系统的基础,根据上述研究可以发现,虽然塔吉克语中有与现代汉语相同的擦音,但是塔吉克族发音人在发汉语擦音时仍然存在偏误现象。因此,针对塔吉克族习得汉语擦音出现的问题,笔者提出如下教学建议。

(一)矫正发音方式

汉语教师在课堂中教汉语声母擦音"/f/、/x/、/ɕ/、/ʂ/"时,要仔细地讲述其发音方法、发音部位与塔吉克语辅音之间的异同点,利用自己的口型发音,并以发音部位图、舌头位置图作为辅助教材进行讲解,引导学习者模仿教师的发音口型进行发音。当汉语教师发现学习者发音错误时,应立即纠正,避免其出现错误认知的"石化",此外还要监督并鼓励其不怕出错、勇敢发音、多加练习,强化正确的发音方法。

塔吉克族发音人在发擦音/f/时,产生了"擦音塞音化"现象,因此要注意在刚开始发音时,双唇不能紧闭,此外还易受到浊擦音/v/的影响,发音时嘴巴闭合,需要注意的是上齿露出并轻触下唇而非下齿,同时增大发音振幅、增强发音力度;将塔吉克语辅音中"/χ/"与汉语声母"/x/"相比,汉语声母"/x/"是舌根擦音,塔吉克语中也有这个舌根擦音,但是其发音相较于汉语母语发音人而言不太标准,受到塔吉克语的母语负迁移影响,其在发"/x/"音时舌位靠后,存在偏误现象,这是因为口腔"后紧前松",口腔后部太用力,而口腔前部出字无力,所以教学者要帮助学生把"后紧前松"的口腔状态转变为"前紧后松"。发擦音/x/时,靠后的声母、韵母,在不影响音色的前提下,发音部位可以适当地往前移,可以通过"以前带后"来练习,就是用舌位偏前的音来带发舌位靠后的音。比如"你好","你"的发音位置是偏前的,"好"发音偏后,练习时要以第一个音节的发音感觉去带动第二个音节的发音,从而使第二个音节的发音位置适当前移。塔吉克族在发擦音/x/时还易受到与之相对立的浊擦音/ɣ/的影响，汉语教师可以引导学生将手指放于喉结处，通过感受声带是否振动来区分清擦音/f/、/x/和浊擦音/v/、/ɣ/；塔吉克族在发擦音/ʂ/、/ɕ/时，容易受舌尖面音/ʃ/的影响或互相发生混淆，其在发擦音/ɕ/时舌位比普通话母语者靠前，发这三个音时，应注意舌尖的位置是不同的，发/ɕ/的时候舌尖应抵住下齿，而发/ʃ/的时候并不会，在教学生发擦音/ʂ/时，引导学生用筷子、压舌板等，轻轻地把舌尖往上抬，体会舌尖如何上翘，然后用舌尖轻轻地去接近硬腭前端，中间留有缝隙让气流流过，练习过程中可以用大拇指紧贴上齿背和齿龈，指甲向着口腔内部，练习发擦音/ʂ/，如果发音时，大拇指的指甲不会被沾湿，则证明已会发"舌尖硬腭音"了。

（二）丰富教学方法

1. 提高课堂教学效率

汉语课程乏味无趣、教学方式机械化等问题会直接影响学生学习汉语的积极性。因此在汉语语音教学中，无论教学对象是谁，都要尽量让课堂变得松弛有度，生动有趣。这就需要汉语教师充分发挥主观能动性，优化教学姿态，巧借教学道具，利用现代技术资源，精设教学环节，采取多种方式，提高学生对汉语的学习兴趣，增加和学习者的互动频率，鼓励学生勇敢地用汉语表达和交流。例如对于难以区分的汉语声母，可以引入绕口令进行练习，如关于擦音声母/x/较为简单的绕口令："画上盛开一朵花，花开花落花非花。花非花朵花，花是画上花，画上花开花，画花也是花。"这样不仅可以帮助学生区分易混淆的音，提高口齿伶俐度，还增加了课堂趣味性，展示了汉语言的博大精深。

2. 改编民族歌曲

"听"是获取语言信息和语感的最主要环节，是基础中的基础。塔吉克族人能歌善舞，热情奔放，热爱音乐。每逢欢聚场合，都可以听到他们嘹亮的鹰笛声和美妙动人的歌声。因此可以利用改编塔吉克族歌曲进行汉语教学，即只将塔吉克族歌曲的歌词改编为汉语，不改变其旋律，如改编自塔吉克族民歌《古丽碧塔》的《花儿为什么这样红》，请歌唱家对改编后的歌曲进行录音演唱，并使其在塔吉克族聚居区传唱，在"耳濡"数遍之后，相信塔吉克族人民的汉语水平将会有所提高。

第 四 章

塔吉克族汉语塞擦音习得研究

第一节　实验设计

一　实验对象

本章共选取10位发音人作为语音实验研究的对象，包括8位塔吉克语母语者和2位普通话发音人作为对照组。

8名塔吉克语母语者，4男4女，年龄在30—50岁，且都为民考民，可以代表塔县塔吉克族汉语的普遍水平。同时选取2名普通话水平达到一级甲等以上的普通话发音人，进行实验对比研究。

二　实验例字选取

由于分析塞擦音的声学参量需要测量无声闭塞段时长（GAP），而无声闭塞段在语图上表现为空白段，无法与单个辅音的空白段进行区分，因此塞擦音的无声闭塞段时长的提取需要两个音节，所以实验例字选取双字组，测量后字。本章根据《中国少数民族汉语水平等级考试大纲·（二级）》选取其中的甲级字中合适的且塞擦音位于后字，共选取了24个词，48个音节。保证选取的词均为常见词，确保被试者能正常认读。韵母或韵头大多为/a/、/i/、/u/三个极端元音，无法拼合时用/ə/代替。

表 4—1　　　　　　　　　实验例词

飞机	回家	长江	眼睛
夫妻	深秋	手枪	万千
复杂	工资	火灾	手足
摩擦	生词	加粗	农村
印章	露珠	纺织	书桌
检查	好吃	放出	开春

三　实验步骤的实施

（一）语料录制实施

由于受到塔县的环境因素限制，找不到标准的录音实验室，实验录音安排在一间安静的、面积较小的办公室内。录制时关闭电脑电源和日光灯，并拉上窗帘以减少噪音的干扰。使用 Praat6.1 软件进行录音，配合 ThinkPad X280 笔记本电脑、索尼 ECM-MS907 话筒和创新 Sound Blaster Digital Music Premium HD USB 声卡，单声道，采样率设置成 22050HZ，录音文件以"*.wav"形式存入电脑。在正式录音前，为了保证被试者充分熟悉语料，减少因紧张或不熟导致的失误，让每位被试者试读几遍词表。录音时，将词表做成 PPT、滚动播放，保证发音人处在放松的状态，按照词表顺序，每组词读三遍，词语与词语之间隔三秒钟，有喷麦等特殊情况会给发音人手势让其重新读一遍。

（二）参数提取

本文参照石锋、冉启斌老师的《北京话塞擦音的声学格局分析》一文中的分析方法，从塞擦音的时长性质和摩擦状态两大方面来提取塞擦音的声学参数。

1. 时长性质相关参数提取

由于"塞擦音是先塞而后擦的"[①] 塞擦音在语图上分为两部分：塞擦

[①] 吴宗济、鲍怀翘、林茂灿：《实验语音学概要（增订版）》，北京大学出版社 2014 年版，第 159 页。

音开始发音时的闭塞阶段，语图上表现为无声的空白段落；第二部分为塞擦音在闭塞段后除阻阶段所发出的摩擦声音，这一部分一直持续到后接元音的开始。① 这两部分分别是塞擦音的无声闭塞段和有声摩擦段。② 所以，分析塞擦音的时长性质，需要提取出无声闭塞段时长（GAP）和有声摩擦段时长（DOF）。

"无声闭塞段的起点选择在前一音节谱图上的断层处，同时参考共振峰走势、能量骤减等因素确定；终点选择在塞擦音冲直条处，冲直条不明显的情况则参考谱图的变化并结合听感进行确定。有声摩擦段的起点选择在塞擦音的冲直条处，终点选择在后接元音第二共振峰明显处。"③

2. 摩擦状态相关参数提取

由于汉语六个塞擦音/ts/、/tsʰ/、/tɕ/、/tɕʰ/、/tʂ/和/tʂʰ/的后半部分是擦音，因此我们需要测量可以反映擦音能量分布集中区域的谱重心（COG）和能反映擦音能量分散状态的平均强度级（DIS）。④ 利用南开大学研发的"Mini-Speech Lab"语音分析软件测量 COG 和 DIS 数据，起点和终点均选取自语料的波形图，起点均选自塞擦音冲直条之后的摩擦噪声开始处，终点均选择在同质的摩擦噪声结束前。这是由于这一段可以较好地反映出塞擦音摩擦部分的声学性质。⑤

3. 塞擦音数据选取和分析过程

本次实验采集的均为双音节词语中的后字音。利用 Praat 和 Mini-Speech Lab 两个语音分析软件提取我们所需要的四个塞擦音声学参量。将每位发音人的三遍发音取平均值，录入到对应的表格中。最后通过数据表格绘制出塞擦音的时长性质格局图和摩擦性质格局图，将塔吉克族的格局图与普通话发音人的进行对比分析，能分析出塔吉克族汉语塞擦音习得的偏误情况。

---

① 吴宗济、鲍怀翘、林茂灿：《实验语音学概要（增订版）》，北京大学出版社 2014 年版，第 222 页。
② 冉启斌：《北京话塞擦音的声学格局分析》，《中国语文》2017 年第 4 期。
③ 冉启斌：《北京话塞擦音的声学格局分析》，《中国语文》2017 年第 4 期。
④ 冉启斌：《北京话塞擦音的声学格局分析》，《中国语文》2017 年第 4 期。
⑤ 冉启斌：《北京话塞擦音的声学格局分析》，《中国语文》2017 年第 4 期。

本章需要提取六个声学参量即无声闭塞段时长（GAP）、有声摩擦段时长（DOF）、频谱重心（COG）、分散程度（DIS）、摩擦性质指数（FI）和时长性质指数（DI）。利用 Praat 语音分析软件提取无声闭塞段时长与有声摩擦段时长；利用 Mini-Speech Lab 提取频谱重心与分散程度。本章参照冉启斌提取北京话塞擦音数据的方法：从波形图上选取 COG 和 DIS 的起点与终点，起点均选择在塞擦音冲直条之后的摩擦噪声开始处，终点均选择在同质的摩擦噪声结束前。①

塞擦音时长性质指数（Duration Index，DI）：DI = DOF/GAP

塞擦音摩擦性质指数（Friction Index，FI）：FI = COG/DIS

8 名塔吉克语母语者发音人将 24 个词读三遍，得到 8 × 24 × 3 = 576 个塞擦音录音，2 名普通话测试员也将 24 个词读三遍，得到 2 × 24 × 3 = 144 个标准普通话塞擦音数据。为防止个体因素影响，对每位发音人的数据进行归一化处理。

第二节　塔吉克族汉语塞擦音习得数据分析

本节从塔吉克族汉语塞擦音习得的总体情况、塔吉克族男性汉语塞擦音习得情况和塔吉克族女性汉语塞擦音习得情况三个部分进行分析。前文详细介绍了参数提取，在此不再赘述。

一　塔吉克族汉语塞擦音习得数据分析

（一）时长特征

首先对塔吉克族汉语塞擦音习得的时长特征数据进行分析，利用语音分析软件 Praat 提取出无声闭塞段时长（GAP）和有声摩擦段时长（DOF）数值，并利用 Excel 求出平均值，最后利用前面提到的塞擦音时长性质指数公式即时长性质指数（DI）= DOF/GAP，求出塔吉克族汉语塞擦音的时长性质指数数值。具体数据见表 4—2。

---

① 冉启斌：《北京话塞擦音的声学格局分析》，《中国语文》2017 年第 4 期。

表 4—2　　　　　　　塔吉克族汉语塞擦音习得时长数据

声母	GAP（ms）	DOF（ms）	DI
/tɕ/	81.76	82.66	1.14
/tɕʰ/	85.91	153.81	2.06
/ts/	90.15	90.68	1.13
/tsʰ/	78.09	143.01	2.47
/tʂ/	106.12	61.95	0.65
/tʂʰ/	100.42	123.31	1.5

1. 无声闭塞段时长

塔吉克族在汉语塞擦音习得时，舌尖后不送气塞擦音/tʂ/的无声闭塞段时长是所有塞擦音中耗时最长的，达到106.12毫秒。舌尖前送气塞擦音/tsʰ/的无声闭塞段时长是所有塞擦音中耗时最小的，为78.09毫秒。舌面前塞擦音/tɕ/、/tɕʰ/和舌尖后塞擦音/tʂ/、/tʂʰ/这两组，送气音和不送气音的无声闭塞段时长相差不大，差值在4.15—5.7这个范围内，而舌尖前塞擦音的送气/tsʰ/与不送气音/ts/的无声闭塞段时长相差最大为12.06毫秒。舌尖塞擦音/ts/、/tsʰ/、/tʂ/、/tʂʰ/的同一发音部位不送气音的无声闭塞段均要大于送气塞擦音的无声闭塞段。

2. 有声摩擦段时长

塔吉克族在汉语塞擦音习得时，舌尖后不送气塞擦音/tʂ/的有声摩擦段时长最小，为61.95毫秒；舌面前送气塞擦音/tɕʰ/的有声摩擦段时长最大为153.81毫秒。同一发音部位送气塞擦音的有声摩擦段时长均要长于不送气音的。舌面塞擦音的送气/tɕʰ/与不送气音/tɕ/的有声摩擦段时长差值最大为71.15，舌尖前塞擦音送气音/tsʰ/与不送气音/ts/的有声摩擦段时长差值最小为52.33。

3. 时长性质指数

根据表4—2可以看出，塔吉克族在汉语塞擦音习得时，同一发音部位的送气塞擦音时长性质指数均要大于不送气音的时长性质指数。其中，舌尖后不送气塞擦音/tʂ/的时长性质指数最小为0.65，舌尖前送气塞擦音/tsʰ/的时长性质指数最大为2.47。舌尖后塞擦音送气音/tʂʰ/与不送气音/tʂ/时长性质指数差值最小为0.85，舌尖前塞擦音送气音/tsʰ/与不送气音/ts/的时长差值指数最大为1.34。

（二）摩擦特征

塞擦音的第二部分为有声摩擦段①，由于6个塞擦音/tɕ/、/tɕʰ/、/ts/、/tsʰ/、/tʂ/和/tʂʰ/的后半部分也是擦音，而谱重心（Center Of Gravity，COG）是擦音能量分布集中区域的反映；分散程度（Dispersion，DIS）是计算擦音能量在频谱上的离散性，是擦音能量分散状态的反映。那么测量塞擦音有声摩擦段的COG和DIS即可知道塞擦音能量分散状态与集中区域的情况。利用Mini-Speech Lab语音分析软件测量COG与DIS，起点均选择在塞擦音冲直条之后的摩擦噪声开始处，终点选择在同质的摩擦噪声结束前。② 最后利用前面提到的塞擦音摩擦性质指数公式即摩擦性质指数（FI）= COG/DIS，求出塔吉克族汉语塞擦音的摩擦性质指数数值。具体数据见表4—3。

表4—3　　　　　　　塔吉克族汉语塞擦音习得摩擦数据

声母	COG（ms）	DIS（ms）	FI
/tɕ/	17.03	6.13	2.97
/tɕʰ/	17.32	5.13	3.66
/ts/	16.87	5.69	3.39
/tsʰ/	16.43	5.37	3.43
/tʂ/	15.44	5.97	2.69
/tʂʰ/	15.39	5.67	2.88

1. 谱重心

由表4—3可以看出，舌面前送气塞擦音/tɕʰ/的谱重心值最大为17.32，舌尖后不送气塞擦音/tʂ/的谱重心值最小，为15.44。舌尖塞擦音的不送气音/ts/和/tʂ/的谱重心要大于送气音/tsʰ/和/tʂʰ/的谱重心数值。而舌面塞擦音的不送气音/tɕ/的谱重心要大于送气音/tɕʰ/的数值。同一发音部位送气音与不送气音谱重心差值最小的是舌尖后不送气塞擦

---

① 冉启斌：《北京话塞擦音的声学格局分析》，《中国语文》2017年第4期。
② 冉启斌：《北京话塞擦音的声学格局分析》，《中国语文》2017年第4期。

音/tʂ/、/tʂʰ/这一组,差值为 0.05,舌尖前塞擦音送气音/tsʰ/与不送气塞擦音/ts/的谱重心差值最大为 0.44。

2. 分散程度

塔吉克族汉语塞擦音习得时,舌面前不送气音/tɕ/的分散程度最大为 6.13,舌面前送气塞擦音/tɕʰ/的分散程度最小为 5.13。同一发音部位送气音的分散程度均小于不送气音的分散程度。舌面前送气塞擦音/tɕʰ/与不送气音/tɕ/分散程度的差值最大为 1。舌尖后送气塞擦音/tʂʰ/与不送气音/tʂ/的差值最小为 0.3。舌尖前和舌尖后,这两个部位的送气塞擦音与不送气塞擦音的分散程度差值相近,在 0.3 左右。

3. 摩擦性质指数

由表 4—3 可以看出,舌面前送气塞擦音/tɕʰ/的摩擦特征指数最大为 3.66,舌尖后不送气塞擦音/tʂ/的摩擦特征指数最小为 2.69。同一发音部位送气塞擦音的摩擦特征指数数值均大于不送气塞擦音的。其中,舌面前送气塞擦音/tɕʰ/与不送气塞擦音/tɕ/的摩擦特征指数差值最大为 0.69;舌尖前送气塞擦音/tsʰ/与不送气塞擦音/ts/的摩擦特征指数差值最小为 0.04。

二 塔吉克族男性汉语塞擦音习得数据分析

(一)时长特征

将塔吉克族男性的时长特征相关数据进行归一求平均值,得出男性时长特征数据表。具体数值见表 4—4。

表 4—4　　　塔吉克族男性汉语塞擦音习得时长特征数据

声母	GAP (ms)	DOF (ms)	DI
/tɕ/	79.34	83.46	1.29
/tɕʰ/	99.18	154.13	1.86
/ts/	93.92	95.14	1.24
/tsʰ/	87.35	129.40	2.58
/tʂ/	119.60	64.18	0.60
/tʂʰ/	109.46	110.72	1.51

1. 无声闭塞段

塔吉克族男性习得汉语塞擦音时，舌尖后这一发音部位的无声闭塞段时长是所有发音部位中最长的，均超过100毫秒。在发舌尖不送气塞擦音/ts/、/tʂ/的无声闭塞段时长都要大于送气音/tsʰ/、/tsʰ/的无声闭塞段时长，无声闭塞段时长最短的是舌面不送气音/tɕ/，数值为79.34毫秒；无声闭塞段时长最长的是舌尖后不送气塞擦音/tʂ/，数值为119.6毫秒。在发舌面不送气塞擦音/tɕ/的无声闭塞段时长要长于送气音/tɕʰ/的无声闭塞段时长。总体来看，同一发音部位的无声闭塞段时长差值最小的是舌尖前塞擦音这一组，其中不送气音/ts/与舌尖前送气音/tsʰ/的无声闭塞段时长差值为6.57；同一发音部位无声闭塞段差值最大的舌面塞擦音这一组，差值在20毫秒。

2. 有声摩擦段

在发舌尖前塞擦音时不送气音/ts/与送气音/tsʰ/的有声摩擦段时长数值差距最小为34.26毫秒；在发舌面不送气音/tɕ/与送气音/tɕʰ/的有声摩擦段时长差值最大，数值为70.67毫秒。在发舌尖后不送气音/tʂ/的有声摩擦段数值最小为64.18；舌面送气音/tɕʰ/的有声摩擦段时长数值最大为154.13。舌面前送气塞擦音/tɕʰ/与不送气塞擦音/tɕ/的有声摩擦段时长差值最大为70.67毫秒，舌尖前送气塞擦音/tsʰ/与不送气塞擦音/ts/的有声摩擦段时长差值最小在34.26毫秒，舌尖后送气塞擦音/tʂʰ/与不送气塞擦音/tʂ/的有声摩擦段时长差值为52.54毫秒。总体来看，塔吉克族男性在习得汉语塞擦音时，同一发音部位不送气音的有声摩擦段时长要长于送气音的有声摩擦段时长。送气塞擦音与不送气塞擦音的有声摩擦段时长差值在34—70这个范围内。通过观察塔吉克族男性的无声闭塞段时长和有声摩擦段时长数值，可以发现塔吉克族男性在发汉语塞擦音时的无声闭塞段的时长普遍要小于有声摩擦段的时长只有舌尖后不送气塞擦音/tʂ/这一个例外，其中无声闭塞段与有声摩擦段时长差值最大的是舌尖后不送气塞擦音/tʂ/，差值为55.42毫秒；无声闭塞段时长与有声摩擦段时长差值最小的是舌尖前不送气塞擦音/ts/，差值为1.22毫秒。

3. 时长性质指数

从表4—4中可以看出，塔吉克族男性在习得汉语塞擦音时舌尖前送气塞擦音/tsʰ/的时长性质指数最大为2.58，在发舌尖后不送气塞擦音

/tʂ/时的时长性质指数最小为 0.6。塞擦音的时长性质指数数值在 0.6—2.6 这个范围之内。同一发音部位送气音的时长性质指数均大于不送气塞擦音的时长性质指数。从送气塞擦音和不送气塞擦音时长性质指数差值这个角度来看，塔吉克族男性在发舌面前塞擦音的差值最小为 0.57，在发舌尖前塞擦音时的差值最大为 1.34，总体上送气塞擦音和不送气塞擦音的时长性质指数的差值范围在 0.5—1.4。

（二）摩擦特征

将塔吉克族男性的摩擦特征数据进行归一求平均值，得出男性摩擦特征数据表。具体数值见表 4—5。

表 4—5　　　　塔吉克族男性汉语塞擦音习得摩擦数据

声母	COG（ms）	DIS（ms）	FI
/tɕ/	17.41	5.44	3.40
/tɕʰ/	17.84	4.62	4.13
/ts/	17.59	5.03	4.09
/tsʰ/	17.19	4.61	4.20
/tʂ/	15.53	5.69	2.85
/tʂʰ/	15.96	5.08	3.25

1. 谱重心

塔吉克族男性在发舌尖后不送气塞擦音/tʂ/时的谱重心值最小为 15.53，在发舌面前送气塞擦音/tɕʰ/时的谱重心值最大为 17.84。总的来说，送气音与不送气音的谱重心值在 15—18。塔吉克族男性在发汉语塞擦音时，同一发音部位送气塞擦音的谱重心均大于不送气音的谱重心。塔吉克族男性在发送气音与不送气音的谱重心差值均在 0.4 左右。

2. 分散程度

塔吉克族男性在发舌尖前送气音/tsʰ/时的分散程度最小为 4.61，在发舌尖后不送气塞擦音/tʂ/时的分散程度最大为 5.69。总的来说，塔吉克族男性在发汉语塞擦音时的分散程度在 4.6—5.7 这个范围内。塔吉克族男性在发舌尖前送气/tsʰ/与不送气塞擦音/ts/的分散程度差值最小为 0.43，在发舌面前送气/tɕ/与不送气塞擦音/tɕ/的分散程度差值最大为 0.82，总的来说，送气塞擦音与不送气塞擦音的分散程度在 0.4—0.8 范围内。塔吉克族男性在发汉语塞擦音时，同一发音部位不送气塞擦音的分散程度值要小于送气音的。

3. 摩擦性质指数

塔吉克族男性在发汉语塞擦音时，舌尖后不送气塞擦音/tʂ/的摩擦性质指数数值最小，为2.85；舌尖前送气塞擦音/tsʰ/的摩擦特征指数数值最大为4.20。在发舌面前不送气塞擦音/tɕ/和舌面前送气塞擦音/tɕʰ/时摩擦特征指数差值最大为0.73；在发舌尖后送气塞擦音/tʂʰ/与舌尖后不送气塞擦音/tʂ/时摩擦特征指数差值最小为0.11。同一发音部位不送气塞擦音的摩擦特征指数要小于送气塞擦音的摩擦特征指数。

三 塔吉克族女性汉语塞擦音习得数据分析

（一）时长特征

将塔吉克族女性的时长特征相关数据进行归一求平均值，得出女性时长特征数据表。具体数值见表4—6。

表4—6　　塔吉克族女性汉语塞擦音习得时长特征数据

声母	GAP（ms）	DOF（ms）	DI
/tɕ/	84.17	81.86	1.00
/tɕʰ/	72.64	153.48	2.26
/ts/	86.39	86.23	1.01
/tsʰ/	68.82	156.62	2.36
/tʂ/	92.65	59.72	0.69
/tʂʰ/	91.37	129.91	1.49

1. 无声闭塞段

通过观察塔吉克族女性汉语塞擦音习得的时长特征表格，可以发现不送气塞擦音的无声闭塞段时长要大于送气音的无声闭塞段时长，差值最小的为1.28毫秒，最大差值为17.57毫秒。在发舌尖前送气塞擦音/tsʰ/时的无声闭塞段时长最小为68.82毫秒；在发舌尖后不送气塞擦音/tʂ/时的无声闭塞段时长最大为92.65毫秒；总体上看，在发塞擦音时的无声闭塞段时长差值不大，在1.28—23.83毫秒。塔吉克族女性在发舌尖后送气音/tʂʰ/与不送气音/tʂ/无声闭塞段时长差值最小为1.28毫秒,舌尖前送气音/tsʰ/与不送气音/ts/的无声闭塞段时长差值最大为17.57毫秒,舌面前送气音/tɕʰ/与不送气音/tɕ/无声闭塞段时长差值为11.53毫秒,总体上,送气音与不送气音的无声闭塞段时长差值在1—18这个范围内。

2. 有声摩擦段

塔吉克族女性在发汉语塞擦音时,有声摩擦段时长最长的为舌尖前送气音/tsʰ/,数值为156.62毫秒;有声摩擦段时长最短的为舌尖后不送气音/tʂ/,数值为59.72毫秒。在发舌面前不送气塞擦音/tɕ/与舌面前送气塞擦音/tɕʰ/的有声摩擦段时长差值最大为71.62毫秒;在发舌尖后不送气塞擦音/tʂ/与舌尖后送气塞擦音/tʂʰ/的有声摩擦段时长差值最小为70.19毫秒。塔吉克族女性在发汉语塞擦音时的不送气音有声摩擦段时长均小于送气音的有声摩擦段时长,且差值均在70毫秒左右。

总体上看,塔吉克族女性在习得汉语塞擦音时,不送气音的无声闭塞段时长要大于有声摩擦段时长;送气音的无声闭塞段时长要小于有声摩擦段时长。其中,舌尖前塞擦音/ts/、/tsʰ/这一组,不送气音的无声闭塞时长与有声摩擦时长差值最小,而送气音的无声闭塞段时长和有声摩擦段时长差值最大。

3. 时长性质指数

塔吉克族女性在发舌尖后不送气塞擦音/tʂ/时的时长性质指数数值最小为0.69,在发舌尖前送气塞擦音/tsʰ/时的时长性质指数数值中最大为2.36,总的来说,塔吉克族女性所发的塞擦音时长性质指数数值在0.6—2.4这个范围内。从送气音与不送气音时长性质指数差值角度来看,塔吉克族女性在发舌尖后塞擦音时的差值最小为0.8,在发舌尖前塞擦音时的差值最大为1.35,总的来说,送气音与不送气音的时长性质指数差值在0.8—1.4这个范围内。同一发音部位,送气音的时长性质指数数值均大于不送气音时长性质指数数值。

(二) 摩擦特征

将塔吉克族女性的摩擦特征数据进行归一求平均值,得出女性摩擦特征数据表。具体数值见表4—7。

表4—7　　　　　　塔吉克族女性汉语塞擦音习得摩擦数据

声母	COG（ms）	DIS（ms）	FI
/tɕ/	16.66	6.82	2.55
/tɕʰ/	16.79	5.64	3.18
/ts/	16.61	6.35	2.68
/tsʰ/	15.68	6.12	2.66
/tʂ/	15.36	6.24	2.54
/tʂʰ/	14.82	6.25	2.51

1. 谱重心

塔吉克族女性在发舌尖后送气塞擦音/tʂʰ/时的谱重心最小为14.82，在发舌面前送气塞擦音/tɕʰ/时的谱重心最大为16.79，总的来说，塔吉克族女性在发塞擦音时的谱重心在14—17。从送气音与不送气音的谱重心差值上来看，塔吉克族女性在发舌面前塞擦音/tɕ/和/tɕʰ/时的差值最小为0.13，在发舌尖后塞擦音/tʂ/和/tʂʰ/时的差值为0.54，总的来说，送气与不送气塞擦音谱重心差值的范围在0.13—0.54。塔吉克族女性在发汉语塞擦音时同一发音部位的不送气音谱重心值大于送气音的，除了舌面这个发音部位。

2. 分散程度

塔吉克族女性在发舌面前送气塞擦音/tɕʰ/时的分散程度数值最小为5.64，在发舌面前不送气塞擦音/tɕ/时的分散程度数值最大为6.82，总的来说，塔吉克族女性在发塞擦音时的分散程度数值在5.6—6.9。从送气音与不送气音的分散程度数值差值上来看，塔吉克族女性在发舌面前塞擦音/tɕ/和/tɕʰ/时的差值最小为0.13，在发舌尖后塞擦音/tʂ/和/tʂʰ/时的差值最大为0.54，总的来说，塔吉克族女性送气塞擦音/tɕʰ/、/tsʰ/、/tʂʰ/与不送气塞擦音/tɕ/、/ts/、/tʂ/在分散程度差值的范围在0.13—0.6。塔吉克族女性在发汉语塞擦音时，同一发音部位的不送气音分散程度数值要大于送气音的，除了舌尖后发音部位。

3. 摩擦性质指数

塔吉克族女性在发舌尖后送气塞擦音/tʂʰ/时的摩擦特征指数数值最小为2.51，在发舌面前送气塞擦音/tɕʰ/时的差值最大为3.18，总的来说,送气音与不送气音的摩擦特征指数差值在 2.5—3.2 这个范围内。塔吉克族女性舌面前塞擦音送气音与不送气音的摩擦特征指数差值最大为 0.63,舌尖前塞擦音送气音与不送气音的摩擦特征指数差值最小为 0.02。舌尖塞擦音送气音与不送气音的摩擦特征指数差值较相近。

第三节 塔吉克族汉语塞擦音习得格局分析

本节从格局的角度对塔吉克族习得汉语塞擦音的格局特征表现进行描述。按照塔吉克族格局分析、塔吉克族男性格局分析和塔吉克族女性格局分析三个部分进行说明。

一 塔吉克族汉语塞擦音习得时长格局图

影响塞擦音时长性质的两个声学参量为无声闭塞段时长和有声摩擦段时长,利用前面的时长特征数据表中的 GAP 和 DOF 数值,将这两个数据绘制成二维坐标图即可得到时长格局图。

(一)塔吉克族汉语塞擦音习得时长格局图

将塔吉克族汉语塞擦音习得时长特征数据表中无声闭塞段时长和有声摩擦段时长数据提取出来,绘制成 GAP – DOF 二维坐标图,得到塔吉克族汉语塞擦音习得的时长格局图。

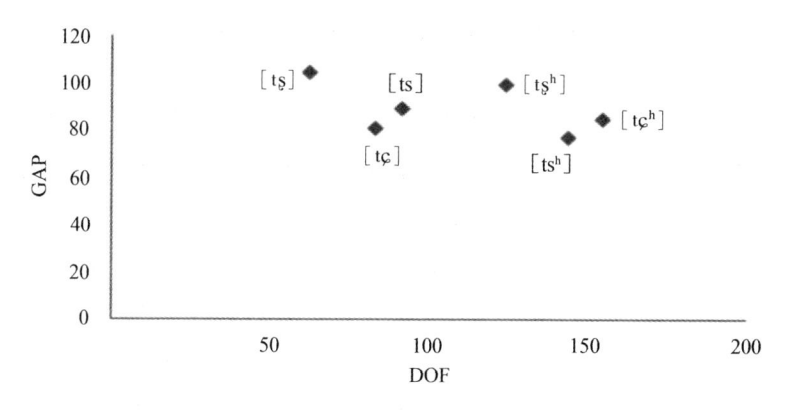

图 4—1 塔吉克族时长格局图

从图 4—1 可以看出，塔吉克族的送气音和不送气音形成了两个明显的聚合，送气塞擦音位于不送气塞擦音的右侧，中间有大约 30 毫秒的空白段落。舌尖后不送气塞擦音/tʂ/位于时长格局图左上角顶点的位置，舌面前送气塞擦音/tɕʰ/位于时长格局图的最右侧。同一发音部位的送气塞擦音在时长格局图中的位置要低于不送气塞擦音的。

（二）塔吉克族男性汉语塞擦音习得时长格局图

将塔吉克族男性汉语塞擦音习得的时长特征数据表中无声闭塞段时长和有声摩擦段时长数据提取出来，绘制成 GAP – DOF 二维坐标图，得到塔吉克族男性的塞擦音时长格局图。

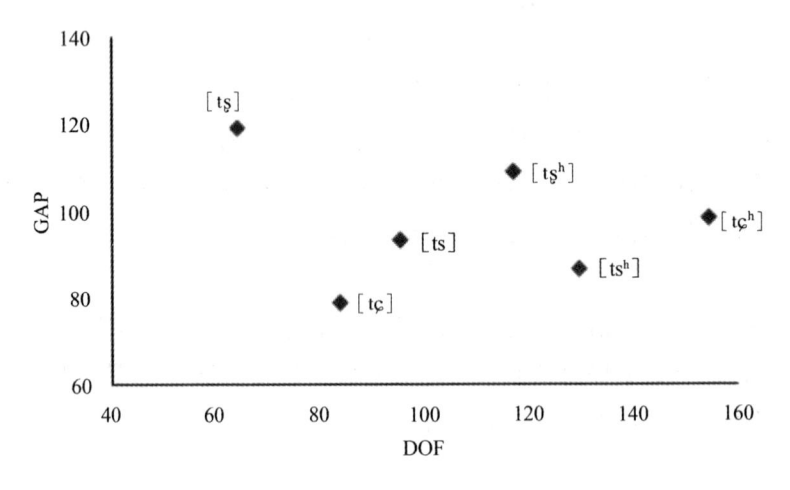

图 4—2　塔吉克族男性时长格局图

根据图 4—2 可以发现，舌尖后不送气塞擦音/tʂ/位于图中左上顶点处，舌面前送气塞擦音/tɕʰ/位于最右侧，其他塞擦音分散其中共同构成了男性塔吉克母语者的时长格局图。送气塞擦音/tɕʰ/、/tsʰ/、/tʂʰ/和不送气塞擦音/tɕ/、/ts/、/tʂ/形成了两个聚合，两个聚合之间大约有 20 毫秒的空白区域，这是由于送气塞擦音在持阻的阶段气流不断积累，等到除阻阶段，阻碍解除，此时，持阻阶段所积累的气流需要大量的时间才能释放出来，所以需要花较长的时间才能过渡到元音发音上，因此，三个送气塞擦音的有声摩擦段时长均大于 190 毫秒。而不送气塞擦音则没有这样的情况，不送气音所需要释放的气流较少，所以，在阻碍解除后，需要的时间更短,因此造成了送气音和不送气音在时长格局图上出现了一个明显的空白。从有声摩擦段时长角度看,送气塞擦音要比不送气塞擦音的时长多30毫秒以上。在不送气塞擦音的聚合中,有声摩擦段时长的大小比较为/tʂ/＜/tɕ/＜/ts/,其中舌尖后不送气塞擦音/tʂ/处于时长格局图左上角顶点位置,其有声摩擦段时长值最小,舌尖前不送气塞擦音/ts/是不送气塞擦音中有声摩擦段时长最长的。不送气塞擦音的聚合整体上要比送气塞擦音的聚合靠上,这是由于送气音在发音过程中需要有大量气流送出,所以持阻阶段难以维持较长时间,而不送气音在发音过程中没有大量气流需要送出,所以持阻阶段维持的时间长。从无声闭塞段时长来看,三个送气塞擦音/tɕʰ/、/tsʰ/、/tʂʰ/较为集中,无声闭塞段时长在87—109毫秒之间,而不送气塞擦音的无声闭塞段时长跨度较大。综合比较可以发现不送气音不论是在有声摩擦段时长,还是在无声闭塞段时长上,跨度都要大于送气音。

(三) 塔吉克族女性汉语塞擦音习得时长格局图

将塔吉克族女性汉语塞擦音习得的时长特征数据表中无声闭塞段时长和有声摩擦段时长数据提取出来,绘制成 GAP – DOF 二维坐标图,得到塔吉克族女性的塞擦音时长格局图。

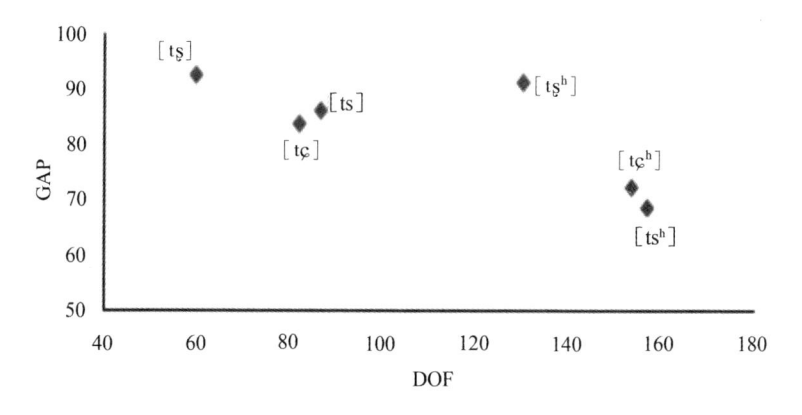

图 4—3　塔吉克族女性时长格局图

从图4—3可以看出:舌尖后不送气塞擦音/tʂ/位于图的最左侧,舌尖前送气塞擦音/tsʰ/位于图中最右侧,其他塞擦音分布其中共同构成了塔吉克族女性的时长格局图。塔吉克族女性的送气音和不送气音分别形成了两个聚合。两个聚合之间的空白段大约有43毫秒，这是因为送气的三个塞擦音在持阻阶段气流越积越多，直到除阻时，阻碍解除，此时需要较长的时间才能将持阻阶段积累的气流完全释放出来，所以需要花费较长时间才能过渡到后接元音的发音上面。而不送气音需要释放的气流较少，所以除阻后，需要的时间也较短，因此送气音和不送气音之间存在一个明显的空白。

二 塔吉克族汉语塞擦音习得摩擦格局图

影响塞擦音摩擦性质的两个声学参量为谱重心和分散程度，利用前面的摩擦特征数据表中的COG和DIS数值将这两个数据绘制成二维坐标图即可得到摩擦格局图。

（一）塔吉克族汉语塞擦音习得摩擦格局图

将塔吉克族汉语塞擦音习得的摩擦特征数据表中谱重心和分散程度数据提取出来，绘制成DIS-COG二维坐标图，得到塔吉克族的塞擦音摩擦格局图。

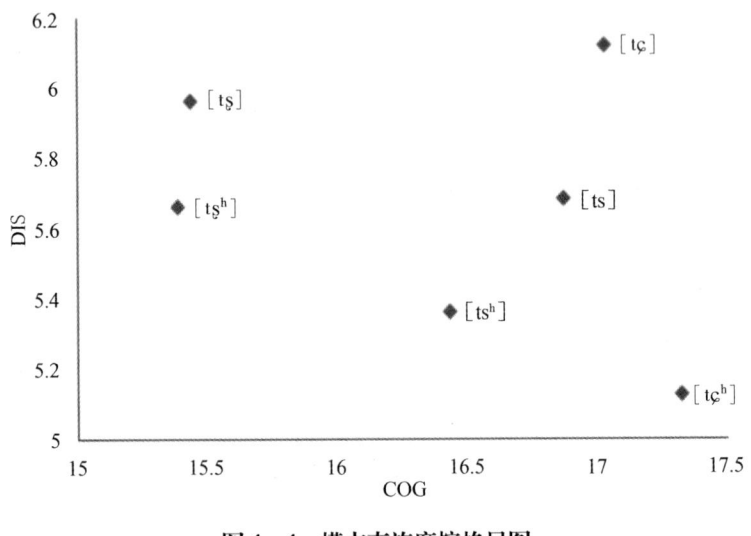

图4—4　塔吉克族摩擦格局图

从图4—4中可以看出，舌面前不送气塞擦音/tɕ/位于右上顶点处，舌面前送气塞擦音/tɕʰ/位于右下角最低点，舌尖后送气塞擦音/tʂʰ/位于最左侧，其他塞擦音分布其中，共同构成了塔吉克族塞擦音的摩擦格局图。同一发音部位送气音均位于不送气音的下方。舌尖后塞擦音位于最左侧，与舌尖前塞擦音中间形成了一个空白段落。同一发音部位的塞擦音较为集中，除了舌面前塞擦音/tɕ/、/tɕʰ/。

（二）塔吉克族男性汉语塞擦音习得摩擦格局图

将塔吉克族男性汉语塞擦音习得摩擦特征数据表中谱重心和分散程度数据提取出来，绘制成 DIS – COG 二维坐标图，得到塔吉克族男性的塞擦音摩擦格局图。

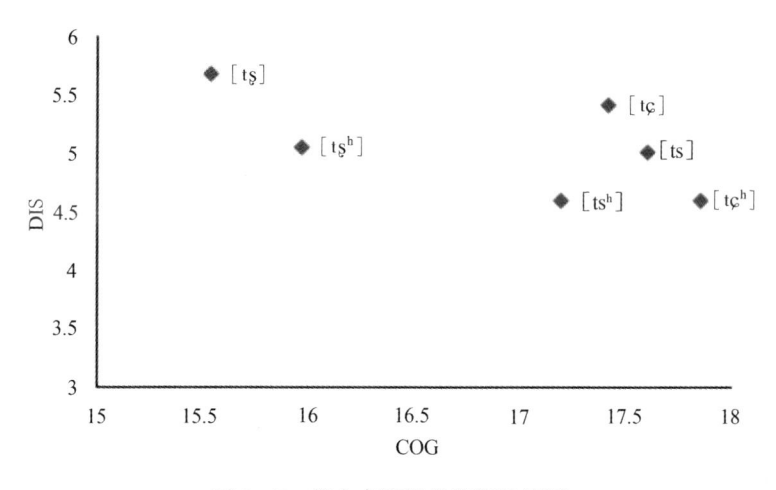

图 4—5　塔吉克族男性摩擦格局图

从图 4—5 可以看出，舌尖后不送气塞擦音/tʂ/位居左上角，舌面前送气塞擦音/tɕʰ/位于图中最右侧，其他塞擦音分散其中，共同构成塔吉克族男性的摩擦格局图。从聚合的角度，舌尖后塞擦音/tʂ/和/tʂʰ/形成了一个聚合。舌尖前塞擦音/ts/、/tsʰ/和舌面前塞擦音/tɕ/、/tɕʰ/共同形成了一个聚合。两个聚合之间存在一个 1.44 的空白段。从送气音和不送气音的分散程度来看，同一发音部位，送气音的分散程度要小于不送气塞擦音。

（三）塔吉克族女性汉语塞擦音习得摩擦格局图

将塔吉克族女性汉语塞擦音习得摩擦特征数据表中谱重心和分散程

度数据提取出来,绘制成 DIS – COG 二维坐标图,得到塔吉克族女性的塞擦音摩擦格局图。

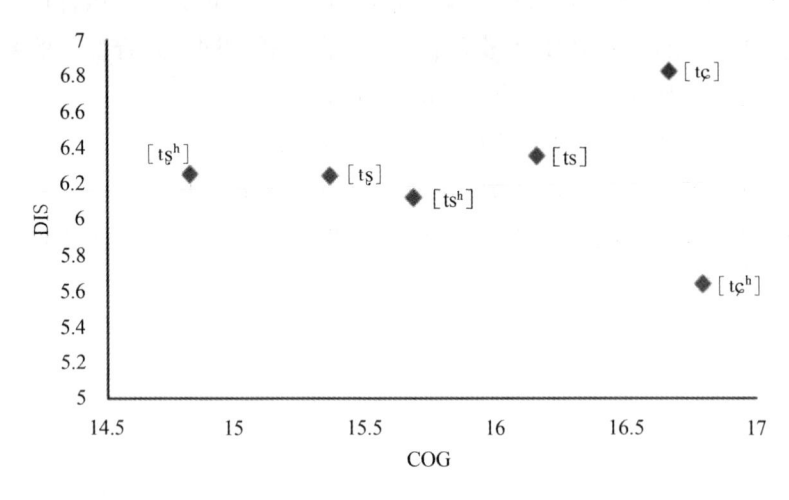

图4—6 塔吉克族女性摩擦格局图

从图4—6可以看出,舌尖后送气塞擦音/tʂʰ/位于最左侧,舌面前送气塞擦音/tɕʰ/位于图中最右侧,其他塞擦音分散其中,共同构成了塔吉克族女性的塞擦音格局图。塔吉克族女性在发舌尖塞擦音的时候,不送气音要更靠右,说明不送气塞擦音的谱重心要大于送气音。这是由于在发音方法相同的情况下,单纯从送气与不送气角度看,送气音发音时的音量更大,所以除阻后声道收紧处越大,湍流噪声越小,谱重心越小。不论是送气塞擦音还是不送气塞擦音的分散程度值相差较小。

三 塔吉克族汉语塞擦音习得格局图

影响塞擦音性质的两个声学参量为时长性质指数和摩擦性质指数,利用前面的时长特征数据表和摩擦特征数据表中的 DI 和 FI 数值,将这两个数据绘制成二维坐标图即可得到塞擦音格局图。

(一)塔吉克族汉语塞擦音习得格局图

将塔吉克族汉语塞擦音习得的时长特征数据表和摩擦特征数据表中时长性质指数和摩擦性质指数数据提取出来,绘制成 DI – FI 二维坐标图,得到塔吉克族的塞擦音格局图。

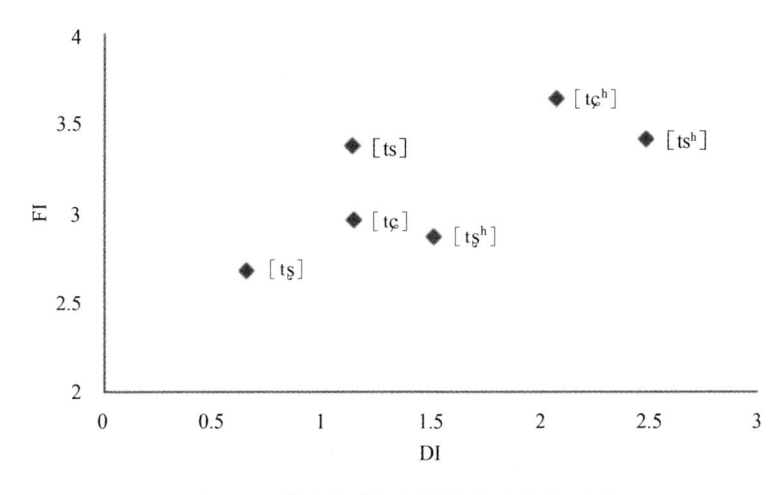

图 4—7 塔吉克族汉语塞擦音习得格局图

图4—7可以看出，同一发音部位送气塞擦音均位于不送气塞擦音的下方。舌尖前送气塞擦音/tsʰ/位于最右侧，舌面前送气塞擦音/tɕʰ/位于塞擦音格局图顶点位置，舌尖后不送气塞擦音位于最左侧，其他塞擦音散落其中，共同构成了塔吉克族习得汉语塞擦音格局图。送气塞擦音的聚合中，舌尖后送气塞擦音/tʂʰ/与其他塞擦音之间的空隙较大，形成了一个空白段落；而与不送气塞擦音/tɕ/、/ts/、/tʂ/较为靠近。

（二）塔吉克族男性汉语塞擦音习得格局图

将塔吉克族男性汉语塞擦音习得的时长特征数据表和摩擦特征数据表中时长性质指数和摩擦性质指数数据提取出来，绘制成 DI – FI 二维坐标图，得到塔吉克族男性的塞擦音格局图。

从图4—8可以看出，舌尖后不送气塞擦音/tʂ/位于图中最左侧，舌尖前送气塞擦音/tsʰ/位于右上顶点处，其他塞擦音分布其中，共同构成了塔吉克族男性的塞擦音格局图。从聚合的角度来看，塔吉克族男性的送气音和不送气音形成了两个聚合，两个聚合之间空隙较窄，相差0.22，送气塞擦音/tsʰ/、/tʂʰ/、/tɕʰ/的聚合位于图的右上方，不送气塞擦音/ts/、/tʂ/、/tɕ/的聚合位于图的左下。同一发音部位的送气塞擦音都要比不送气塞擦音靠右上，说明在时长性质指数上，塔吉克族男性在发送气塞擦音的有声摩擦段要长一些，无声闭塞段相对短一些；在摩擦性质指

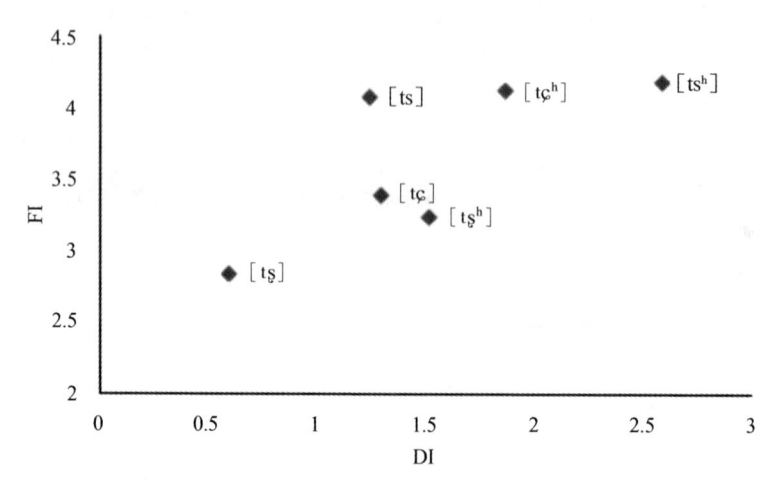

图4—8 塔吉克族男性汉语塞擦音习得格局图

数上,送气塞擦音的谱重心大,分散程度很小。不送气音与之相反。送气塞擦音的擦音部分能量集中区域分布在最高频域,而且非常集中。不送气音的擦音部分能量集中区域分布在较低频域,且较为分散。

(三)塔吉克族女性汉语塞擦音习得格局图

将塔吉克族女性汉语塞擦音习得时长特征数据表和摩擦特征数据表中时长性质指数和摩擦性质指数数据提取出来,绘制成 DI – FI 二维坐标图,得到塔吉克族女性的塞擦音格局图。

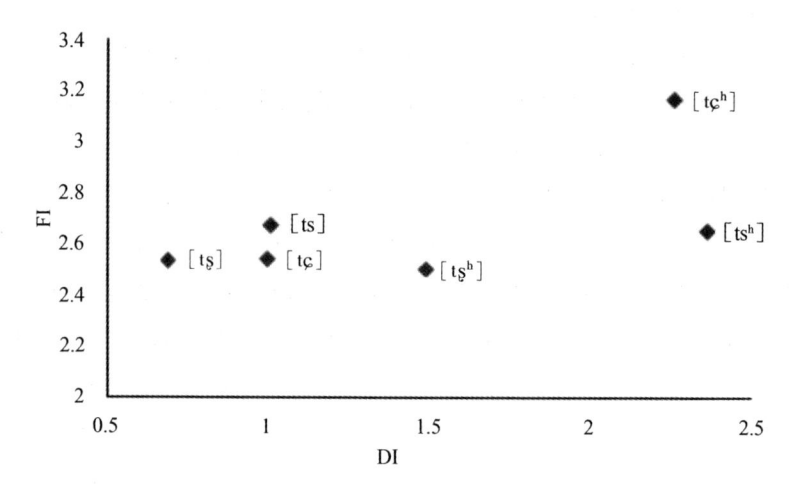

图4—9 塔吉克族女性汉语塞擦音习得格局图

从图4—9可以看出，舌尖后不送气塞擦音/tʂ/位于图中最左侧，舌尖前送气塞擦音/tsʰ/位于图中最右侧，其他塞擦音散落其中，共同构成塔吉克族女性的塞擦音格局图。从聚合角度来看，送气塞擦音/tsʰ/、/tʂʰ/、/tɕʰ/和不送气塞擦音/ts/、/tʂ/、/tɕ/形成了两个明显的聚合，中间空白间隙为0.48。从图中可以看出送气塞擦音的聚合更靠右上，不送气塞擦音的聚合更靠左偏下。同一发音部位的送气塞擦音都要比不送气塞擦音靠右上，说明在时长性质指数上，女性塔吉克母语者在发送气塞擦音的有声摩擦段要长一些，无声闭塞段相对短一些；在摩擦性质指数上，送气塞擦音的谱重心大，分散程度很小。不送气音与之相反。送气塞擦音的擦音部分能量集中区域分布在最高频域，而且非常集中。不送气音的擦音部分能量集中区域分布在较低频域，且较为分散。塔吉克族女性不论送气与否，摩擦性质指数数值都要比时长性质指数大。不送气音的时长性质指数都在1左右，说明女性塔吉克母语者在发不送气塞擦音时的无声闭塞段和有声摩擦段时长大致相等。女性塔吉克母语者在发不送气音时的时长性质指数值约在1.5以上，说明女性塔吉克母语者在发音时的有声摩擦段时长要大于无声闭塞段时长。

第四节 普通话发音人塞擦音数据分析

本节从普通话发音人汉语塞擦音的总体情况、男性普通话发音人汉语塞擦音的情况和女性普通话发音人汉语塞擦音的情况三个部分进行分析。前文详细介绍了参数提取，在此不再赘述。

一 普通话发音人塞擦音数据分析

（一）时长特征数据分析

首先对普通话发音人汉语塞擦音总体时长特征数据进行分析，利用语音分析软件Praat提取出无声闭塞段时长（GAP）和有声摩擦段时长（DOF）数值，并利用Excel求出平均值，最后利用前面提到的塞擦音时长性质指数公式即时长性质指数（DI）= DOF/GAP，求出普通话发音人汉语塞擦音的时长性质指数数值。具体数据见表4—8。

表 4—8   普通话发音人汉语塞擦音时长特征数据

声母	GAP (ms)	DOF (ms)	DI
/tɕ/	78.11	136.25	1.81
/tɕʰ/	79.34	213.07	3.70
/ts/	64.23	90.67	1.49
/tsʰ/	55.66	169.69	3.20
/tʂ/	122.60	63.68	0.59
/tʂʰ/	79.23	179.18	2.49

1. 无声闭塞段

普通话发音人在发舌尖前送气塞擦音/tsʰ/时的无声闭塞段时长最小为 55.66，在发舌尖后不送气塞擦音/tʂ/时的无声闭塞段时长最长为 122.60。舌尖送气塞擦音的无声闭塞段时长均小于不送气塞擦音的无声闭塞段时长。舌面前送气塞擦音/tɕʰ/的无声闭塞段时长要大于不送气塞擦音/tɕ/的无声闭塞段时长。舌面前塞擦音送气音与不送气音无声闭塞段时长差值最小为 1.23，舌尖后塞擦音送气音与不送气音无声闭塞段时长差值最大为 43.37。

2. 有声摩擦段

普通话发音人在发舌面前送气塞擦音/tɕʰ/时的有声摩擦段时长最大为 213.07，在发舌尖后不送气塞擦音/tʂ/时的有声摩擦段时长最小为 63.68。同一发音部位，送气音的有声摩擦段时长均大于不送气塞擦音的有声摩擦段时长。舌面前送气塞擦音/tɕʰ/与不送气塞擦音/tɕ/有声摩擦段时长差值最小为 76.82，舌尖后送气塞擦音/tʂʰ/与不送气塞擦音/tʂ/的有声摩擦段时长差值最大为 115.5。

3. 时长性质指数

普通话发音人在发舌尖后不送气塞擦音/tʂ/时的时长性质指数最小为 0.59，在发舌面前送气塞擦音/tɕʰ/时的时长性质指数最大为 3.70。同一发音部位送气塞擦音的时长性质指数均大于不送气音的时长性质指数。舌尖前送气塞擦音/tsʰ/与不送气塞擦音/ts/的时长性质指数差值最小为 1.71，舌尖后送气塞擦音/tʂʰ/与不送气塞擦音/tʂ/的时长性质指数差值最大为 1.9。总体上同一发音部位送气音与不送气音时长性质指数差值较为接近，相差不大。

(二) 摩擦特征数据分析

首先对普通话发音人汉语塞擦音总体摩擦特征数据进行分析，利用语音分析软件 Mini-Speech Lab 提取出谱重心（COG）和分散程度（DIS）数值，并利用 Excel 求出平均值，最后利用前面提到的塞擦音摩擦性质指数公式即摩擦性质指数（FI）= COG/DIS，求出普通话发音人汉语塞擦音的摩擦性质指数数值。具体数据见下表。

表4—9　　　　　　　普通话测试员汉语塞擦音摩擦数据

声母	COG（ms）	DIS（ms）	FI
/tɕ/	18.17	4.83	3.86
/tɕʰ/	18.53	4.70	4.46
/ts/	16.31	5.64	3.10
/tsʰ/	16.32	4.51	3.71
/tʂ/	14.78	5.37	2.81
/tʂʰ/	14.65	4.56	3.40

1. 谱重心

普通话发音人在发汉语塞擦音时，舌面前送气塞擦音/tɕʰ/的谱重心最大为18.53，在发舌尖后送气塞擦音/tʂʰ/时的谱重心最小为14.65。舌面前送气塞擦音/tɕʰ/和舌尖前送气塞擦音/tsʰ/的谱重心要大于不送气塞擦音的谱重心。舌尖后送气塞擦音/tʂʰ/的谱重心要小于舌尖后不送气塞擦音/tʂ/的谱重心。舌尖前送气塞擦音/tsʰ/与舌尖前不送气塞擦音/ts/的谱重心差值最小为0.01，舌面前送气塞擦音/tɕʰ/与不送气塞擦音/tɕ/谱重心差值最大为0.36。

2. 分散程度

普通话发音人在发舌尖前不送气塞擦音/ts/时的分散程度最大为5.64，在发舌尖前送气塞擦音/tsʰ/时的分散程度值最小为4.51。同一发音部位，送气塞擦音的分散程度均小于不送气塞擦音的分散程度。舌面前送气塞擦音/tɕʰ/与不送气塞擦音/tɕ/分散程度差值最小为0.13，舌尖前送气塞擦音/tsʰ/与不送气塞擦音/ts/的分散程度差值最大为1.13。

3. 摩擦特征指数

普通话发音人在发舌面前送气塞擦音/tɕʰ/时的摩擦特征指数数值最大为4.46,舌尖后不送气塞擦音的摩擦特征指数数值最小为2.81。同一发音部位,送气音的摩擦特征指数数值均大于不送气塞擦音的摩擦特征指数数值,且差值为0.6左右。

二 男性普通话发音人塞擦音数据分析

(一) 时长特征数据分析

首先对男性普通话发音人汉语塞擦音时长特征数据进行分析,利用语音分析软件 Praat 提取出无声闭塞段时长(GAP)和有声摩擦段时长(DOF)数值,并利用 Excel 求出平均值,最后利用前面提到的塞擦音时长性质指数公式即时长性质指数(DI)= DOF/GAP,求出男性普通话发音人汉语塞擦音的时长性质指数数值。具体数据见表4—10。

表4—10　　男性普通话测试员汉语塞擦音时长特征数据

声母	GAP (ms)	DOF (ms)	DI
/tɕ/	88.14	142.02	4.21
/tɕʰ/	111.82	220.40	3.36
/ts/	76.13	85.26	3.35
/tsʰ/	50.58	197.29	3.99
/tʂ/	111.09	64.15	2.82
/tʂʰ/	87.31	193.89	2.76

1. 无声闭塞段

通过观察男性普通话发音人的时长数值表,可以发现舌面不送气音/tɕ/的无声闭塞段时长要小于舌面送气音/tɕʰ/的无声闭塞段时长,且差值为23.68毫秒。舌尖前不送气音/ts/的无声闭塞段时长要大于舌尖前送气音/tsʰ/的,且差值为25毫秒。舌尖后不送气音/tʂ/的无声闭塞段时长要大于舌尖后送气音/tʂʰ/的,且差值为23.78毫秒。男性普通话发音人在发汉语塞擦音时,送气音与不送气音的无声闭塞段时长差值都在23—25毫秒这个范围内。说明在发汉语塞擦音在发音时,不送气音较发送气音需要准备的时间较多,且范围在23—25毫秒内。男性普通话发音人在发汉语塞擦音时,在发舌尖不送气塞擦音/ts/、/tʂ/的无声闭塞段都要比送气塞擦音/tʂʰ/、/tsʰ/的无声闭塞段时长要长。男性普通话发音人在发汉语塞擦音时,无声闭塞段时长最短的是舌尖前送气音/tsʰ/,数值为50.58毫秒;无声闭塞段时长数值最大的是舌面送气音/tɕʰ/,数值为111.82毫秒。

2. 有声摩擦段

男性普通话发音人在发汉语舌面前送气塞擦音/tɕʰ/与不送气塞擦音/tɕ/的有声摩擦段时长差值最小为78.38毫秒,舌尖后不送气塞擦音/tʂ/与送气塞擦音/tʂʰ/的有声摩擦段时长差值最大为129.74毫秒,舌尖前不送气塞擦音/ts/与送气塞擦音/tsʰ/的有声摩擦段时长差值为112.03毫秒。由此可以看出,男性普通话发音人的不送气塞擦音的有声摩擦段时长均小于送气音的有声摩擦段时长且差值均在78毫秒以上,总体差值范围在78—130之间。同一发音部位送气音与不送气音的有声摩擦段差值最小的是舌面塞擦音/tɕ/、/tɕʰ/这一组,数值为78.38毫秒;同一发音部位有声摩擦段数值差距最大的是舌尖后塞擦音/tʂ/、/tʂʰ/这一组,数值为129.74毫秒。总体来看,男性普通话发音人在发汉语塞擦音时有声摩擦段时长最短的是舌尖后不送气/tʂ/这个音,有声摩擦段时长为64.15毫秒;有声摩擦段时长最长的是舌面送气音/tɕʰ/,数值为220.4毫秒。通过观察男性普通话发音人汉语塞擦音时长性质数据表,我们可以发现总体上无声闭塞段的数值都小于有声摩擦段的数值只有/tʂ/这一组例外。

3. 时长性质指数

从表中可以看出男性普通话发音人在发舌尖后不送气/tʂ/时的时长性质指数值最小为0.58,在发舌尖前送气塞擦音/tsʰ/时的时长性质指数数值最大为3.45,总的来看塞擦音的时长性质指数数值在0.5—3.5之间。从送气音与不送气音的时长性质指数差值角度来看,在发舌面前塞擦音/tɕ/、/tɕʰ/时的差值最小为0.85,在发舌尖前塞擦音/ts/、/tsʰ/时的差值最大为2.03,总的来说,男性普通话发音人送气音与不送气音的时长性质指数差值在0.8—1.9之间。

(二)摩擦特征数据分析

首先对男性普通话发音人汉语塞擦音摩擦特征数据进行分析,利用语音分析软件 Mini-Speech Lab 提取出谱重心（COG）和分散程度（DIS）数值，并利用 Excel 求出平均值，最后利用前面提到的塞擦音摩擦性质指数公式即摩擦性质指数（FI）＝COG/DIS，求出男性普通话发音人汉语塞擦音的摩擦性质指数数值。具体数据见表 4—11。

表 4—11　　　　　　男性普通话发音人汉语塞擦音摩擦数据

声母	COG（ms）	DIS（ms）	FI
/tɕ/	17.91	4.41	4.21
/tɕʰ/	17.76	5.32	3.36
/ts/	15.05	4.94	3.35
/tsʰ/	16.44	4.77	3.99
/tʂ/	15.43	5.55	2.82
/tʂʰ/	15.00	5.49	2.76

1. 谱重心

男性普通话发音人在发舌尖后送气塞擦音/tʂʰ/时的谱重心最小为 15，在发舌面前不送气塞擦音/tɕ/时的谱重心最大为 17.91，总的来说，男性普通话发音人的谱重心在 15—18 之间。男性普通话发音人同一发音部位的不送气塞擦音的谱重心值要小于送气音，除了舌面这个发音部位。男性普通话发音人在发舌面前送气塞擦音/tɕʰ/与不送气塞擦音/tɕ/的谱重心差值最小为 0.15，舌尖前送气塞擦音/tsʰ/与不送气塞擦音/ts/的谱重心差值最大为 1.39。

2. 分散程度

男性普通话发音人在发舌面前不送气塞擦音/tɕ/时的分散程度最小为 4.41，在发舌尖后不送气塞擦音/tʂ/时分散程度最大为 5.55，总的来说，男性普通话发音人在发汉语塞擦音时的分散程度范围在 4.4—5.5 之间。男性普通话发音人在发舌面前送气/tɕʰ/与不送气塞擦音/tɕ/的分散程度差值最小为 0.15，在发舌尖前送气/tsʰ/与不送气塞擦音/ts/的分散程度差值最大为 1.39，总的来说，送气音与不送气音的分散程度差值范围在 0.15—1.4。男性普通话发音人同一发音部位的不送气塞擦音的分散程度数值要大于送气音，但舌面塞擦音/tɕ/、/tɕʰ/这一组例外。

3. 摩擦性质指数

男性普通话发音人在发舌尖后送气塞擦音/tʂʰ/时的摩擦性质指数数值最小为2.76，在发舌面前不送气塞擦音/tɕ/时的摩擦性质指数数值最大为4.21，总的来说，男性普通话发音人的摩擦性质指数数值在2.7—4.3。从送气音与不送气音的摩擦性质指数差值来看，男性普通话发音人在发舌尖后塞擦音/tʂ/、/tʂʰ/时的差值最小为0.06，在发舌面前塞擦音/tɕ/、/tɕʰ/时的差值最大为0.85，总的来看，送气音与不送气音摩擦性质指数差值在0.06—0.9之间。

三 女性普通话发音人塞擦音数据分析

（一）时长特征数据分析

首先对女性普通话发音人汉语塞擦音时长特征数据进行分析，利用语音分析软件Praat提取出无声闭塞段时长（GAP）和有声摩擦段时长（DOF）数值，并利用Excel求出平均值，最后利用前面提到的塞擦音时长性质指数公式即时长性质指数（DI）= DOF/GAP，求出女性普通话发音人汉语塞擦音的时长性质指数数值。具体数据见表4—12。

表4—12　　　　女性普通话发音人汉语塞擦音时长特征数据

声母	GAP（ms）	DOF（ms）	DI
/tɕ/	68.08	130.47	2.06
/tɕʰ/	46.87	205.75	4.99
/ts/	55.32	96.08	1.85
/tsʰ/	60.75	142.08	2.42
/tʂ/	134.10	63.21	0.60
/tʂʰ/	71.14	164.48	2.52

1. 无声闭塞段

女性普通话发音人在发塞擦音时，除了舌尖前塞擦音/ts/、/tsʰ/，其他部位的塞擦音都是不送气塞擦音的无声闭塞段时长要大于送气音的无声闭塞段时长。而舌尖前不送气塞擦音/ts/的无声闭塞段时长要小于送气音/tsʰ/的无声闭塞段时长。在发舌尖后这一部位的塞擦音，不送气塞擦音/tʂ/的无声闭塞段时长与送气音/tʂʰ/的无声闭塞段时长差值最大，为62.96毫秒。在发舌尖前这一部位的塞擦音时，不送气音/ts/与送气音/tsʰ/之间的无声闭塞段时长差值最小为8.43毫秒。总体上看，女性普通话发音人送气塞擦音与不送气塞擦音的无声闭塞段差值在8—62之间。在发舌尖后不送气塞擦音/tʂ/时的无声闭塞段时长最长为134.1毫秒；在舌面送气塞擦音/tɕʰ/时无声闭塞段时长最小为46.87毫秒。

2. 有声摩擦段

不论何种发音部位，女性普通话发音人在发不送气塞擦音时的有声摩擦段时长均要大于送气音的有声摩擦段时长。在发舌尖前塞擦音时，不送气音/ts/与送气音/tsʰ/的有声摩擦段时长差值最小为46毫秒；在发舌尖后塞擦音时，送气音/tʂʰ/与不送气音/tʂ/的有声摩擦段时长差值最大为101.27毫秒。总体上看，女性普通话发音人在发送气音与不送气音的有声摩擦段时长差值在46—101之间。在发舌面送气塞擦音/tɕʰ/时的有声摩擦段时长数值最大为205.75毫秒；在发舌尖后不送气音/tʂ/时，有声摩擦段时长数值最小为63.21毫秒。女性普通话发音人所发的塞擦音无声闭塞段时长均小于有声摩擦段时长，除了舌尖后不送气塞擦音/tʂ/。女性普通话发音人在发不送气音时的有声摩擦段时长与无声闭塞段时长的差值要小于送气音的有声摩擦段时长与无声闭塞段时长的差值。女性普通话发音人在发舌面送气音/tɕʰ/时有声摩擦段和无声闭塞段的时长差值最大，为158.88毫秒；在发舌尖前不送气音/ts/的有声摩擦段和无声闭塞段时长差值数值最小，为43.76毫秒。

3. 时长性质指数

从表4—12可以看出，女性普通话发音人在发舌尖后不送气塞擦音/tʂ/时的时长性质指数值最小为0.6，在发舌面前送气塞擦音/tɕʰ/时的时长性质指数值最大为4.99，总的来说，女性普通话发音人在发塞擦音时的时长性质指数值在0.6—5之间。从送气音与不送气音的时长性质指数差值角度来看，在发舌尖前塞擦音/ts/、/tsʰ/时的差值为小为0.57，在发舌面前塞擦音/tɕ/、/tɕʰ/时的差值最大为2.93，总的来说，送气音与不送气音的时长性质指数差值在0.5—3之间。

(二) 摩擦特征数据分析

首先对女性普通话发音人汉语塞擦音摩擦特征数据进行分析，利用语音分析软件 Mini-Speech Lab 提取出谱重心（COG）和分散程度（DIS）数值，并利用 Excel 求出平均值，最后利用前面提到的塞擦音摩擦性质指数公式即摩擦性质指数（FI）= COG/DIS，求出女性普通话发音人汉语塞擦音的摩擦性质指数数值。具体数据见表4—13。

表4—13　　　　　女性普通话发音人汉语塞擦音摩擦数据

声母	COG（ms）	DIS（ms）	FI
/tɕ/	18.44	5.26	3.52
/tɕʰ/	19.31	4.08	5.55
/ts/	17.57	6.33	2.86
/tsʰ/	16.19	4.26	3.97
/tʂ/	14.14	5.20	2.79
/tʂʰ/	14.29	3.62	4.04

1. 谱重心

女性普通话发音人在发舌尖后不送气塞擦音/tʂ/时的谱重心最小为14.14，在发舌面前送气塞擦音/tɕʰ/时的谱重心最大为19.31，总的来说，女性普通话发音人在发塞擦音时的谱重心在14—19.4之间。从送气音与不送气音的谱重心差值来看，女性普通话发音人在发舌尖后塞擦音/tʂ/、/tʂʰ/时的差值最小为0.15，在发舌尖前塞擦音/ts/、/tsʰ/时的差值最大为1.38，总的来说，送气音与不送气音的谱重心差值在0.15—1.4之间。女性普通话发音人同一发音部位送气音的谱重心值大于不送气音的，除了舌尖前这个发音部位。

2. 分散程度

女性普通话发音人在发舌尖后送气塞擦音/tʂʰ/时的分散程度最小为3.62，在发舌尖前不送气塞擦音/ts/时的分散程度最大为6.33，总的来说，女性普通话发音人在发塞擦音时的分散程度在3.6—6.4之间。从送气音与不送气音的分散程度差值上来看，女性普通话发音人在发舌面前塞擦音/tɕ/、/tɕʰ/时的差值最小为1.18，在发舌尖前塞擦音/ts/、/tsʰ/时的差值最大为2.07，总的来说，送气塞擦音与不送气塞擦音的分散程度差值在1.1—2.1之间。女性普通话发音人同一发音部位送气音的分散程度值均大于不送气音的。

3. 摩擦性质指数

女性普通话发音人在发舌尖后不送气塞擦音/tʂ/时的摩擦性质指数数值最小为2.79，在发舌面前送气塞擦音/tɕʰ/时的摩擦性质指数数值最大为5.55，总的来说，塞擦音的摩擦性质指数数值在2.7—5.6之间。从送气音与不送气音的摩擦性质指数差值这个角度来说，女性普通话发音人在发舌尖前塞擦音/ts/、/tsʰ/时的差值最小为1.11，在发舌面前塞擦音/tɕ/、/tɕʰ/时的差值最大为2.03，总的来说，送气音与不送气音的摩擦性质指数差值在1.1—2.1之间。女性普通话发音人送气音的摩擦性质指数均要大于不送气音的摩擦性质指数。

第五节　普通话发音人塞擦音格局特征表现

本节从格局的角度对普通话发音人汉语塞擦音的格局特征表现进行描述。按照总体格局特征表现、男性普通话发音人格局特征表现和女性普通话发音人格局特征表现三个部分进行说明。

一　普通话发音人汉语塞擦音时长格局图

影响塞擦音时长性质的两个声学参量为无声闭塞段时长和有声摩擦段时长，利用前面的时长特征数据表中的 GAP 和 DOF 数值将这两个数据绘制成二维坐标图即可得到时长格局图。

（一）普通话发音人汉语塞擦音时长格局图

将普通话发音人汉语塞擦音时长特征数据表中无声闭塞段时长和有声摩擦段时长数据提取出来，绘制成 GAP - DOF 二维坐标图，得到普通话发音人的塞擦音时长格局图。

从图4—10可以看出，舌尖后不送气塞擦音位于左上顶点位置，舌面前送气塞擦音位于图的最右侧，其他塞擦音散落其中，共同构成了普通话发音人汉语塞擦音的时长格局图。不送气塞擦音均位于图的左侧，送气塞擦音均位于图的右侧，送气塞擦音和不送气塞擦音分别形成了两个聚合，送气塞擦音的聚合较为集中。舌尖送气塞擦音/tsʰ/、/tʂʰ/均在舌尖不送气塞擦音/ts/、/tʂ/的上方。

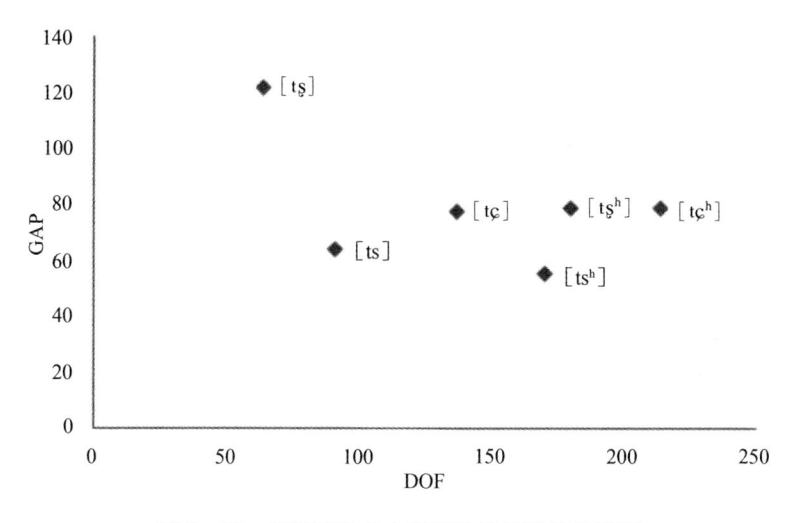

第四章 塔吉克族汉语塞擦音习得研究 / 147

图4—10 普通话发音人汉语塞擦音时长格局图

(二) 男性普通话发音人汉语塞擦音时长格局图

将男性普通话发音人汉语塞擦音时长特征数据表中无声闭塞段时长和有声摩擦段时长数据提取出来，绘制成 GAP‑DOF 二维坐标图，得到男性普通话发音人的塞擦音时长格局图。

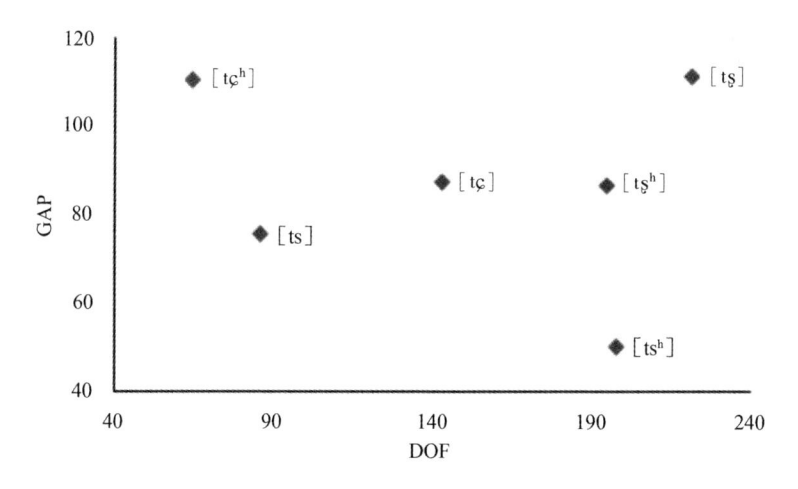

图4—11 男性普通话发音人汉语塞擦音时长格局图

送气塞擦音/tɕʰ/、/tsʰ/、/tʂʰ/和不送气塞擦音/tɕ/、/tʂ/、/ts/形

成了两个聚合，两个聚合之间大约有20毫秒的空白区域，这是由于送气塞擦音在持阻的阶段气流不断积累，等到除阻阶段，阻碍解除，此时，持阻阶段所积累的气流需要大量的时间才能释放出来，所以需要花较长的时间才能过渡到元音发音上，因此三个送气塞擦音的有声摩擦段时长均大于190毫秒。而不送气塞擦音则没有这样的情况，不送气音所需要释放的气流较少，所以在阻碍解除后，需要的时间更短，因此造成了送气音和不送气音在时长格局图上出现了一个明显的空白。不送气塞擦音的聚合整体上要比送气塞擦音的聚合靠上，这是由于送气音在发音过程中需要有大量气流送出，所以持阻阶段难以维持较长时间，而不送气音在发音过程中没有大量气流需要送出，所以持阻阶段维持的时间长。

从图4—11可以看出，舌尖后不送气塞擦音/tʂ/位于图右上顶点位置，舌面前送气塞擦音/tɕʰ/位于图左上角位置，舌尖前送气塞擦音/tsʰ/位于图的最下方，其他塞擦音散落其中，共同构成了男性普通话发音人汉语塞擦音的时长格局图。不送气塞擦音/ts/、/tʂ/、/tɕ/位于图的左侧，送气塞擦音/tsʰ/、/tʂʰ/、/tɕʰ/位于图的右侧，分别形成了两个聚合，中间有一段空白段落。从有声摩擦段时长角度看，送气音塞擦音要比不送气塞擦音的时长多30毫秒以上。在不送气塞擦音的聚合中，有声摩擦段时长的大小比较为/tʂ/＜/tɕ/＜/ts/，其中舌尖后不送气塞擦音/tʂ/处于时长格局图左上角顶点位置，其有声摩擦段时长值最小，舌尖前不送气塞擦音/ts/是不送气塞擦音中有声摩擦段时长最大的。舌面前送气塞擦音/tɕʰ/在不送气塞擦音/tɕ/的上方，舌尖送气塞擦音/tsʰ/、/tʂʰ/在不送气塞擦音/ts/、/tʂ/的下方。综合比较可以发现不送气音不论是在有声摩擦段时长还是在无声闭塞段时长上跨度都要大于送气音。以舌面前不送气塞擦音/tɕ/为分界点，舌尖不送气塞擦音/tʂ/和/ts/在图的左侧形成一个聚合，舌尖送气音/tsʰ/、/tʂʰ/和舌面前送气塞擦音/tɕʰ/在图的右侧形成了一个聚合。同一发音部位的不送气塞擦音均在送气塞擦音的左侧，这说明不送气塞擦音的有声摩擦段时长均小于送气塞擦音的。舌尖这一发音部位的不送气塞擦音均在送气塞擦音上方，这说明不送气塞擦音的无声闭塞段时长均要小于送气塞擦音。同时，舌面塞擦音和舌尖前塞擦音的无声闭塞段时长和有声摩擦段时长成此消彼长的反比关系。

(三) 女性普通话发音人汉语塞擦音时长格局图

将女性普通话发音人汉语塞擦音时长特征数据表中无声闭塞段时长和有声摩擦段时长数据提取出来，绘制成 GAP – DOF 二维坐标图，得到女性普通话发音人的塞擦音时长格局图。

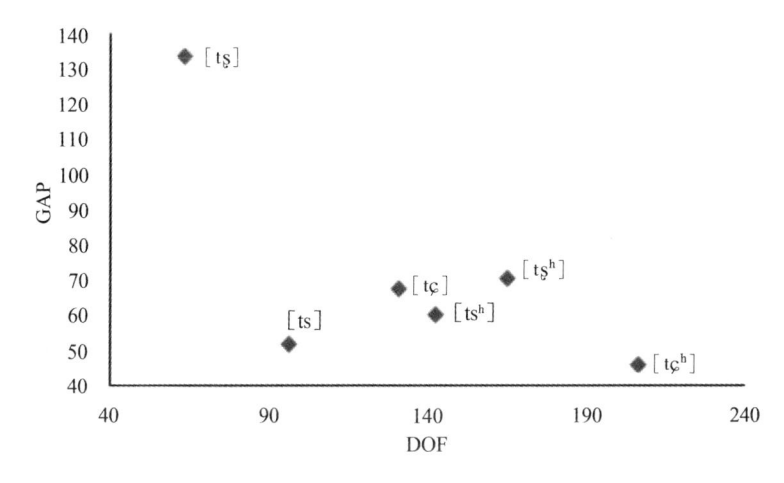

图 4—12　女性普通话发音人汉语塞擦音时长格局图

从图 4—12 中可以看出，舌尖后不送气塞擦音 /tʂ/ 位于时长格局图左侧顶点的位置，舌面前送气塞擦音 /tɕʰ/ 位于图中右下最低点的位置，其他塞擦音分布其中，共同构成了女性普通话发音人的时长格局图。女性普通话发音人的送气音和不送气音也形成了两个聚合，但是之间的空白段较少，只有 11 毫秒左右。舌面前塞擦音 /tɕ/、/tɕʰ/ 和舌尖后塞擦音 /tʂ/、/tʂʰ/ 的有声摩擦段时长越大其无声闭塞段时长越小，由此可以看出有声摩擦段时长和无声闭塞段时长的对应关系此消彼长，有声摩擦段时长与无声闭塞段时长呈反比关系。

二　普通话发音人汉语塞擦音摩擦格局图

影响塞擦音摩擦性质的两个声学参量为谱重心和分散程度，利用前面的摩擦特征数据表中的 COG 和 DIS 数值将这两个数据绘制成二维坐标图即可得到摩擦格局图。

(一) 普通话发音人汉语塞擦音摩擦格局图

将普通话发音人汉语塞擦音摩擦特征数据表中谱重心和分散程度数

据提取出来，绘制成 DIS – COG 二维坐标图，得到普通话发音人的汉语塞擦音摩擦格局图。

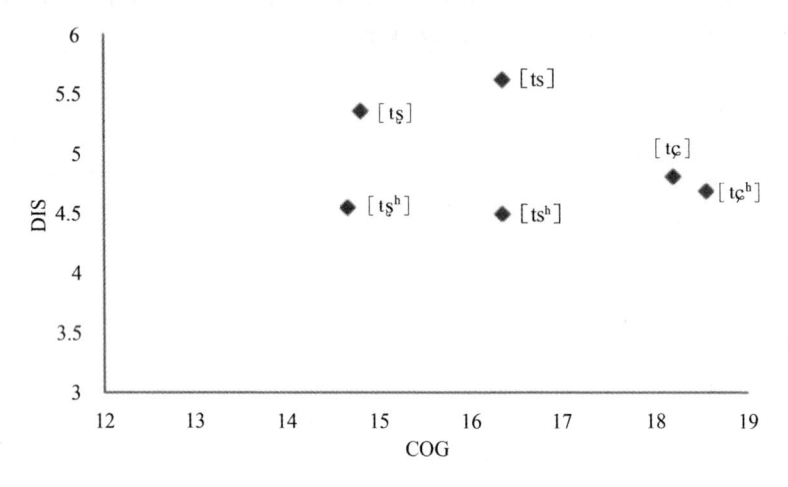

图 4—13　普通话发音人汉语塞擦音摩擦格局图

从图 4—13 可以看出，舌尖前不送气塞擦音/ts/位于图的顶点位置，舌面前送气塞擦音/tɕʰ/位于图的最右侧，舌尖后送气塞擦音/tʂʰ/位于图的最左侧，其他塞擦音散落其中，共同构成了普通话发音人的汉语塞擦音摩擦格局图。同一发音部位，不送气塞擦音均位于送气塞擦音上方。舌尖塞擦音/ts/、/tsʰ/、/tʂ/、/tʂʰ/位于图的左侧，舌面塞擦音/tɕ/、/tɕʰ/位于图的右侧，分别形成了两个聚合。同一发音部位的塞擦音，分布较为集中。

（二）男性普通话发音人汉语塞擦音摩擦格局图

将男性普通话发音人汉语塞擦音摩擦特征数据表中谱重心和分散程度数据提取出来，绘制成 DIS – COG 二维坐标图，得到男性普通话发音人的汉语塞擦音摩擦格局图。

从图 4—14 中可以看出，舌尖后送气塞擦音/tʂʰ/位于图中左上顶点处，舌面前不送气塞擦音/tɕ/位于图中最右侧，其他塞擦音分布其中共同构成男性普通话发音人的摩擦格局图。从聚合情况来看，舌面塞擦音/tɕ/、/tɕʰ/在图中右侧形成聚合。从送气音和不送气音的位置角度来看，舌面送气音/tɕʰ/位于舌面不送气音/tɕ/的左上位置，舌尖后送气音/tʂʰ/

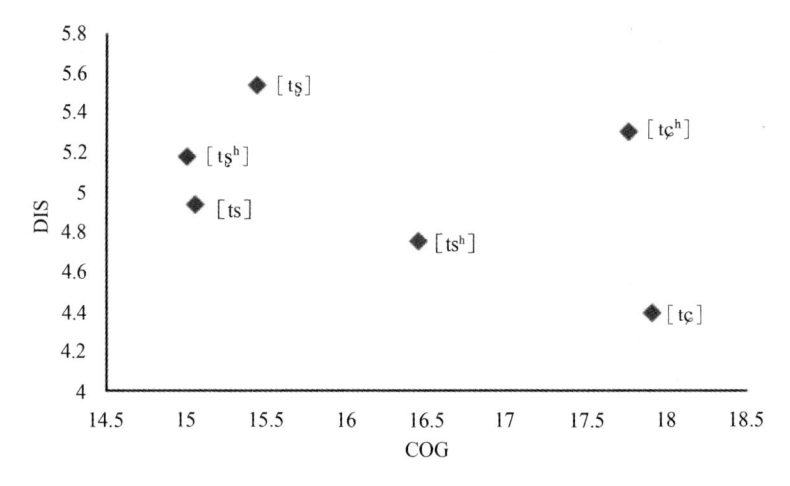

图4—14 男性普通话发音人汉语塞擦音摩擦格局图

位于舌尖后不送气音/tʂ/的左下位置,舌尖前送气音/ts/位于舌尖前不送气音/tsʰ/的右侧。总体上同一发音部位的送气音都位于不送气音的左侧,除舌尖前这一发音部位以外。

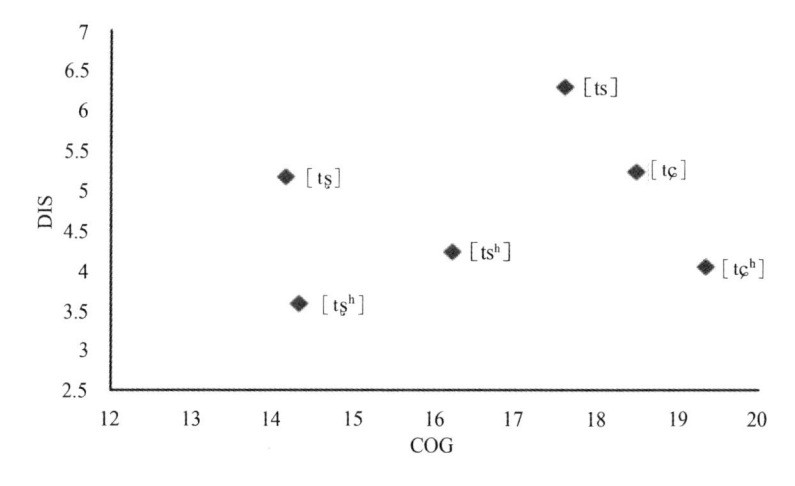

(三) *女性普通话发音人汉语塞擦音摩擦格局图*

将女性普通话发音人汉语塞擦音摩擦特征数据表中谱重心和分散程度数据提取出来,绘制成DIS – COG 二维坐标图,得到女性普通话发音人的汉语塞擦音摩擦格局图。

图4—15 女性普通话发音人汉语塞擦音摩擦格局图

从图4—15可以看出，女性普通话发音人的塞擦音分布较为集中，其中舌尖前不送气塞擦音/ts/位于图中顶点位置。从送气音和不送气音的位置上来看，女性普通话发音人的不送气塞擦音靠上，其分散程度较送气音的要大。舌面前送气塞擦音/tɕʰ/位于图的最右侧，舌尖后不送气音/tʂ/位于图的最左侧，其他塞擦音散落其中，共同构成了女性普通话发音人的摩擦格局图。同一发音部位的送气塞擦音均位于不送气塞擦音的下方。这说明女性普通话发音人在发不送气音时发音器官之间摩擦缝隙较大，气流泄漏面积较宽，多为平流；在发送气音时能量分布在较高频区域，其分散程度较低，说明发音时发音器官之间的摩擦缝隙较小导致气流流出面积小，多为湍流。

三 普通话发音人汉语塞擦音格局图

影响塞擦音性质的两个声学参量为时长性质指数和摩擦性质指数，利用前面的时长特征数据表和摩擦特征数据表中的 DI 和 FI 数值将这两个数据绘制成二维坐标图即可得到塞擦音格局图。

（一）普通话发音人汉语塞擦音格局图

将总体普通话发音人汉语塞擦音时长特征数据表和摩擦特征数据表中时长性质指数和摩擦性质指数数据提取出来，绘制成 DI - FI 二维坐标图，得到普通话发音人的汉语塞擦音格局图。

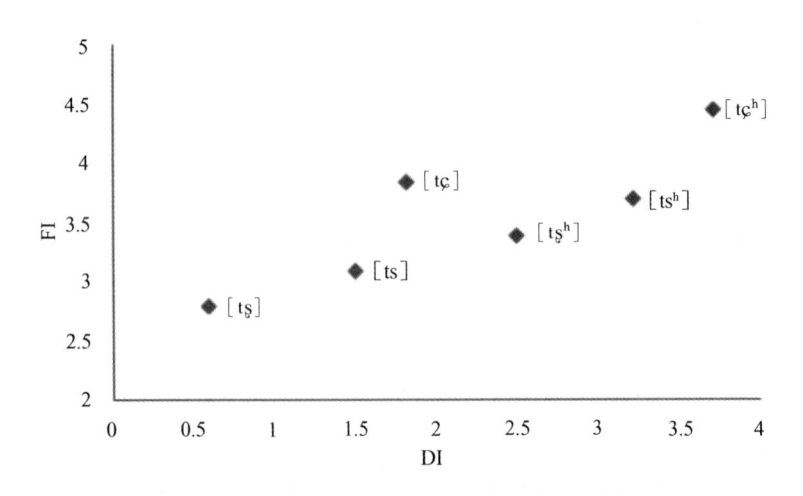

图4—16 普通话发音人汉语塞擦音格局图

图4—16中可以看出，舌尖后不送气塞擦音/tʂ/位于图的左下方，舌面前送气塞擦音/tɕʰ/位于图右上顶点的位置，其他塞擦音散落其中，共同构成了总体普通话发音人的汉语塞擦音格局图。同一发音部位，送气塞擦音均位于不送气塞擦音的上方。不送气塞擦音/ts/、/tʂ/、/tɕ/均位于图的左侧，送气塞擦音/tsʰ/、/tʂʰ/、/tɕʰ/位于图的右侧，分别形成了两个聚合。

（二）男性普通话发音人汉语塞擦音格局图

将男性普通话发音人汉语塞擦音时长特征数据表和摩擦特征数据表中时长性质指数和摩擦性质指数数据提取出来，绘制成 DI-FI 二维坐标图，得到男性普通话发音人的汉语塞擦音格局图。

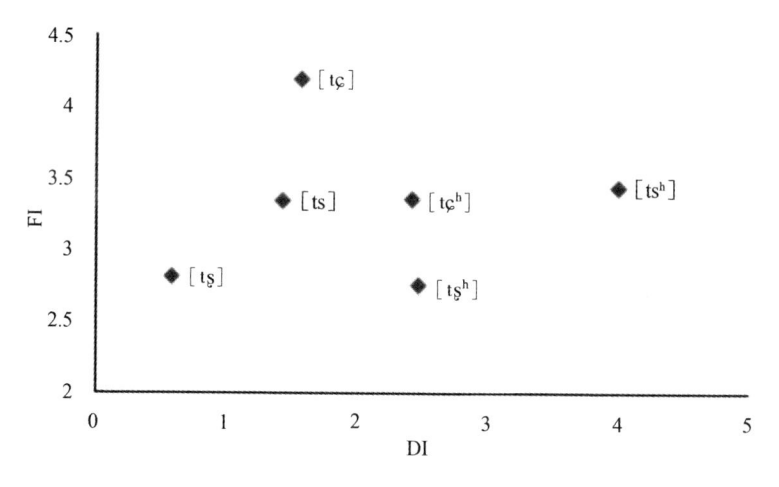

图4—17 男性普通话发音人汉语塞擦音格局图

舌尖后不送气塞擦音/tʂ/位于图中左下角位置，舌尖前送气塞擦音/tsʰ/位于右上角位置，其他塞擦音分散其中，共同构成男性普通话发音人的塞擦音格局图。从聚合角度来看，男性普通话发音人的送气音和不送气音形成了两个聚合，中间的空隙大约为0.85。男性普通话发音人的送气塞擦音聚合位于右下，不送气塞擦音的聚合位于左上。从时长性质指数来看，送气塞擦音的时长性质指数数值要大，表明送气塞擦音的有声摩擦段要长一些，无声闭塞段相对短一些；从摩擦性质指数上看，送气音除舌面前这个发音部位的摩擦性质指数数值要大，表明送气音的谱重心很高，分散程度很低。不送气音反之。男性普通话发音人的摩擦性质指数和时长性质指数基本呈现此消彼长的反比关系。同一发音部位，送气塞擦音的时长性质指数要大于不送气音的，送气音的摩擦性质指数要小于不送气音的。

(三) 女性普通话发音人汉语塞擦音格局图

将女性普通话发音人汉语塞擦音时长特征数据表和摩擦特征数据表中时长性质指数和摩擦性质指数数据提取出来，绘制成 DI – FI 二维坐标图，得到女性普通话发音人的汉语塞擦音格局图。

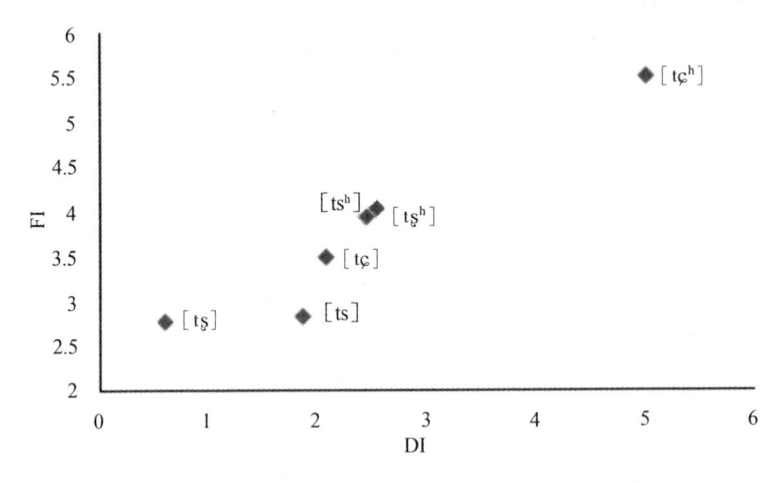

图4—18　女性普通话发音人汉语塞擦音格局图

从图4—18中可以看出，舌尖后不送气塞擦音/tʂ/位于图中最左侧，舌面前送气塞擦音/tɕʰ/位于图中右上顶点处，其他塞擦音分布其中，共同构成女性普通话发音人的塞擦音格局图。从聚合角度来看，女性普通话发音人送气音和不送气音的聚合空隙变小，只有0.36。不送气音/tɕ/、/ts/、/tʂ/的聚合位于左下方，送气音/tɕʰ/、/tsʰ/、/tʂʰ/的聚合位于右上方。从上图中可以看出，女性普通话发音人不论送气音还是不送气音的摩擦性质指数都要大于时长性质指数。女性普通话发音人不送气音的时长性质指数和摩擦性质指数均小于送气音。

第六节 塔汉塞擦音数据及格局对比分析

本节将塔吉克族与普通话发音人的各项数据和图表放在一起比对，从而探究塔吉克族在习得汉语塞擦音时的特点。

一 塞擦音数据对比分析

将塔吉克族与普通话发音人的各项数据进行对比分析，从而探究塔吉克族在习得汉语塞擦音时存在的特点。各项数据表在前文已经列举，此处就不再列举。

（一）时长特征数据对比分析

从影响时长特征的三个声学参量入手，进行对比分析。得出塔吉克族在习得汉语塞擦音的时长特征上存在的特点。由于在分析时长特征时需要各项声学参量之间进行比较，在此就不按照无声闭塞段时长、有声摩擦段时长和时长性质指数分类描写。而是将这三个声学参量综合进行分析。

1. 塔吉克族与普通话发音人时长特征数据对比分析

塔吉克族在发舌面前塞擦音/tɕ/、/tɕʰ/的无声闭塞段时长要长于普通话发音人的，而有声摩擦段时长要小于普通话发音人的。塔吉克族在发舌尖前塞擦音/ts/、/tʂʰ/时都存在无声闭塞段时长要长于普通话发音人的，舌尖前不送气塞擦音/ts/的有声摩擦段时长与普通话发音人的较为一致，舌尖前送气塞擦音/tsʰ/的有声摩擦段时长要长于普通话发音人的。塔吉克族在发舌尖后不送气塞擦音/tʂ/时的无声闭塞段时长要长于普通话发音人的，有声摩擦段时长与普通话发音人的时长相差不大。塔吉克族在发舌尖后送气塞擦音/tʂʰ/时的无声闭塞段时长要短于普通话发音人的，有声摩擦段时长要长于普通话发音人的。

总体上看，塔吉克族在发舌面前塞擦音/tɕ/、/tɕʰ/时"塞"的准备时间过久，而"擦"的部分准备较为仓促。在发舌尖前塞擦音/ts/、/tʂʰ/准备时间较久，可能是由于对这两个音不够熟练，舌尖前送气塞擦音/tsʰ/的"擦"的部分耗时较长，肌肉动程耗时较长，而由于这个音前期"塞"部分也花费了较多时间，总体听感上较为和谐，在日后教学中加强这个音的练习，塔吉克族经过一定量的练习之后会掌握得较好。塔吉克族在发舌尖后不送气塞擦音/tʂ/"塞"的部分耗时较久而"擦"的部分用时正常。这在一定程度上会造成听感上的不和谐，因此在教学过程中需要先让塔吉克族对汉语塞擦音熟悉起来，减少他们因思考产生的耗时，在一定程度上可以减少前期阻塞部分的耗时。

总体上看，塔吉克族对于六个汉语塞擦音/ts/、/tsʰ/、/tʂ/、/tʂʰ/、/tɕ/、/tɕʰ/掌握的最差的就是舌尖后送气塞擦音/tʂʰ/，不管是无声闭塞段时长还是有声摩擦段时长都与普通话发音人的截然相反，阻塞部分耗时过少而除阻部分耗时过久。塔吉克族的时长性质指数与普通话发音人的较为一致，说明塔吉克族发汉语塞擦音时有声摩擦段与无声闭塞段的总体关系与普通话发音人的较为一致，对于有声摩擦段与无声闭塞段时间分配掌握的较好。

2. 塔吉克族男性与男性普通话发音人时长特征数据对比分析

在发舌面塞擦音时，塔吉克族男性不论送气与否，无声闭塞段时长和有声摩擦段时长都要小于男性普通话发音人，这说明塔吉克族男性在发汉语舌面塞擦音/tɕ/、/tɕʰ/时肌肉没有准备好就开始发音，发音准备过程较为急促。在有声摩擦段时长上面，塔吉克族男性的时长要比男性普通话发音人小58.56毫秒和66.27毫秒，总体上塔吉克族男性在发舌面塞擦音/tɕ/、/tɕʰ/时，口腔肌肉没有准备好就开始发音，且发音过程较为急促。这说明塔吉克族男性对于舌面前塞擦音/tɕ/、/tɕʰ/的时间长短掌握得并不好。在发舌尖前塞擦音/ts/、/tsʰ/时，塔吉克族男性不论送气与否，无声闭塞段时长均长于男性普通话发音人。这说明塔吉族克男性在发塞擦音的准备时间上存在一定的偏差。在发舌尖前塞擦音/ts/、/tsʰ/时塔吉克族男性的有声摩擦段时长较男性普通话发音人时长要长，除了舌尖前送气音/tsʰ/这一个特例。这说明塔吉克族男性在准备发舌尖前塞擦音/ts/、/tsʰ/时较为拖沓，这可能与他们不够熟悉汉语的舌尖前塞擦音有关。在发舌尖后塞擦音/tʂ/、/tʂʰ/时，塔吉克族男性不论是送气音还是不送气音的无声闭塞段和有声摩擦段时长都要长于男性普通话发音人的，除了舌尖后不送气塞擦音/tʂ/的有声摩擦段时长。这说明塔吉克族男性在发塞擦音的准备时间上存在着一定的偏差，同时有声摩擦段时长长意味着塔吉克族男性在发音时较为拖沓。通过观察男性普通话发音人的数据表，可以发现不送气塞擦音/ts/、/tʂ/、/tɕ/的有声摩擦段时长均要小于送气音/tsʰ/、/tʂʰ/、/tɕʰ/的有声摩擦段时长。除了舌面前发音部位的塞擦音/tɕ/、/tɕʰ/，不送气塞擦音的无声闭塞段时长均要小于送气塞擦音的无声闭塞段时长。从塞擦音的无声闭塞段来看，总体上塔吉克族男性跟普通话发音人数值相差较大，数值差最小的音是/tʂ/，差8.51；数值差最大的音是/tsʰ/，差36.77。塔吉克族男性发舌面前不送气音/tɕ/和舌面前送气音/tcʰ/时的无声闭塞段要比男性普通话发音人的要短。塔吉克族男性发普通话舌面塞擦音发音不标准的原因之一在于无声闭塞段时间太短，送气与不送气塞擦音的无声闭塞段时长差值不够。塔吉克族男性发舌尖前不送气音/ts/、舌尖前送气音/tsʰ/、舌尖后不送气音/tʂ/和舌尖后送气音/tʂʰ/时，无声闭塞段时长要比普通话发音人的时长要长。塔吉克族男性的送气音与不送气音无声闭塞段差值也较男性普通话发音人的小。前文分析了男性普通话发音人送气音与不送气音的无声闭塞段差值均在20毫秒以上，而塔吉克族男性送气音与不送气音无声闭塞段差值只有舌面前塞擦音/tɕ/、/tɕʰ/这一组达到20毫秒以上，舌尖前送气/tsʰ/与不送气塞擦音/ts/的无声闭塞段差值只有6毫秒，舌尖后送气/tʂʰ/与不送气塞擦音/tʂ/的无声闭塞段差值为10毫秒，均较男性普通话发音人的20毫秒差异较大。因此，可以看出塔吉克族男性的舌尖送气塞擦音与不送气塞擦音的区别特征上掌握得仍不到位。

在发塞擦音的有声摩擦段上，/tʂ/的时长最短。总体来说，塔吉克族男性发塞擦音的有声摩擦段时长要短于普通话发音人，除了舌尖前不送气音/ts/，由于塔吉克族男性发舌尖后不送气音/tʂ/时与普通话发音人相差仅0.03毫秒，即0.0003秒。由于0.0003秒的数值太小，可以忽略不计。塔吉克族男性发塞擦音舌尖前送气音/tsʰ/、舌面前不送气音/tɕ/和舌面前送气音/tɕʰ/和舌尖后送气音/tʂʰ/不标准的原因之一可能是有声摩擦段时间过短。从送气音与不送气音有声摩擦段差值来看，塔吉克族男性只有舌面前塞擦音/tɕ/、/tɕʰ/达到男性普通话发音人的差值标准范围内。塔吉克族男性在发舌尖送气音/tsʰ/、/tʂʰ/与不送气音塞擦音/ts/、/tʂ/的有声摩擦段时长差值较普通话发音人的相差较大，为77毫秒。据此可以分析出塔吉克族男性舌尖塞擦音/ts/、/tsʰ/、/tʂ/、/tʂʰ/发音不标准的原因是由于送气音与不送气音的有声摩擦段差值过小，这说明在发音过程中送气音与不送气音在摩擦段时长上并没有区分出来。

总体上看，塔吉克族男性在发不送气时的有声摩擦段时长要小于送气音的。在无声闭塞段时长上面，塔吉克族男性与男性普通话发音人的有声摩擦段时长与无声闭塞段时长相对应关系也基本保持一致。这说明塔吉克族男性对汉语普通话塞擦音送气与否已经有所区分。

综合比较无声闭塞段时长和有声摩擦段时长可以发现：塔吉克族男性的送气塞擦音的有声摩擦段时长都要比男性普通话发音人的短。塔吉克族男性在发舌面塞擦音时不论无声闭塞段还是有声摩擦段的时长都比男性普通话发音人的要短。塔吉克族男性在发舌尖送气塞擦音/tsʰ/、/tʂʰ/时的有声摩擦段要比男性普通话发音人的短。塔吉克族男性在发舌尖塞擦音时，不论是送气音还是不送气音的无声闭塞段都要比普通话发音人的无声闭塞段时长要长。塔吉克族男性在发舌尖不送气塞擦音/ts/、/tʂ/的时候，有声摩擦段要比男性普通话发音人的时长要长。塔吉克族男性在发塞擦音送气音与不送气音的有声摩擦段时长差值均较小，其中舌尖塞擦音/ts/、/tsʰ/、/tʂ/、/tʂʰ/最为明显，这说明舌尖塞擦音送气与否的区别特征掌握得仍不到位。

3. 塔吉克族女性与女性普通话发音人时长特征数据对比分析

在发舌面塞擦音时，女性普通话发音人的不送气塞擦音的无声闭塞段时长要大于送气音，有声摩擦段时长要小于送气音。在这一点上，塔吉克族女性与女性普通话发音人的无声闭塞段时长和有声摩擦段时长相对应的关系基本保持一致，说明塔吉克族女性可以对于舌面塞擦音送气与否进行区分。在发舌尖前塞擦音/ts/、/tsʰ/时，女性普通话发音人所发不送气音的无声闭塞段时长和有声摩擦段时长均小于送气音的。而塔吉克族女性在发舌尖前不送气音/ts/时，无声闭塞段时长大于送气音的。这说明塔吉克族女性在发不送气音时的准备时间要长于送气音。在发舌尖后塞擦音/tʂ/、/tʂʰ/时，女性普通话发音人的不送气音的无声闭塞段时长大于送气音，不送气音的有声摩擦段时长要小于送气音。在这一点上塔吉克族女性与女性普通话发音人的无声闭塞段时长和有声摩擦段时长相对应关系基本保持一致，说明塔吉克族女性可以对于舌尖后塞擦音送气与否进行区分。总体上看，塔吉克族女性送气音和不送气音的无声闭塞段时长和有声摩擦段时长与女性普通话发音人的基本保持一致，除了舌尖前这一部位的塞擦音/ts/、/tsʰ/。说明总体上塔吉克族女性对于汉语送气与否区别特征掌握不错，但舌尖前这组塞擦音掌握得不够熟练。从送气音与不送气塞擦音的无声闭塞段时长差值上来看，塔吉克族女性在发舌面前送气音/tɕʰ/与不送气音/tɕ/的无声闭塞段时长差值较女性普通话发音人的少9.68毫秒，而舌尖后送气/tʂʰ/与不送气塞擦音/tʂ/的无声闭塞段时长差值较女性普通话发音人的差距较大，为61.68毫秒，在发舌尖前送气/tsʰ/与不送气塞擦音/ts/的无声闭塞段时长差值较女性普通话发音人的大，差值为9.14毫秒。据此看出塔吉克族女性送气塞擦音与不送气塞擦音不标准的原因是无声闭塞段时长差值要么比女性普通话发音人的大，要么比普通话发音人的小，且差值均在9毫秒以上，其中舌尖后送气塞擦音/tʂʰ/与不送气塞擦音/tʂ/的无声闭塞段时长差值较女性普通话发音人的相差最大。由此可以看出塔吉克族女性的舌尖后送气/tʂʰ/与不送气塞擦音/tʂ/在发音上并没有很好区分开来，在日后教学中更需要教师格外关注舌尖后塞擦音/tʂ/、/tʂʰ/的发音。从送气音与不送气音的有声摩擦段时长差值来看，塔吉克族女性对于舌面前这一发音部位的掌握较好，与女性普通话发音人的差值不大；而塔吉克族女性在发舌尖前送气音/tsʰ/与不送气音/ts/的有声摩擦段时长差值较女性普通话发音人的多24毫秒，可见，塔吉克族女性在发舌尖前塞擦音/ts/、/tsʰ/时在摩擦段上时间准备较久。塔吉克族女性在发舌尖后送气/tʂʰ/与不送气塞擦音/tʂ/的有声摩擦段时长差值较女性普通话发音人的少31毫秒，可见，塔吉克族女性在发舌尖后塞擦音的准备时间不充足，导致送气与否的区别特征掌握不到位。

（二）摩擦特征数据对比分析

从影响摩擦特征的三个声学参量入手，进行对比分析。得出塔吉克族在习得汉语塞擦音的时长特征上存在的特点。由于在分析摩擦特征时需要各项声学参量之间进行比较，在此就不按照分散程度、谱重心和摩擦性质指数分类描写。而是将这三个声学参量综合进行分析。

1. 塔吉克族与普通话发音人摩擦特征数据对比分析

塔吉克族在发舌面前塞擦音/tɕ/、/tɕʰ/时的谱重心值大于普通话发音人，这说明塔吉克族在发这两个音时的能量集中区域范围较大。在发舌尖塞擦音/ts/、/tsʰ/、/tʂ/、/tʂʰ/时的谱重心小于普通话发音人，这说明塔吉克族在发这四个音时能量集中区域范围较小。从送气音与不送气音的谱重心关系上来看，塔吉克族在发舌尖前塞擦音/ts/、/ts^h/时送气音与不送气音谱重心关系与普通话发音人的相反。塔吉克族在发舌尖后塞擦音/tʂ/、/tʂ^h/时，送气音与不送气音的谱重心均要大于普通话发音人，这说明塔吉克族在发这两个音时能量集中区域过大。塔吉克族在发汉语六个塞擦音/ts/、/ts^h/、/tʂ/、/tʂ^h/、/tɕ/、/tɕ^h/时的分散程度均小于普通话发音人，这说明塔吉克族对于塞擦音能量分散状态掌握得还不到位。塔吉克族对于送气音与不送气音分散程度对应关系都与普通话发音人的保持一致，这说明对于送气音与不送气音的能量分散状态掌握得较好。塔吉克族在发舌面前塞擦音时，/tɕ/、/tɕ^h/和舌尖后塞擦音/tʂ/、/tʂ^h/的摩擦性质指数较普通话发音人的要小，这说明对于这四个音的谱重心和分散程度分配上还没有达到标准。

总体上来看塔吉克族对于送气音与不送气音的摩擦特征上与普通话发音人的保持一致，对于送气音与不送气音在能量分布状态与能量分散程度掌握得较好。

2. 塔吉克族男性与男性普通话发音人摩擦特征数据对比分析

男性普通话发音人在同一发音部位不送气音的谱重心值小于送气音，除了舌面前塞擦音/tɕ/、/tɕ^h/这一组。但塔吉克族男性只有在发舌面前塞擦音/tɕ/、/tɕ^h/时，送气音的谱重心值大于不送气音的，其他发音部位与普通话发音人送气与否的谱重心值对应关系相反。这说明塔吉克族男性在舌尖塞擦音送气与否的能量分布状态相反。从而导致他们在发汉语舌尖塞擦音/ts/、/ts^h/、/tʂ/、/tʂ^h/时，送气音听起来像不送气音，很容易导致听者混淆。从送气音与不送气音谱重心差值来看，塔吉克族男性在发舌尖后塞擦音/tʂ/、/tʂ^h/时与男性普通话发音人的一致，舌面前塞擦音/tɕ/、/tɕ^h/的差值与男性普通话发音人的差值为0.28，在发舌尖前塞擦音/ts/、/ts^h/时差值与男性普通话发音人的差值最大为0.99。这说明塔吉克族男性在发舌尖后塞擦音/tʂ/、/tʂ^h/时能够很好地区别送气音与不送气音，而在发舌尖前塞擦音/ts/、/ts^h/时对于送气音与不送气音的区分掌握得最为不好。据此教师在教学过程中应该尤其注重舌尖前塞擦音送气与不送气音区分上。男性普通话发音人在同一发音部位不送气音的分散程度值均要大于送气音，除了舌面前塞擦音/tɕ/、/tɕ^h/这一组；而塔吉克族男性只有舌面前塞擦音/tɕ/、/tɕʰ/这一组与普通话发音人的一致，其他的都相反。这说明塔吉克族男性在发舌尖塞擦音/ts/、/tsʰ/、/tʂ/、/tʂʰ/音时，将送气音与不送气音混淆了。从送气音与不送气音的分散程度差值来看，塔吉克族男性与男性普通话发音人在舌面前塞擦音/tɕ/、/tɕʰ/这一发音部位的差值最小为0.09，可以忽略不记，这说明塔吉克族男性对于舌面前送气与不送气音的区分掌握得较好；而塔吉克族男性者在发舌尖后送气音/tʂʰ/与不送气塞擦音/tʂ/的分散程度差值较男性普通话发音人的相差最大为0.55，这说明塔吉克族男性在舌尖后送气与不送气音掌握的情况较差，教师在日后教学过程中应尤其关注学生对于舌尖后送气与否区别特征的掌握。

总体上看，塔吉克族男性在能量分布上与普通话发音人完全一致的是舌面前塞擦音/tɕ/、/tɕʰ/，舌尖送气塞擦音/tsʰ/、/tʂʰ/和不送气/ts/、/tʂ/的能量分布混淆，导致他们在发舌尖送气音时听起来像是不送气的。在送气音与不送气音的谱重心差值上，塔吉克族男性掌握较好的音是舌尖后塞擦音/tʂ/、/tʂʰ/，掌握较差的是舌尖前塞擦音/ts/、/tsʰ/。在送气音与不送气音的分散程度差值上，塔吉克族男性掌握较好的是舌尖前塞擦音/ts/、/tsʰ/，掌握较差的是舌尖后塞擦音/tʂ/、/tʂʰ/。可见对于送气音与不送气音在谱重心和分散程度上塔吉克族男性掌握得都较差，在教学中教师应尤其注重这一方面。

3. 塔吉克族女性与女性普通话发音人摩擦特征数据对比分析

从送气音与不送气音的谱重心差值上来看，塔吉克族女性在发舌面塞擦音/tɕ/、/tɕʰ/和舌尖前塞擦音/ts/、/tsʰ/时的差值都较女性普通话发音人的要小，差值范围在0.74—0.9。在发舌尖后塞擦音/tʂ/、/tʂʰ/时，塔吉克族女性的差值较女性普通话发音人的差值要大，多了近0.4。女性普通话发音人在发同一发音部位送气音的谱重心值要大于不送气音，除了舌尖前塞擦音/ts/、/tsʰ/。而塔吉克族女性舌尖后塞擦音送气与否的谱重心的对应关系与普通话发音人的相反。说明塔吉克族女性发舌面塞擦音/tɕ/、/tɕʰ/和舌尖前塞擦音/ts/、/tsʰ/时的能量分布状态与普通话发音人的一致，对于舌尖后塞擦音送气与否的区别特征掌握得不好。从送气音与不送气音时分散程度差值上来看，塔吉克族女性在发舌面前塞擦音/tɕ/、/tɕʰ/时的差值与女性普通话发音人的一致，这说明塔吉克族女性对于舌面前塞擦音/tɕ/、/tɕʰ/掌握得较好,而在发舌尖塞擦音/ts/、/tsʰ/、/tʂ/、/tʂʰ/时,不论是舌尖前塞擦音/ts/、/tsʰ/还是舌尖后塞擦音/tʂ/、/tʂʰ/塔吉克族女性的差值较女性普通话发音人的要小,这说明塔吉克族女性对于舌尖塞擦音/ts/、/tsʰ/、/tʂ/、/tʂʰ/掌握得仍不到位,教师在日后的教学过程中应尤其注意这部分的教学。女性普通话发音人同一发音部位的送气音分散程度值要大于不送气音,而塔吉克族女性只有舌尖后塞擦音/tʂʰ/、/tʂ/与普通话发音人的一致,这说明塔吉克族女性对于舌面塞擦音/tɕ/、/tɕʰ/和舌尖前塞擦音/ts/、/tsʰ/送气与否并不能进行很好的区分。

总体来说,塔吉克族女性塞擦音的摩擦特征掌握得不尽如人意,对于送气音和不送气音的能量分布状态有所混淆。

二 格局对比分析

将塔吉克族与普通话发音人的各项数据绘制到一个图中,更加直观进行对比分析,从而探究塔吉克族在习得汉语塞擦音时存在的特点。

(一)时长格局图对比分析

1. 塔吉克族与普通话发音人时长格局图对比分析

将塔吉克族总体习得塞擦音时长特征数据表中无声闭塞段时长和有声摩擦时长数据提取出来,再将普通话发音人总体汉语塞擦音送出数据表中无声闭塞段时长与有声摩擦段时长数据提取出来,绘制成 GAP – DOF 二维坐标图,得到总体塞擦音时长格局图。普通话发音人的塞擦音在图中计为/ts₁/、/ts₁ʰ/、/tʂ₁/、/tʂ₁ʰ/、/tɕ₁/、/tɕ₁ʰ/,塔吉克族的塞擦音在图中用/tɕ/、/tɕʰ/、/ts/、/tsʰ/、/tʂ/、/tʂʰ/来表示。

从图 4—19 中可以看出,塔吉克族在发舌尖后送气塞擦音/tʂʰ/、舌面前塞擦音/tɕ/、/tɕʰ/和舌尖前塞擦音/ts/、/tsʰ/时都相对于普通话发音人的上方。这说明塔吉克族在发这些音的时候无声闭塞段时长较普通话发音人的要长,其原因在前文数据分析一节已经详细分析,在此就不赘述了。塔吉克族在发舌面前塞擦音/tɕ/、/tɕʰ/和舌尖前送气塞擦音/tsʰ/较普通话发音人的靠左,这说明塔吉克族在发这些音的时候有声摩擦段时长要较普通话发音人的小,具体原因同前文。而塔吉克族在发舌尖后

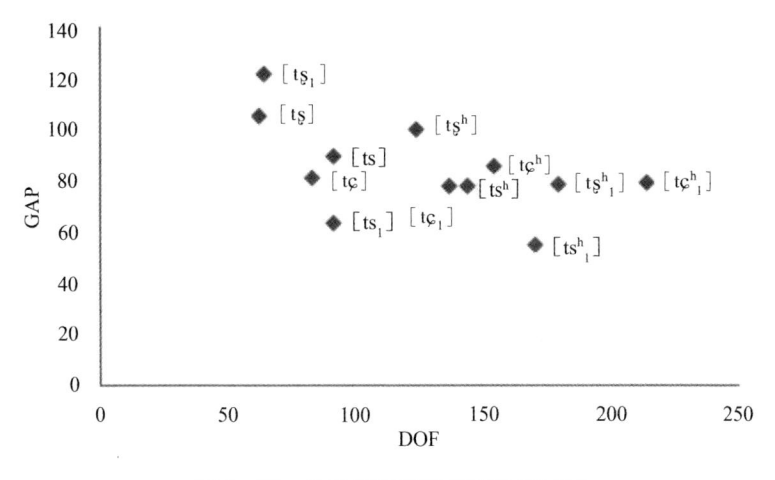

图4—19 总体汉语塞擦音时长格局图

不送气塞擦音/tʂ/较普通话发音人的要低,这说明塔吉克族在发音时无声闭塞段时长不够,发声音准备不充足。

2. 塔吉克族男性与男性普通话发音人时长格局图对比分析

将塔吉克族男性习得塞擦音时长特征数据表中无声闭塞段时长和有声摩擦时长数据提取出来,再将男性普通话发音人汉语塞擦音市场数据表中无声闭塞段时长与有声摩擦段时长数据提取出来,绘制成GAP-DOF二维坐标图,得到男性塞擦音时长格局图。男性普通话发音人的塞擦音在图中计为/ts₁/、/tsʰ₁/、/tʂ₁/、/tʂʰ₁/、/tɕ₁/、/tɕʰ₁/,塔吉克族男性的塞擦音在图中用/tɕ/、/tɕʰ/、/ts/、/tsʰ/、/tʂ/、/tʂʰ/来表示。

从图4—20可以看出,塔吉克族男性的舌尖后不送气塞擦音/tʂ/习得较好,与普通话发音人的差别不大。这是由于送气塞擦音在持阻的阶段气流不断积累,等到除阻时,阻碍解除,此时,所积累的气流需要大量的时间才能完全释放,所以送气音需要花较长的时间才能完全过渡到后接元音上,因此三个送气塞擦音的有声摩擦段时长均大于190毫秒。而不送气塞擦音则不存在这样的情况,不送气音需要释放的气流很少,所以阻碍解除后,需要的时间更短,因此造成了送气音和不送气音在时长格局图上出现了一个明显的空白。塔吉克族男性在发舌尖前不送气音/ts/的时候,问题主要在于无声闭塞段时间过长,这说明他们在发音时,持阻

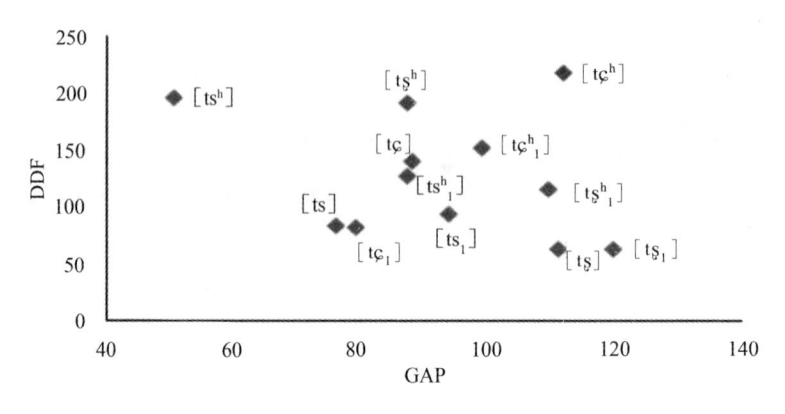

图4—20 男性汉语塞擦音时长格局图

时间过长，持阻阶段所积累的气流较多，等到除阻阶段，阻碍接触所积累的气流要比普通话测试员的更多，也就需要更多时间将气流释放出来。塔吉克族男性在发舌面前送气塞擦音/tɕʰ/和舌尖送气塞擦音/tsʰ/、/tʂʰ/的时候，有声摩擦段的时长都要小于普通话发音人，这说明塔吉克族男性在发音的时候，持阻的时间不够长，这导致持阻阶段所积累的其流量较少，等到除阻阶段释放气流所需时间也就较短。塔吉克族男性在发舌尖送气塞擦音/tsʰ/、/tʂʰ/时的无声闭塞段时长也要长于普通话发音人，这说明在塔吉克族男性在发送气音时的气流要小于普通话发音人的气流量，所以持阻段时间较久。

3. 塔吉克族女性与女性普通话发音人时长格局图对比分析

将塔吉克族女性习得塞擦音时长特征数据表中无声闭塞段时长和有声摩擦时长数据提取出来，再将女性普通话发音人汉语塞擦音市场数据表中无声闭塞段时长与有声摩擦段时长数据提取出来，绘制成GAP-DOF二维坐标图，得到女性塞擦音时长格局图。塔吉克族女性的塞擦音在图中计为/ts₁/、/ts₁ʰ/、/tʂ₁/、/tʂ₁ʰ/、/tɕ₁/、/tɕ₁ʰ/，女性普通话发音人的塞擦音在图中用/tɕ/、/tɕʰ/、/ts/、/tsʰ/、/tʂ/、/tʂʰ/来表示。

从图4—21可以看出，塔吉克族女性的舌尖后不送气塞擦音/tʂ/的无声闭塞段时长值过短，这说明塔吉克族女性在发这个音时除阻时间较短，在气流控制方面较为欠缺。塔吉克族女性在发舌面前不送气音/tɕ/时的有声摩擦段时长要短于女性普通话发音人。这说明，塔吉克族女性在持阻

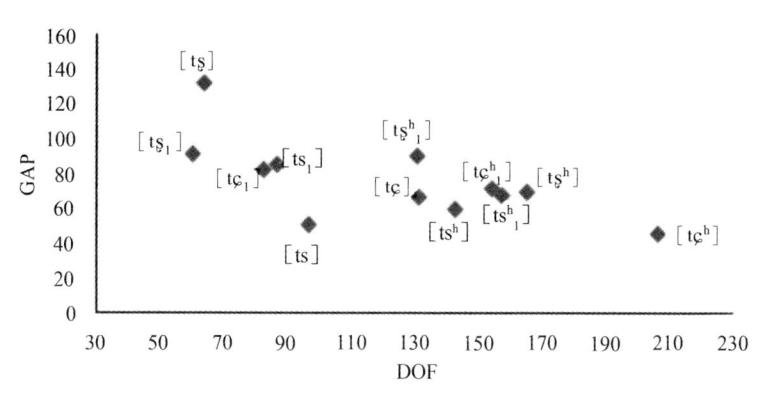

图 4—21　女性汉语塞擦音时长格局图

的过程积累的气流量较少，所积累的气流并不需要较多的时间释放，这是由于塔吉克族女性对持阻阶段气流积累的量没有把握到位。塔吉克族女性在发舌尖前不送气塞擦音/ts/的时候无声闭塞段时长要大于普通话发音人，这说明塔吉克族女性在发这个音时，持阻时间较长，送出气流的量要比女性普通话发音人的少。这可能是由于塔吉克族女性在气流控制方面较为欠缺。塔吉克族女性在发舌尖后送气塞擦音/tʂʰ/时，有声摩擦段时长值较女性普通话发音人的更小，说明塔吉克族女性在持阻的过程积累的气流量较少，所积累的气流并不需要较多的时间释放，这是由于塔吉克族女性对持阻阶段气流积累的量没有把握到位。塔吉克族女性在发舌面前送气塞擦音/tɕʰ/的时候，有声摩擦段时长与无声闭塞段时长对应关系与女性普通话发音人的相反，说明塔吉克族女性在送气与否区别特征掌握得并不好，这个音与同一发音部位的不送气音造成了混淆。塔吉克族女性在发舌尖前送气音/tsʰ/时的有声摩擦段时长较女性普通话发音人的长，说明塔吉克族女性在持阻的过程积累的气流量较多，所积累的气流需要较多的时间释放，这是由于塔吉克族女性对持阻阶段气流积累的量没有把握到位。综上，塔吉克族女性在发汉语塞擦音时存在的偏误都是由于发音时气流量没有掌握准确造成的。

（二）摩擦格局图对比分析

将塔吉克族与普通话发音人的各项数据绘制到一个图中，更加直观进行对比分析，从而探究塔吉克族在习得汉语塞擦音时存在的特点。

1. 塔吉克族与普通话发音人摩擦格局图对比分析

将塔吉克族总体习得塞擦音摩擦特征数据表中谱重心和分散程度数据提取出来，再将普通话发音人汉语塞擦音摩擦数据表中谱重心与分散程度数据提取出来，绘制成 COG–DIS 二维坐标图，得到塞擦音摩擦格局图。普通话发音人的塞擦音在图中计为 /ts$_1$/、/ts$_1^h$/、/tʂ$_1$/、/tʂ$_1^h$/、/tɕ$_1$/、/tɕ$_1^h$/，塔吉克族的塞擦音在图中用 /tɕ/、/tɕ^h/、/ts/、/ts^h/、/tʂ/、/tʂ^h/ 来表示。

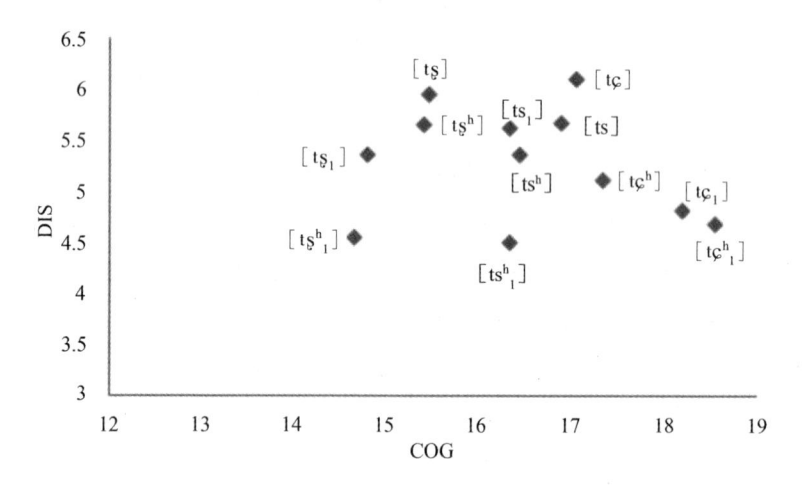

图4—22　总体汉语塞擦音摩擦格局图

从图 4—22 可以看出，塔吉克族的舌面前塞擦音 /tɕ/、/tɕ^h/ 位于普通话发音人的左上方，这说明较普通话发音人来说塔吉克族这两个音的谱重心偏低分散程度偏高。塔吉克族的舌尖前不送气塞擦音 /ts/ 位于普通话发音人的右侧，这说明塔吉克族这个音的谱重心偏大。塔吉克族的舌尖前送气音 /ts^h/ 位于普通话发音人的上方，塔吉克族的分散程度较普通话测试员的要大。塔吉克族的舌尖后塞擦音 /tʂ/、/tʂ^h/ 位于普通话发音人的右上方，这说明塔吉克族的谱重心偏大，分散程度也大。整体来看，塔吉克族同一发音部位谱重心和分散程度都能够保持一致性。

2. 塔吉克族男性与男性普通话发音人摩擦格局图对比分析

将塔吉克族男性习得塞擦音摩擦特征数据表中谱重心和分散程度数据提取出来，再将男性普通话发音人汉语塞擦音摩擦数据表中谱重心与分散程度数据提取出来，绘制成 COG – DIS 二维坐标图，得到男性塞擦音摩擦格局图。男性普通话发音人的塞擦音在图中计为/tsₗ/、/tsₗʰ/、/tʂₗ/、/tʂₗʰ/、/tɕₗ/、/tɕₗʰ/，塔吉克族男性的塞擦音在图中用/tɕ/、/tɕʰ/、/ts/、/tsʰ/、/tʂ/、/tʂʰ/来表示。

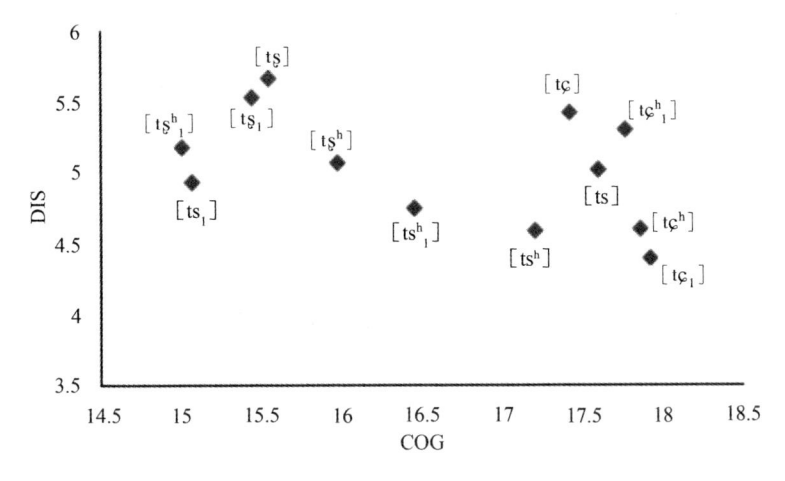

图 4—23　男性汉语塞擦音摩擦格局图

从图 4—23 可以看出，塔吉克族男性在发汉语舌尖后不送气音/tʂ/与普通话发音人的差距较小，这个塞擦音掌握得较好。塔吉克族男性在发舌面前塞擦音/tɕ/、/tɕʰ/的时候将谱重心与分散程度的对应关系弄反了，在发舌面前不送气音/tɕ/的时候，谱重心过大，分散程度过小；而在发舌面前送气音/tɕʰ/的时候，谱重心过小，分散程度过大。这说明塔吉克族男性并没有将送气音和不送气音的区别特征掌握。塔吉克族男性在发舌尖前送气塞擦音/tsʰ/的时候，谱重心和分散程度都过大。送气时长影响谱重心和分散程度的数值，而塔吉克族男性的谱重心和分散程度不标准说明他们对于塞擦音送气时长的掌握有所欠缺。

3. 塔吉克族女性与女性普通话发音人摩擦格局图对比分析

将塔吉克族女性习得塞擦音摩擦特征数据表中谱重心和分散程度数据提取出来，再将女性普通话发音人汉语塞擦音摩擦数据表中谱重心与分散程度数据提取出来，绘制成 COG – DIS 二维坐标图，得到女性塞擦音摩擦格局图。塔吉克族女性的塞擦音在图中计为/tsₗ/、/tsₗʰ/、/tʂₗ/、

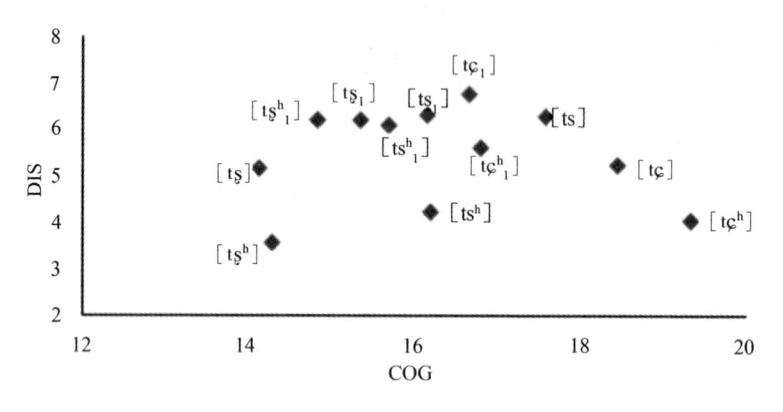

/tʂ₁ʰ/、/tɕ₁/、/tɕ₁ʰ/，女性普通话发音人的塞擦音在图中用/tɕ/、/tɕʰ/、/ts/、/tsʰ/、/tʂ/、/tʂʰ/来表示。

图 4—24　女性汉语塞擦音摩擦格局图

"由于塞擦音是先塞后擦的"[①]，塞擦音后面擦的部分跟擦音性质相同。通过前人对擦音的研究成果可知，擦音在发音时受生理状态的影响，气流流出面积会因生理器官之间的缝隙而形成气流速度较弱的平流，因此低频谱重心与高分散程度总是同时出现；反之亦然。[②] 从图 4—24 可以看出，塔吉克族女性在发舌面前塞擦音/tɕ/、/tɕʰ/和舌尖前塞擦音/ts/、/tsʰ/都存在谱重心小了，分散程度大了的问题。这与发音时气流泄漏面积有关，说明塔吉克族女性在发舌面前塞擦音/tɕ/、/tɕʰ/时，气流泄漏面积掌握得不好。塔吉克族女性在发舌尖后塞擦音/tʂ/、/tʂʰ/时存在谱重心和分散程度都大了的问题，这说明塔吉克族女性并没有把握好分散程度和谱重心之间的对应关系和数值范围情况，这与她们发音时发音器官的收紧情况有关系。

（三）塞擦音格局图对比分析

前文从塔吉克族习得汉语塞擦音的"塞"和"擦"两个方面进行

[①] Ladefoged, Peter & Ian Maddieson, *The Sounds of the World's Lanaguages*, Oxford: Blackwell, 1996, p.90.

[②] 冉启斌：《辅音现象与辅音特性——基于普通话的汉语阻塞辅音实验研究》，南开大学出版社 2008 年版，第 156—157 页。

了分析，绘制出了塔吉克族习得汉语塞擦音时的时长格局图和摩擦格局图。下面将从整体上对塔吉克族习得塞擦音进行分析。将塔吉克族与普通话发音人的时长性质指数数值与摩擦性质指数数值绘制到一个图中，更加直观进行对比分析，从而探究塔吉克族在习得汉语塞擦音时存在的特点。

1. 塔吉克族与普通话发音人塞擦音格局图对比分析

利用前文介绍的塞擦音时长性质指数和摩擦性质指数公式，将时长性质指数和摩擦性质指数数值提取出来，绘制成 DI-FI 二维坐标图，得到总体塞擦音格局图。普通话发音人的塞擦音在图中计为/ts₁/、/ts₁ʰ/、/tʂ₁/、/tʂ₁ʰ/、/tɕ₁/、/tɕ₁ʰ/，塔吉克族的塞擦音在图中用/tɕ/、/tɕʰ/、/ts/、/tsʰ/、/tʂ/、/tʂʰ/来表示。

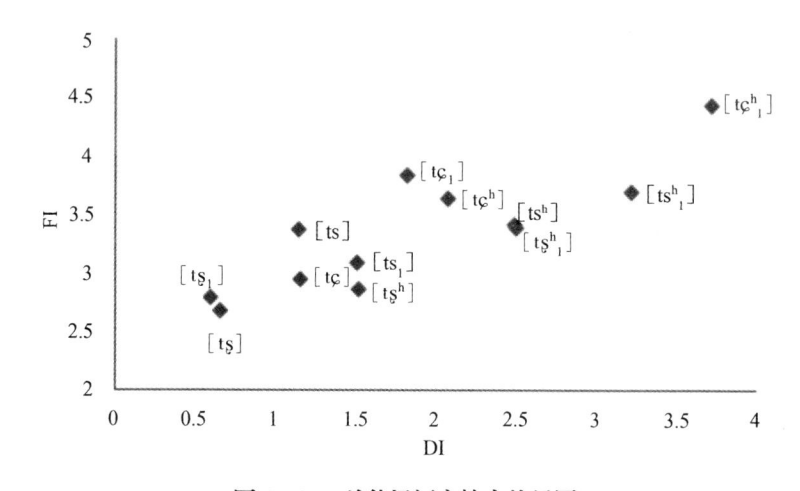

图 4—25　总体汉语塞擦音格局图

塔吉克族的舌面前塞擦音/tɕ/、/tɕʰ/、舌尖前送气塞擦音/tsʰ/和舌尖后塞擦音/tʂ/、/tʂʰ/都位于普通话发音人的左下方，这说明塔吉克族发这两个音时时长性质指数和摩擦性质指数都偏低，塔吉克族对于无声闭塞段时长、有声摩擦段时长以及谱重心、分散程度之间关系掌握得并不好。塔吉克族的都位于普通话发音人的左下方。而塔吉克族的舌尖前不送气塞擦音/ts/位于普通话发音人的左上方，这说明塔吉克族在发这个音时时长性质指数偏低，摩擦性质指数偏高，能量分布较普通话发音人的更为集中，而阻塞部分和摩擦部分的时长较短，准备时间不充足。

整体上看，塔吉克族的塞擦音都位于普通话发音人的下方，这说明塔吉克族的摩擦性质指数较普通话测试员的小。而影响摩擦性质指数的是谱重心和分散程度两个参量，这说明塔吉克族的谱重心和分散程度总体协调较差，塔吉克族在发汉语塞擦音时对于音的能量分布掌握得不好。

2. 塔吉克族男性与男性普通话发音人塞擦音格局图对比分析

利用前文介绍的塞擦音时长性质指数和摩擦性质指数公式，将时长性质指数和摩擦性质指数数值提取出来，绘制成 DI – FI 二维坐标图，得到男性塞擦音格局图。塔吉克族男性的塞擦音在图中计为 $/ts_1/$、$/ts_1^h/$、$/tʂ_1/$、$/tʂ_1^h/$、$/tɕ_1/$、$/tɕ_1^h/$，男性普通话发音人的塞擦音在图中用 $/tɕ/$、$/tɕ^h/$、$/ts/$、$/ts^h/$、$/tʂ/$、$/tʂ^h/$ 来表示。

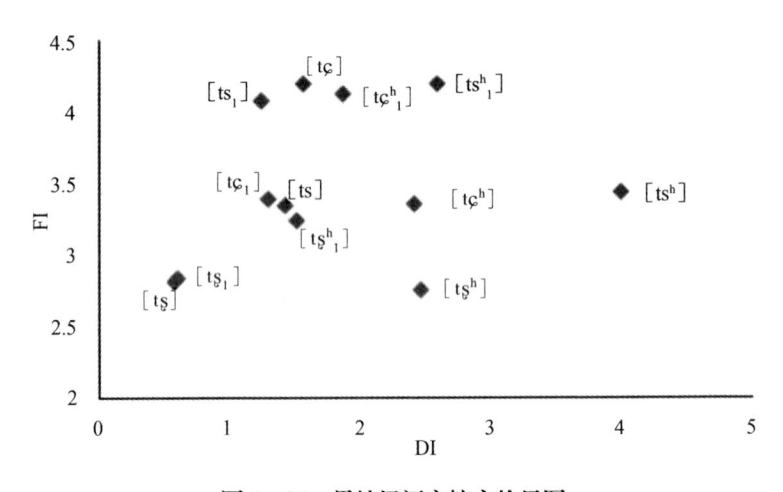

图 4—26　男性汉语塞擦音格局图

从图 4—26 可以看出，塔吉克族男性习得舌尖后不送气塞擦音 $/tʂ/$ 的情况最好，与男性普通话发音人的基本重合。塔吉克族男性在发舌面前送气音 $/tɕ^h/$、舌尖前送气音 $/ts^h/$、舌尖前不送气音 $/ts/$ 和舌尖后送气音 $/tʂ^h/$ 的时候存在时长性质指数过小，摩擦性质指数过大的问题。这说明在时长性质指数上，塔吉克族男性在发音时的有声摩擦段稍短一些，无声闭塞段要长一些，这表明塔吉克族男性在发这个音的准备时间要长而摩擦段的时间要少一些，这可能是由于塔吉克族男性不够熟悉这些音；

在摩擦性质指数上塔吉克族男性的谱重心很高，分散程度很小，这显示塔吉克族男性的频谱重心过大，分散程度较小。塔吉克族男性在发舌面前不送气音/tɕ/的时候，时长性质指数和摩擦性质指数值都过小，说明无论在哪个方面，塔吉克族男性在习得这个音都存在一定的问题。

塔吉克族男性在发舌尖后不送气塞擦音/tʂ/时时长性质指数数值最小为2.85，在发舌尖前送气塞擦音/tsʰ/时的摩擦性质指数数值最大为4.2。总的来说，塔吉克男性塞擦音的摩擦性质指数数值范围在2.8—4.2之间。从送气塞擦音和不送气塞擦音的摩擦性质指数差值这个角度看，塔吉克族男性在发舌尖前塞擦音/ts/、/tsʰ/时的差值最小为0.11，在发舌面前塞擦音/tɕ/、/tɕʰ/时的差值最大为0.73，总的来说，送气塞擦音与不送气塞擦音的摩擦性质指数差值在0.1—0.8之间。塔吉克族男性的同一发音部位的时长性质指数数值越大，摩擦性质指数数值也越大。这说明塔吉克族男性的时长性质指数和摩擦性质指数呈正比关系。

3. 塔吉克族女性与女性普通话发音人塞擦音格局图对比分析

利用前文介绍的塞擦音时长性质指数和摩擦性质指数公式，将时长性质指数和摩擦性质指数数值提取出来，绘制成 DI - FI 二维坐标图，得到女性塞擦音格局图。塔吉克族女性的塞擦音在图中计为/ts₁/、/ts₁ʰ/、/tʂ₁/、/tʂ₁ʰ/、/tɕ₁/、/tɕ₁ʰ/，女性普通话发音人的塞擦音在图中用/tɕ/、/tɕʰ/、/ts/、/tsʰ/、/tʂ/、/tʂʰ/来表示。

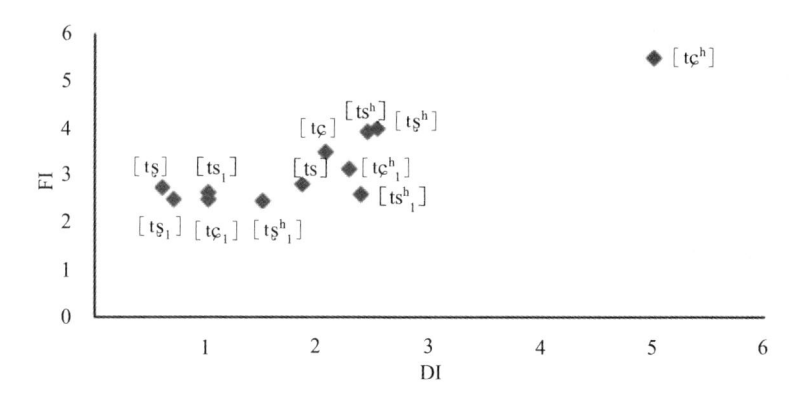

图4—27 女性汉语塞擦音格局图

从图4—27中可以看出，塔吉克族女性与女性普通话发音人相差最小的音是舌尖后不送气音/tʂ/，说明这个音掌握得较好。不论送气与否，舌面前塞擦音的时长性质指数和摩擦性质指数都要比标准值小，这说明塔吉克族女性在发舌面前塞擦音/tɕ/、/tɕʰ/的时候，有声摩擦段时长较小，无声闭塞段时长较大，谱重心较小，分散程度较大。有声摩擦段时长较小表明塔吉克族女性在发音时发摩擦段的时间不够，无声闭塞段时间较长，可能是在发音时调整口腔肌肉紧张程度花费了较多的时间。谱重心过大，分散程度较小。舌尖前不送气音/ts/的时长性质指数要比标准值小，这说明在发这个音的时候有声摩擦段时长较小，无声闭塞段时长较大。表明塔吉克族女性在发音时发摩擦段的时间不够，无声闭塞段时间较长，可能是在发音时调整口腔肌肉紧张程度花费了较多的时间。舌尖前送气音/tsʰ/的摩擦性质指数要比标准值小。舌尖后送气音/tʂʰ/的时长性质指数和摩擦性质指数要比标准值小。这说明塔吉克族女性在发音时有声摩擦段时长较小，无声闭塞段时长较大，谱重心较小，分散程度较大。有声摩擦段时长较小表明塔吉克族女性在发音时发摩擦段的时间不够，无声闭塞段时间较长，可能是在发音时调整口腔肌肉紧张程度花费了较多的时间。谱重心过大，分散程度较小。

（四）小结

本章先对塔吉克族总体习得汉语塞擦音表现特征进行描述，然后再分性别进行分析。主要从数据和格局两大思路入手。数据方面先对影响汉语塞擦音的时长性质指数和摩擦性质指数两大方面进行分析。首先对影响时长性质指数的无声闭塞段时长和有声摩擦段时长进行分析。再从影响摩擦性质指数的谱重心和分散程度两个声学参量进行分析。格局思路按照时长格局图、摩擦格局图和塞擦音的声学空间图三大部分进行分析。总体上按照塔吉克族汉语塞擦音呈现的特点、普通话发音人呈现的特点最后进行对比分析。

塔吉克族总体舌面前塞擦音/tɕ/、/tɕʰ/、舌尖前送气塞擦音/tsʰ/和舌尖后塞擦音对于无声闭塞段时长、有声摩擦段时长以及谱重心、分散程度之间关系把握得并不好。塔吉克族的舌尖前不送气塞擦音/ts/时长性质指数偏低，摩擦性质指数偏高，能量分布较普通话发音人的更为集中，而阻塞部分和摩擦部分的时长较短，准备时间不充足。

整体上看，塔吉克族的塞擦音的摩擦性质指数较普通话测试员的小。而影响摩擦性质指数的是谱重心和分散程度两个参量，这说明塔吉克族的谱重心和分散程度总体协调较差，塔吉克族在发汉语塞擦音时对于音的能量分布掌握得不好。

塔吉克族男性习得汉语塞擦音时，存在发舌面前塞擦音/tɕ/、/tɕʰ/时有声摩擦段时长过短的情况，送气音还存在无声闭塞段时长过短的现象，说明塔吉克族男性在发这些音的时候发音准备不足；在发舌尖前不送气塞擦音/ts/的时候，存在有声摩擦段时长和无声闭塞段时长过长的现象，说明发这个音存在准备时间长、发音时肌肉紧张和发音拖沓的问题；发舌尖前送气塞擦音/tsʰ/和舌尖后送气塞擦音/tʂʰ/都存在有声摩擦段时长过短、无声闭塞段时长过长的现象，表明发音人在发音时准备时间较长而摩擦段不足。塔吉克族女性存在发舌面前塞擦音有声摩擦段时长较短、无声闭塞段时长较长的现象，表明发音人在发音时准备时间较长而摩擦段不足；在发舌尖前不送气塞擦音/ts/时，存在无声闭塞段时长过长的现象，表明发音人在做发音准备时花的时间较长；在发舌尖前送气塞擦音/tsʰ/时，存在有声摩擦段时长和无声闭塞段时长都过长的现象，说明发这个音存在准备时间长、发音时肌肉紧张和发音拖沓的问题；发舌尖后不送气塞擦音/tʂ/时存在无声闭塞段时长短的现象，说明发音前的准备不足；在发舌尖后送气塞擦音/tʂʰ/时，存在有声摩擦段时长、无声闭塞段时长长的情况，表明发音时准备时间较长而摩擦段不足。

从摩擦段来看，塔吉克族男性在发舌面前不送气音/tɕ/时存在谱重心小、分散程度大的现象，说明这个音能量集中分布在较低频区域，分散程度大，发音时发音器官之间的摩擦缝隙较大、气流泄漏面积较宽、多为平流；在发舌面前送气音/tɕʰ/时存在分散程度小的情况，说明发音时发音器官间摩擦缝隙较小、气流泄漏面积小、多为湍流；在发舌尖前塞擦音/tsʰ/和舌尖后送气音/tʂʰ/时都存在谱重心大的现象，说明能量分布在较高频区域。塔吉克族女性在发舌面前塞擦音时都存在谱重心小、分散程度大的现象，说明能量分布在低频区域、分散程度较大，发音时发音器官之间的摩擦缝隙较大、气流泄漏面积较宽、多为平流；在发舌尖前不送气塞擦音/ts/时存在谱重心小的现象，说明能量分布在较低频区域；在发舌尖前送气塞擦音/tsʰ/时存在分散程度大的现象，说明发音时发音器官间的缝隙相较于普通话中的不送气塞擦音来说过大，从而导致气流过于分散；在发舌尖后塞擦音时都存在分散程度大、谱重心大的现象，说明分布在高频区域且分散度较大；发音时发音器官间的缝隙相较于普通话中的不送气塞擦音来说过大，从而导致气流过于分散。

最后，从塞擦音格局图角度看，塔吉克族男性在发舌面前不送气音/tɕ/时，存在时长性质指数和摩擦性质指数都小的现象，表示发音人在发音时其擦的部分完成度很低，也就是擦的动作简化了同时除阻后声道收紧处摩擦缝隙越大、湍流噪声越少；在发舌面前送气音/tɕʰ/时存在时长性质指数小、摩擦性质指数大的情况，说明发音人在发音时其擦的部分完成度很低，也就是擦的动作简化了同时除阻后声道收紧处摩擦缝隙越狭窄、湍流噪声越多；在发舌尖前不送气塞擦音/ts/时存在摩擦性质指数大的现象，说明除阻后声道收紧处摩擦缝隙越狭窄、湍流噪声越多；在发舌尖前送气塞擦音/tsʰ/时存在时长性质指数小、摩擦性质指数大的情况，说明发音人在发音时其擦的部分完成度很低，也就是擦的动作简化了同时除阻后声道收紧处摩擦缝隙越狭窄、湍流噪声越多；在发舌尖后送气音/tʂʰ/时存在时长性质指数小、摩擦性质指数大的现象，说明发音人在发音时其擦的部分完成度很低，也就是擦的动作简化了同时除阻后声道收紧处摩擦缝隙越狭窄、湍流噪声越多。塔吉克族女性在发舌面前塞擦音时存在时长性质指数和摩擦性质指数都小的问题，表明塔吉克族女性在发塞擦音时其擦的部分很低，说明她们在发音时简化了擦的动作且除阻后声道收紧处摩擦缝隙越大、湍流噪声越少；在发舌尖前不送气塞擦音/ts/存在时长性质指数小的现象，表明在发塞擦音时其擦的部分很低。在发舌尖前送气塞擦音/tsʰ/时，存在时长性质指数和摩擦性质指数都小的情况，表明发音人在发塞擦音时其擦的部分很低，说明她们在发音时简化了擦的动作且除阻后声道收紧处摩擦缝隙越大、湍流噪声越少；在发舌尖后送气音/tʂʰ/时存在时长性质指数和摩擦性质指数都小的情况，表明发塞擦音时其擦的部分很低，说明她们在发音时简化了擦的动作且除阻后声道收紧处摩擦缝隙越大、湍流噪声越少。不论是塔吉克族男性还是塔吉克族女性掌握最好的音都是舌尖后不送气塞擦音/tʂ/。

从上述分析可以看出，不论男性发音人还是女性发音人在发音时都存在发塞擦音时擦的部分被简化的问题。在发舌面前不送气音/tɕ/时男性和女性塔吉克母语者都存在时长性质指数和摩擦性质指数小的情况，说明他们在发/tɕ/时不但简化了擦部分的动作且除阻后声道收紧处摩擦缝隙越大、湍流噪声越少。在其他音的偏误上男性和女性发音人都呈现出不同的特点。可参考前文，在此不再赘述。

第七节 塔吉克族汉语塞擦音习得偏误分析及教学建议

通过语音实验的方法，我们对塔吉克族男性和塔吉克族女性发汉语塞擦音时的声学参量进行提取和整合，绘制出了塔吉克族男性和塔吉克族女性习得汉语塞擦音的声学格局图，并分析了在格局图中男性和女性各自发音情况的差异，也正是这些差异导致了偏误。本节将结合前面的数据及相应的声学格局图，细致地对塔吉克族习得汉语塞擦音的语音偏误进行分析说明，最后提出相关的教学建议。

一 塔吉克语塞擦音与汉语塞擦音对比

塔吉克语中的塞擦音有四个，分别是舌尖前清送气塞擦音/tsʰ/、舌尖前浊塞擦音/dz/、舌叶清送气塞擦音/tʃʰ/、舌叶浊塞擦音/dʒ/。汉语塞擦音有六个，分别是舌面前清不送气塞擦音/tɕ/、舌面前清送气塞擦音/tɕʰ/、舌尖前清不送气塞擦音/ts/、舌尖前清送气塞擦音/tsʰ/、舌尖后清不送气塞擦音/tʂ/和舌尖后清送气塞擦音/tʂʰ/。通过对比可以看出塔吉克语塞擦音与汉语存在着很大的不同。

（一）相同的辅音

按照普拉克特的难度等级模式，第一种语言虽然在目的语中有对应的语言项目，但是项目的形式、分布和使用情况却不尽相同，因此，学习者需要将其作为目的语的一个新项目重新学习。[1] 所以，虽然汉语和塔吉克语塞擦音中都存在/tsʰ/这个音，但是，塔吉克母语者在发/tsʰ/的时候仍会产生偏误。

---

[1] 刘珣：《对外汉语教育学引论》，北京语言大学出版社2000年版，第188页。

(二) 不同的辅音

塔吉克语中没有汉语的/tɕ/、/tɕʰ/、/ts/、/tʂ/和/tʂʰ/这五个塞擦音。根据对比分析假说"第二语言与第一语言相似的语言成分容易学,不同的成分则难学。两种语言在结构上具有相似的地方会产生正迁移,而在不同的地方则会产生负迁移。负迁移会导致学习者在学习过程中出现学习障碍,从而导致偏误的产生"[①]。因此,在塔吉克母语者习得汉语塞擦音时,这五个音会存在困难以及产生一定的偏误。

从区别特征来看,汉语塞擦音的区别特征是送气与否,而塔吉克语的区别特征是清浊对立。因此,塔吉克母语者在发汉语塞擦音很容易将汉语的不送气音浊化,从而产生偏误。

从发音部位来看,塔吉克语塞擦音的发音部位多了舌叶,汉语塞擦音特有的发音部位是舌面前和舌尖后。因此,对于汉语中/tɕ/、/tɕʰ/、/tʂʰ/掌握得不好。由于数据表明/tʂ/是塔吉克母语者掌握最好的音,可能是受教师的影响,在此不在讨论范围内。前面三个塞擦音由于发音方法的差异导致学生产生了偏误。在教学中,教师可以着重教授这三个音,作为教学重点。

二 汉语塞擦音发音难点

通过对比语音实验所得的塞擦音时长数据表和格局图、塞擦音状态数据表和格局图、塞擦音时长性质和摩擦性质数据表及塞擦音格局图,本章对塔吉克母语者塞擦音习得情况进行全面的分析,通过分析可知塔吉克族母语者塞擦音的发音难点和偏误情况。

塔吉克族习得最好的音是舌尖后清不送气塞擦音/tʂ/。在发送气塞擦音时普遍存在时长性质指数数值小的情况,这说明他们在发送气塞擦音时都简化了塞擦音中擦的部分。究其原因,是汉语普通话中送气塞擦音不仅有闭塞部分、爆发除阻部分和摩擦段摩擦部分,还有送气时喉部摩擦部分,是较为复杂的组合动作辅音。塔吉克族对于动作较为复杂的塞擦音掌握得较为吃力,因此偏误出现也较多。与塔吉克族掌握最好的

[①] 刘珣:《对外汉语教育学引论》,北京语言大学出版社2000年版,第168页。

舌尖后清不送气塞擦音/tʂ/相比,其对舌尖后清送气塞擦音/tʂʰ/的学习效果则不尽如人意。

对于摩擦性质指数数值,男性和女性存在不同的问题,这说明他们对于发音器官之间的摩擦缝隙把握得不到位。塔吉克族女性的摩擦性质指数都存在较短的情况,说明音能量集中分布在较低频的区域,分散程度较大,发音器官之间的摩擦缝隙较大,气流泄漏面积较宽,多为平流。在教学中针对塔吉克族女性要着重训练她们将发音器官之间的摩擦缝隙收紧。而塔吉克族男性都存在摩擦性质指数数值大的情况,即谱重心大、分散程度小,说明塔吉克族男性的音能量集中分布区域集中在较高频区域,发音时发音器官之间的摩擦缝隙较小,气流泄漏面积小,多为湍流。在教学中针对塔吉克族男性要将发音器官间缝隙扩大,可以训练他们将气流发得再缓一些。

三 偏误的成因分析

(一) 语际迁移

"语言迁移(language transfer)是指在第二语言学习的过程中,学习者在使用第二语言时,通过母语的发音、词义、结构规则或习惯等方式来表达思想的一种现象。如果母语的语言规则和外语相符合,那么母语的规则迁移会对目的语产生积极的影响,这被称为正迁移(positive transfer)。负迁移(negative transfer)则是指,如果母语的语言规则不符合目的语的习惯,就会对目的语的学习产生消极影响。"[1]

在第二语言学习的过程中,来自母语的干扰随时会出现,影响着第二语言的学习,早已系统成型的语音系统及发音方法会不断地或显或隐地对第二语言的学习产生干扰,修改或破坏新学的语言,形成语际的负迁移。[2] 从数据和格局图也可以看出,在塔吉克语中所没有的塞擦音,学生的习得状况并不好,并且在习得汉语中不送气音产生浊化的偏误。

(二) 教师的局限性

由于地理位置偏僻,塔县的汉族汉语教师较少,教师多为维吾尔族

---

[1] 肖奚强、周文华:《第二语言习得研究纵观》,世界图书出版社2012年版,第10页。
[2] 邹铃声:《外国学生学习汉语语音习得中的熵现象及化石化现象》,《贵州大学学报》2006年第4期。

或塔吉克族老师，且他们大多数都不是汉语相关专业出身，他们的汉语受母语影响带有一定的口音，普通话水平远没有达到二级甲等的水平。因此，塔县汉语教师在日常教学过程中难免由于自身汉语水平的限制而导致汉语发音不准确的现象，从而影响了学习者的语音面貌。学生在一开始学习的就是不标准的汉语发音，课下即使进行了充分的操练，汉语水平都不会得到提升。

（三）教学模式的影响

"纵观新疆汉语教学模式的现状，新疆汉语的教学主要有两种形式：一种是学生对汉语一窍不通只懂母语，汉语仅仅是学生学习的一门课程，针对这种情况授课模式采用单科加授汉语，其他课程以少数民族语言文字授课为主，随着国家对新疆地区大力普及推广普通话，这种教学模式如今呈现逐步缩减的趋势；另一种是学生既懂母语又懂一定的汉语，汉语作为学习其他学科的媒介，在课程教学中充当着工具和手段的角色。"①

学生们在校内学习和使用汉语的时间有限，一定程度上限制了汉语水平的提升。此外，塔县的汉语教师对于学生们的汉语发音要求并不严格。教师将教学目标定位为语言的交际功能，更侧重学生的汉语能不能被其他人听懂，能否运用汉语进行简单的交际对话而不是学生的汉语发音是否标准。宽松的要求造成了学习者对于语音的掌握并不追求标准。

（四）环境因素的影响

社会环境包括自然环境和人文环境两个方面。在社会中广泛使用的目的语口语是最重要的自然语言环境。它为学习者提供了自然生动、丰富多彩、无穷无尽的语言输入和学习模仿的语言资源。所以，有无目的语的社会环境对二语习得具有十分重要的作用。在非目的语言的社会背景下，不管是语言输入、自然语言资源的提供、语言使用机会等方面，都不能与在目的语社会背景下学习相提并论。因此，在非目的语的社会背景下，二语的习得效果常常不理想。社会环境因素不仅在量上也在质的角度对学习者的输入、内化和输出的习得过程产生了直接的影响，也影响着课堂上的教师采用的教学方法以及学生的学习策略，最终影响到

---

① 周巧云：《三十余年南疆高校少数民族汉语教学研究综述》，《喀什师范学院学报》2013年第2期。

第二语言的学习效果。① 塔县地处大山深处，较为封闭的状态导致了塔县居民平时大部分时间都是和本民族同胞用塔吉克语进行沟通交流。在集市上做生意的多为维吾尔族人，塔吉克族与他们交流多使用维吾尔语。因此，塔县的日常用语基本为塔吉克语和维吾尔语，汉语在日常的沟通中很少使用，缺乏使用汉语的环境。这些民考民的学生放学回家与父母用塔吉克语沟通，汉语难以得到训练，导致汉语水平提升困难。人文环境和自然环境的缺乏是限制塔县塔吉克族提升汉语水平最重要的原因。

（五）语音化石化

"化石化现象是指在语音的学习过程中，一些语音的学习还没有完全掌握，在半成品阶段就凝固化，定格在有偏颇的音上，或由衰减走形的音僵死而来，成为中介语语音中的一部分。"② 前面分析到由于塔县汉语教师自身的汉语水平不高，在教学中学生们习得的汉语语音就存在一定的偏误，又因为塔县的汉语教师没有对语音发音进行严格的要求，学生不断对错误的语音进行操练，这种语音上的偏误很难纠正，从而导致学习者在一味地模仿中形成了错误的发音习惯造成语音化石化现象。

四 教学建议

刘珣《对外汉语教育学引论》中将构成教学过程的基本因素分为三类：学生、教师和教材，下文将根据前面的实验研究结果和偏误成因分析，主要从教师和教材两个方面提出教学对策。

（一）汉语教师

1. 教师努力提升自身汉语水平

前文分析了塔县学生汉语水平不高的一大原因是教师自身的汉语水平不足。为汉语教学配备充足优质师资，汉语教学尤其是语音教学，教师的标准发音是教好学生们的前提条件，在语音学习的开始应该由普通话发音标准的老师进行教学，这样才能为后面的语音学习打下良好的基础。而对于少数民族教师来说，应尽快提高自身的普通话水平。教师应

---

① 刘珣：《对外汉语教育学引论》，北京语言大学出版社2000年版，第227—228页。
② 邹铃声：《外国学生学习汉语语音习得中的熵现象及化石化现象》，《贵州大学学报》2006年第4期。

该意识到在学习型社会中，自身需要起到表率作用。普通话不标准的教师可以通过定期参加国家通用语言培训来提升自身的汉语水平。教师的汉语语音发得标准了，学生们才能在一开始的学习中就接触到正确的发音，从而从源头上减少汉语发音的偏误。语言的学习是个漫长的过程，只通过几次培训很难迅速提升教师们的普通话水平，具体的改变还是需要教师们后续的坚持练习。少数民族汉语教师可以每天定时听广播、观看新闻联播等方式来提升自身的汉语水平，学校还可以组织老师们通过定期观摩汉语教学示范课来提升教学水平，从而更好地进行教学活动，帮助学生提升汉语水平。

2. 语音教学应贯穿整个教学活动的始终

教师是教学过程中教学活动的主体。教师对学生的态度会潜移默化地影响着学生的学习。教师应该将语音教学贯穿整个教学活动的始终。要有计划地不断巩固已经达到的语音成果，并且需要持续关注学生的语音缺陷和错误。定期带学生们复习语音学习过程中的难点与重点，反复进行操练。尽可能多地为学生们创造说汉语的环境，潜移默化中提升学生们的汉语水平。此外，教师需要做到严格把关，尽可能地保证每个学生发出的每个音都是正确的。

3. 教师应该注重混淆音的对比练习

通过前面的实验数据可以看出塔吉克语母语者普遍存在发送气时都简化塞擦音中擦的部分，在发不送气塞擦音时很容易将清音浊化。在塔吉克语中塞擦音有清浊之分，而汉语中塞擦音都是清音。教师在教学中要格外注意其介入性干扰。因此，教师应特别注意让学生们认识到学习过程中现存的问题。教师可以通过演示清音和浊音，让学生们找出听觉上和发音过程中的不同之处，加深学生们的记忆，更好地在未来的学习中减少由于母语介入性干扰而造成学习汉语的困难。在进行塞擦音的教学中可以将塞音和擦音也加入进来，让学生感受到三种不同发音方法所发出来的音有何不同之处，从而理解如果在发塞擦音过程中简化擦的动作，就会导致塞擦音跟塞音混淆。如果在发塞擦音时简化阻塞的部分就造成塞擦音和擦音混淆。对于易混淆的三种音集中进行教学和操练，从而帮助学生们减少偏误。

4. 教师应该增强练习的丰富性

在课堂中一味让学生跟读模仿，学生很容易感到枯燥，如果不停地重复错误的发音练习最后还会造成语音化石化现象。课堂上由于教学进度和教学任务的影响，难以进行充分的操练。课堂环境是有限的，但是语言的学习是无限的，因此营造课外的说汉语环境是十分必要的。教师可以通过多布置课后练习的形式不断巩固学生的汉语水平。塔县的学生们较多使用微信和抖音两个软件，课后的练习可以围绕这两个软件进行。在课后，教师可以让学生每天复述抖音中官方账号所发布的内容，不断进行模仿练习，还可以让学生们分组拍抖音视频，用汉语讲述民族文化故事，既可以增加学生们课后说汉语的机会，还可以让内地汉族同胞了解塔吉克族文化故事，促进两民族间交流交往。学习汉语是不可能脱离中华传统文化单独进行的，教师一定要在中华传统文化的背景下进行汉语教学。由于课堂任务繁重，占用课堂时间讲述中华传统文化不太现实。教师可以利用课后时间，建立班级微信群，让学生们在群里用语音的形式讲述自己知道的中华传统文化故事，体会汉语所蕴含的人文价值，进而增强对中华文化对中华民族的认同，加强中华民族共同体意识。对于低年级的学生可以用他们喜欢的动画片人物作为发音演练的对象。如《喜羊羊与灰太狼》的台词，有趣味性，贴近学生生活，学生们自然就能够勤加练习，最终达到操练的目的。同时不论教学活动进行到何种阶段，都需要给学生们布置口头的语音作业。每天都要让学生在微信群里说汉语，内容自拟，话题不限，如天气、心情等。

5. 从个体到集体语音感知

在语言学习过程中，总是有人学得很快、发音很好，那么对于语音面貌比较好的学生，教师可以让其分享自己发音的经验。学习者有着共同的语言背景，学习者之间传达经验要比教师传授经验的效果更好。语音面貌较差的学习者，在课堂上普遍存在不敢开口的情况，并且由于学生对老师普遍存在畏惧的心理，语音面貌较差的同学也不敢私下与老师进行沟通交流。这种情况下，学习者之间的互助就显得尤为重要。教师可以多关注汉语学得快的同学，定期让他们与其他同学进行交流，帮助那些学得慢的同学开口说汉语。还可以采用一帮一或一帮多的方式，建立学习生活小组，不仅在课堂上互相练习，在课后生活中也随时使用汉语进行沟通交流。

(二) 汉语教材

在教学过程中,除了使用国家统一规定的教材外,教师还可以补充其他的教材进行教学。少数民族地区由于有 MHK 考试,教师在教学中也可以将 MHK 字表加入教材的选择中来。此外还可以选择一些实用性较强的汉语教材,如《会话汉语》。教师可以结合课文内容,设置情境或游戏。教师利用在长时间教学过程中总结出的难点,编撰更加具有针对性的教材,从而帮助学生们早日克服学习中的难点。

第 五 章

塔吉克族汉语单字调习得研究[*]

第一节　实验设计

一　实验对象

实验对象是从塔县任意选取的 10 名塔吉克族，年龄从 33—56 岁不等，其中女性 4 人，男性 6 人。这些实验对象出生在塔县的各个乡镇，父母都是塔吉克族，能流利使用塔吉克语。他们都是"民考民"学生，从小学三年级起开始学习汉语，工作后一直生活在塔县，其间从未间断使用汉语。实验同时邀请到普通话水平一级甲等的男女播音员各一名，以便和塔吉克族的发音进行对比。

二　实验例字

在实验例字中，没有挑选声母是边音、鼻音和零声母的例字。这是因为声调范围主要由韵母来体现，而不是整个音节。"对浊声母和零声母字音而言，音高曲线是跟字音同时开始的，而清声母字音的音高曲线则从韵母开始。"[①] 因此本实验选取例字的声母包括双唇不送气清塞音/p/和舌尖前不送气清塞音/t/，韵母为/a/、/i/、/u/三个元音。汉语有阴平、阳平、上声、去声四个声调，用所选取的声母、韵母和不同声调相拼，理论上可以得到 24 个测试字，但是普通话中/p/与/u/相拼时，没有阴平字和阳平字，所以实际例字只有 22 个。22 个例字都是普通话中的常用自

---

[*] 本章发表在《喀什大学学报》2023 年第 4 期，内容有删减。
[①] 林茂灿：《音高显示器与普通话声调音高特性》，《声学学报》1965 年第 1 期。

由语素,"所选例字没有放在负载句中,因为负载句可能会带来连字调的变化,语调效应也会影响声调的音高走向以及频域范围"①。因此例字都是以单字形式念出。例字选取后,随机排列。

八 比 答 都 敌 不 打 弟 把 度 逼
爸 补 低 拔 必 读 底 大 堵 搭 鼻

三 实验方法

实验设在安静的房间内,采用 Praat 软件录音,电脑为 Thinkpad X1,同时配有索尼话筒和创新声卡,采样率设置为 22050Hz,采样精度 16bit,单声道录制,录制完后的文件保存为"*.wav 格式"。录音前,所有例字打印在一张 A4 纸上,先让发音人熟悉,当发音人准备好后再开始录制。正式录制时,一个例字打在一张 PPT 上,放在电脑上让发音人读出。发音人的音量要保证适中,避免削波或者超载。所有例字重复读 3 遍,为避免可能出现的连续效应,读字表时每个字之间有 3s 左右的停顿,这样共得到 22(字)×3(遍)×12(人)= 792 个有效样品。每个样品用 Praat 打开,下拉"Annotate"生成 TextGird 文件,然后同时选取 Sound 和 TextGrid 文件进行标注。声调的起点从韵腹开始处算起,终点取在振幅下降明显、宽带图中第二共振峰模糊的地方,接着在"View"下拉菜单中点击"Time step settings",在"Time step strategy"中选取"view-dependent",将"Number of time steps per view"设置为 11,然后点击"Pitch"中的"Pitch listing",就可以获取十等分时长上的 11 个点的基频数据,这样一共得到 8712 个基频值,最后根据各个调类的平均基频值计算出时长 Ms 值。因为发音会受到年龄、性别等因素的影响,所以基频值需要进行归一化处理,"以便过滤掉个人特性,消减录音时的发音风格,消除人际的随机差异,提取恒定参数,使实验数据获得具有语言学意义的信息"②。

本章中的声调分析采用相对归一的 T 值计算法。

$$T = \{[\lg x - \lg(\min)] / [\lg(\max) - \lg(\min)]\} \times 5 \quad (1)$$

---

① 朱晓农:《语音学》,商务印书馆 2010 年版,第 280 页。
② 朱晓农:《上海声调实验录》,上海教育出版社 2004 年版,第 51 页。

其中,"min 是调域的下限频率,也就是全部音高数据中的最小值;max 是调域的上限频率,也就是全部音高数据中的最大值;x 是任一测量点的频率,得到的 T 值是任一测量点 x 的五度值参考标度"①。

根据公式(1)计算出的 T 值范围会在 0—5 之间,"T 值和五度值之间的对应关系是:0—1 之间相当于五度值中的 1 度;1—2 之间相当于五度值中的 2 度;2—3 之间相当于五度值中的 3 度;3—4 之间相当于五度值中的 4 度;4—5 之间相当于五度值中的 5 度"②。

第二节　实验数据分析

一　塔吉克族和普通话发音人声调格局对比分析

"声调格局是由一个语言(或方言)中全部单字调所构成的格局,声调格局是声调系统的共时初始状态,是各种声调变化的基础形式,因而它是进行声调研究的起点。"③ 考察塔吉克族习得汉语单字调的声调格局,可以了解塔吉克族习得汉语单字时的声学表现,因此本节对比了塔吉克族和普通话一级甲等发音人读单字时的声调格局。

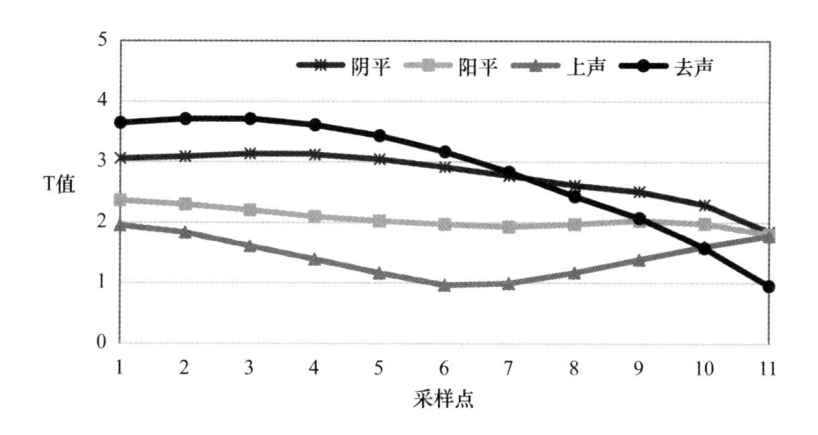

图 5—1　塔吉克族读单字时的声调格局

---

① 石锋、廖荣蓉:《语音丛稿》,北京语言学院出版社 1994 年版,第 112 页。
② 石锋、王萍:《北京话单字音声调的统计分析》,《中国语文》2006 年第 1 期。
③ 石锋、廖荣蓉:《语音丛稿》,北京语言学院出版社 1994 年版,第 10—11 页。

从图 5—1 可以看出，塔吉克族读阴平时，起点平均 T 值为 3.06，到第 3 个点时 T 值为 3.13，然后开始持续下降，终点 T 值为 1.85。阴平有 40% 在 4 度区间，50% 多在 3 度区间，只有不到 10% 在 2 度区间，并且听感上是一个微降调，调值可记为 43。塔吉克族读阳平时，起点平均 T 值为 2.36，然后开始缓缓下倾，到第 7 个点时 T 值为 1.93，然后又缓缓往上走，到第 9 个点时 T 值达到 2.03，终点 T 值为 1.80。阳平中，前 40% 在 3 度区间，中间 30% 在 2 度区间，其后又有 10% 在 3 度区间，最后 20% 降到 2 度区间。听感上，阳平也是一个微降调，但是调型比阴平平直，调值可记为 32。塔吉克族读上声时，起点平均 T 值为 1.95，然后开始下降，在第 6 个点达到拐点位置，T 值为 0.96，随后维持一个低平走势，第 7 个点 T 值为 0.99，接着开始上扬，终点 T 值为 1.78。塔吉克族读上声时，调型有一个明显的凹形，呈低凹拱。根据整体发音情况，调值可记为 212。塔吉克族读去声时，起点平均 T 值为 3.64，然后微微上升，第 2 个点、第 3 个点的 T 值都为 3.71，然后开始持续下落，终点 T 值为 0.95，去声听感上是一个降调，调值可记为 42。

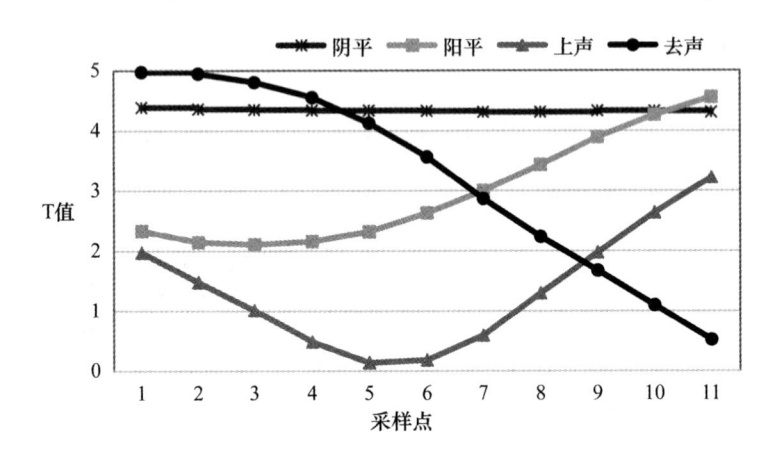

图 5—2　普通话发音人读单字时的声调格局

从图 5—2 可以看出，普通话发音人读阴平时，起点平均 T 值为 4.39，然后微微有些下斜，到第 8 个点时 T 值为 4.31，随后又微微上扬，第 9、第 10 个点的 T 值均为 4.33，终点 T 值为 4.31。可以看出，阴平虽然不是一个绝对水平的调型，但整个声调都在 5 度区间，呈高平拱①，因此阴平调值可记为55。普通话发音人读阳平时，起点平均T值为2.33，然后开始缓缓下降，到第3个点时达到拐点，T值为2.11，然后开始持续上扬，终点T值为4.56。普通话发音人读阳平时是中升调，呈中升拱，调值可记为35。普通话发音人读上声时，起点平均T值为1.97，然后开始下降，到第5个点时达到拐点，T值为0.14，保持一个基本水平态势后，第6个点T值为0.18，然后开始持续上扬，终点T值为3.22。普通话发音人读上声时是低凹调，呈低凹拱，调值可记为214。普通话发音人读去声时，起点平均T值为4.98，然后开始微微下降，到第3个点时T值降到4.81，随后下降开始明显，终点T值为0.52。普通话发音人读去声时是全降调，呈高降拱。根据整体发音情况，去声调值可记为51。

通过图5—1、图5—2的对比，可以看出，普通话发音人将阴平读成了高平调，整个声调在5度区间，而塔吉克族将阴平读成了微降调，调域在4—3度区间；普通话发音人将阳平读成了中升调，调型保持"凹"和"升"的特征，调域在3—5度区间，并在20%处形成一个凹形，"这是声带发音的生理物理机制自然造成的伴随特征"②，起点T值和拐点T值都同在3度区间，终点在5度区间。而塔吉克族将阳平读的是微降调，声调占据3—2度区间。塔吉克族虽然将阴平和阳平都读的是微降调，但是阴平的降幅较大，阳平的降幅较小，两个声调各个点的基频值60%相差都在20Hz以上，因此阴平、阳平不能归并为一调。普通话发音人将上声读成了曲折调，调型保持着"低"和"凹"的特征，起点在2度区间，拐点在1度区间，终点在4度区间，而塔吉克族读上声时，虽然起点也在2度区间，拐点在1度区间，但是终点在2度区间，比普通话发音人的终点低很多；普通话发音人将去声读成了高降调，调型保持着"高"和"降"的特征，声调从5度区间一直降到1度区间，而塔吉克族读去声时起点较低，终点较高，声调占据着4—2度区间。

二　塔吉克族和普通话发音人调长对比分析

研究声调，调长是一个重要的参考因素，并且声调会因调型不同而

---

① 刘俐李：《汉语声调的曲拱特征和降势音高》，《中国语文》2005年第3期。
② 石锋、王萍：《北京话单字音声调的统计分析》，《中国语文》2006年第1期。

有所差别。"调长不等于负载声调音节的时长，也不等于韵母的时长，而是等于韵体（韵母—韵头）的时长。"① 在实际发音过程中，发音人由于受到不同因素的影响，时长会有所不同，比如甲发音速度较快，乙发音速度较慢，这时将两个人的绝对调长进行对比就不科学，因此需要将绝对调长转换成相对调长后才能进行比较。

表5—1　　塔吉克族和普通话发音人读单字时的绝对调长　　（单位：ms）

发音人	阴平	阳平	上声	去声
塔吉克族	403	372	430	281
普通话发音人	477	499	673	335

绝对调长转化成相对调长，采用如下方法：

$$ND_i = \frac{D_i}{\frac{1}{n}\sum_{i=1}^{n} D_i}, \quad (2)$$

公式（2）说明：一种语言中某一调类的相对调长值（ND_i），等于这一调类的绝对调长值（D_i）与这种语言中所有调类的平均绝对调长值 $\left(\frac{1}{n}\sum_{i=1}^{n} D_i\right)$ 的比值。

表5—2　　塔吉克族和普通话发音人读单字时的相对调长　　（单位：ms）

发音人	阴平	阳平	上声	去声
塔吉克族	1.08	1.00	1.16	0.76
普通话发音人	0.96	1.01	1.36	0.68

不同调类的长短主要由声调的音高变化，即调型来决定。从表5—2可以看出，不论是塔吉克族还是普通话发音人，曲折调都是最长的，降调都是最短的，而平调的调长介于曲折调和降调之间。塔吉克族读单字

---

① 朱晓农：《语音学》，商务印书馆2010年版，第281页。

时，平均相对调长从长到短的次序是：上声＞阴平＞阳平＞去声，而普通话发音人读单字时的相对调长次序是：上声＞阳平＞阴平＞去声。可以看出，塔吉克族读阴平和去声时比普通话发音人长，而读阳平和上声时则比普通话发音人短。

三　塔吉克族和普通话发音人调域对比分析

"声调的音高主要决定于基音的频率，从声调的最低音到最高音是基频的变化范围，也就是声调的调域"[①]。某一调类基频数据的最大值减去最小值可以得到这个调类的调域，所有调类基频数据的最大值减去最小值可以得到所有调类的总调域。塔吉克族和普通话发音人读单字时的调域分别见表5—3、表5—4。

表5—3　　　　　　　塔吉克族读单字时的调域　　　　（单位：Hz）

	最高点	最低点	调域	总调域
阴平	183	171	12	63
阳平	166	156	10	
上声	166	141	25	
去声	204	153	51	

由表5—3可以看出，塔吉克族读单字时，调域宽窄次序是去声＞上声＞阴平＞阳平，总调域非常窄，只有63Hz。

表5—4　　　　　　普通话发音人读单字时的调域　　　（单位：Hz）

	最高点	最低点	调域	总调域
阴平	250	245	5	220
阳平	148	247	99	
上声	198	107	91	
去声	327	123	204	

---

① 林焘、王理嘉：《语音学教程》，北京大学出版社1992年版，第125页。

从表5—4可以看出,普通话发音人读单字时,调域宽窄次序是:去声>阳平>上声>阴平,总调域220Hz,比塔吉克族发音人宽很多。

可以看出,塔吉克族读单字时,阴平调域比普通话发音人宽,而阳平、上声、去声调域则比普通话发音人窄。这是因为普通话发音人读阴平时是高平调,整个声调都在5度区间,而塔吉克族将阴平读成了微降调,调域跨4度和3度区间,所以阴平调域较宽,塔吉克族读阳平、上声、去声时所占区间都比较窄,这导致总调域也非常窄。

四 塔吉克族男女声调格局对比分析

男性和女性发音时,调高、调长、调域等声学性质会因性别不同而有所差异。为了分析性别因素是否影响单字调的发音,我们以塔吉克族女性和男性为对照组进行了声调格局的对比研究。

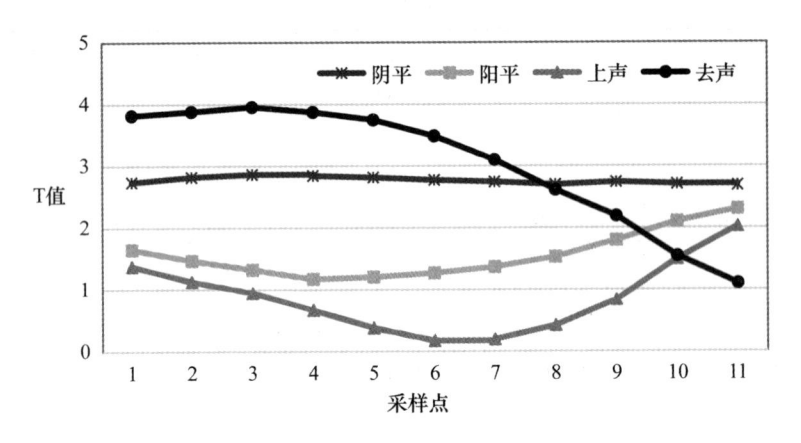

图5—3 塔吉克族女性读单字时的声调格局

从图5—3可以看出,塔吉克族女性读阴平时,起点平均T值为2.74,然后微微开始上浮,到第3个点时T值达到2.86,继而缓缓下降,到第8个点时T值为2.70,第9个点时T值升到2.74,第10个点时T值下落到2.71,终点T值为2.68。塔吉克族女性读阴平时,整个调类都在3度区间,虽然不是一个非常平直的调型,却是一个中平调,呈中平拱,调值可记为33。塔吉克族女性读阳平时,起点平均T值为1.65,然后开始下降,到第4个点时达到拐点,T值为1.17,接着开始慢慢上扬,终点

T 值为 2.30。阳平听感上是一个升调，调值可记为 23。塔吉克族女性读上声时，起点平均 T 值为 1.38，然后开始下降，到第 6 个点时达到拐点，T 值为 0.17，继而开始上扬，终点 T 值为 2.02。上声有一个明显的凹形，调值可记为 212。塔吉克族女性读去声时，起点调值为 3.82，然后微微上扬，到第 3 个点时 T 值达到 3.96，继而开始下降，终点 T 值为 1.10。去声听感上是一个降调，调值可记为 42。

塔吉克族女性读阳平和上声时都有"凹"的特征，但是阳平的拐点接近起点，在第 4 个测量点处，而上声的拐点接近中点，在第 6 个测量点处。阳平和上声各个点的基频值有 50% 都相差在 20Hz 之上，因此不能归为一调。塔吉克族女性读单字时，形成的是四调格局。

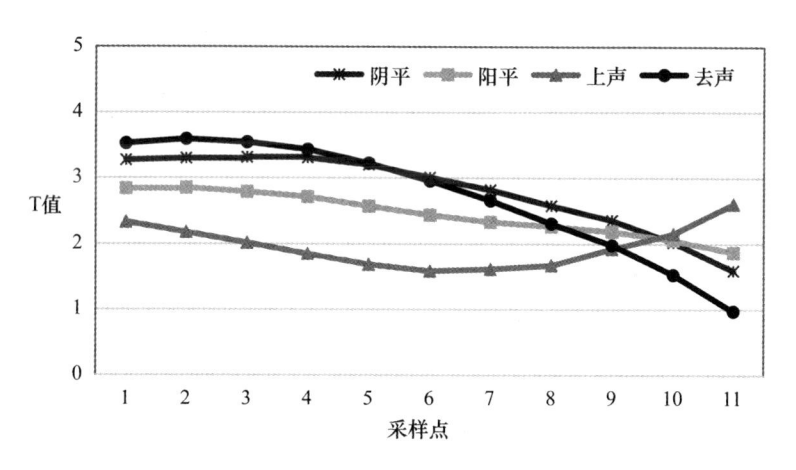

图 5—4　塔吉克族男性读单字时的声调格局

塔吉克族男性读阴平时，起点平均 T 值为 3.27，然后微微上斜，到第 3 个点时 T 值为 3.31，继而开始下降，终点 T 值为 1.59。阴平听感上是一个降调，因此调值可记为 42。塔吉克族男性读阳平时，起点平均 T 值为 2.84，接着微微上扬，到第 2 个点时 T 值达到 2.85，然后开始持续下落，终点 T 值为 1.87。塔吉克族男性将阳平读成了中降调，呈中降拱，调值可记为 32。塔吉克族男性读上声时，起点平均 T 值为 2.33，然后开始下落，到第 6 个点时达到拐点，T 值为 1.58，随后开始上升，终点 T 值为 2.61。根据整体发音情况，调值可记为 323。塔吉克族男性读去声时，起点平均 T 值为 3.52，然后微微上扬，到第 2 个点时 T 值达到 3.59，继而开始持续下落，终点 T 值降至 0.98。去声听感是一个降调，调值可记为 42。

对比塔吉克族女性和男性的发音，可以看出女性读阴平、阳平、上声、去声时的调型都是正确的，阴平是平调，阳平是升调，上声是凹调，去声是降调。只是阴平整个都在 3 度区间，没有达到标准音的 5 度；阳平起点在 2 度区间，终点在 3 度区间，没有达到标准音的起点在 3 度区间，终点在 5 度；上声的起点、拐点位置是正确的，但是终点落在 2 度区间，没有达到标准音终点的 4 度区间；去声的起点较低，在 4 度区间，没有达到标准音的 5 度，终点在 2 度区间，没有降至标准音的 1 度。可以看出塔吉克族女性读单字时，形成的是四调格局，只是每个声调的调高或调域不完全到位。而塔吉克族男性读单字时，将阴平、阳平、去声都读成了降调，并且这三个声调各个点的基频值相差在 0.25—9.56Hz，非常接近，可以归为一调，因此塔吉克族男性读单字时，声调格局呈现的是两调格局，即降调和低凹调。如此看来，塔吉克族女性比男性发音标准很多。

五 塔吉克族男女调长对比分析

调长是声调持续的时间长短，是声调描写的重要参考维度。本章对比了塔吉克族女性和男性读单字时的调长。

表 5—5　　　　　不同男女读单字时的绝对调长　　　（单位：ms）

发音人	阴平	阳平	上声	去声
塔吉克族女性	510	503	550	312
普通话女性	516	531	720	398
塔吉克族男性	332	285	351	261
普通话男性	438	466	626	272

表 5—5 中首先计算出了塔吉克族男女和普通话男女读单字时的绝对调长，然后依据公式（2）将绝对调长转换成相对调长，可见表 5—6。

表5—6　　　　　　　不同男女读单字时的相对调长　　　　（单位：ms）

发音人	阴平	阳平	上声	去声
塔吉克族女性	1.09	1.07	1.17	0.67
普通话女性	0.95	0.98	1.33	0.74
塔吉克族男性	1.08	0.93	1.14	0.85
普通话男性	0.97	1.03	1.39	0.60

从表5—6可以看出，塔吉克族无论是男性还是女性，曲折调都比平调读得长，平调都比降调读得长。塔吉克族女性读阴平和阳平时比普通话女性发音人读得长，而读上声和去声时则比普通话女性发音人读得短。塔吉克族男性读阴平和去声时比普通话男性发音人读得长，而读阳平和上声时则比普通话男性发音人读得短。可以看出，塔吉克族男女阴平都读得较长，上声都读得较短。

六　塔吉克族男女调域对比分析

塔吉克族女性和男性读单字时的调域，见表5—7、表5—8。

表5—7　　　　　　　女性读单字时的调域　　　　　　（单位：Hz）

	最高点		最低点		调域		总调域	
	塔吉克族女性	普通话女性	塔吉克族女性	普通话女性	塔吉克族女性	普通话女性	塔吉克族女性	普通话女性
阴平	261	322	253	314	8	8	128	290
阳平	239	306	202	189	37	117		
上声	234	246	177	142	57	104		
去声	305	432	212	154	93	278		

塔吉克族女性读单字时，调域宽窄次序是：去声＞上声＞阳平＞阴平，总调域128Hz。普通话女性发音人读单字时，调域宽窄次序是去声＞阳平＞上声＞阴平，总调域290Hz。可以看出，去声调域都是最宽的，阴平调域都是最窄的，但是普通话女性发音人的阳平、上声、去声调域以及总调域都比塔吉克族女性宽很多。

表 5—8　　　　　　　男性读单字时的调域　　　　　（单位：Hz）

	最高点		最低点		调域		总调域	
	塔吉克男性	普通话男性	塔吉克男性	普通话男性	塔吉克男性	普通话男性	塔吉克男性	普通话男性
阴平	131	178	117	170	14	8	22	158
阳平	128	187	118	107	10	80		
上声	125	150	116	68	9	82		
去声	136	226	114	91	22	135		

塔吉克族男性读单字时，调域宽窄次序是：去声＞阴平＞阳平＞上声，总调域只有22Hz，非常窄。普通话男性发音人读单字时，调域宽窄次序是去声＞上声＞阳平＞阴平，总调域158Hz。除了阴平调域以外，普通话男性发音人的阳平、上声、去声调域以及总调域要比塔吉克族男性宽很多。

可以看出塔吉克族不论男性还是女性，去声调域相对都比较宽。女性读单字时，阴平调域最窄，因为女性将阴平读成了平调，而男性阴平调域则较宽，因为男性将阴平读成了微降调。塔吉克族男生的总调域非常窄，导致声调发音曲线所占空间狭小，发音不舒展，形成了两调格局。

第三节　塔吉克族习得汉语单字调时存在的问题及应对策略

通过对塔吉克族汉语单字调声学表现的分析，可以看出塔吉克族在习得汉语单字调时存在如下一些问题：汉语的阴平是高平调，但塔吉克族读成了微降调；汉语的阳平是高升调，塔吉克族也读成了微降调；汉语的上声是低凹调，塔吉克族读上声时虽然调型正确，但是终点高度不够；汉语的去声是高降调，而塔吉克族读去声时，起点T值不够高，终点T值不够低。塔吉克族读阴平、阳平时，主要是调型上的偏误，读上声、去声时，主要是调域上的偏误。塔吉克族读单字时，曲折调读得比平调长，平调读得比降调长；阴平、去声比普通话发音人读得长，阳平、上声则比普通话发音人读得短。塔吉克族读单字时，阳平、上声、去声的调域非常窄，而阴平的调域则比普通话发音人宽，这是因为普通话发音人将阴平读成了平调，调域较窄，而塔吉克族将阴平读成了微降调，调域较宽，但是塔吉克族读阳平、上声、去声时调域较窄，导致四个声调的总调域也很窄。

相比男性而言，塔吉克族女性习得汉语单字调更好一些，阴平、阳平、上声、去声的调型都没有偏误，只是调高不到位且调域较窄。汉语的阴平在 5 度区间，塔吉克族女性发音在 3 度区间；汉语的阳平在 3—5 度区间，而塔吉克族女性发音在 2—3 度区间；汉语的上声在 2—4 度区间，塔吉克族女性上声起点、拐点 T 值正确，但是终点 T 值较低，仅在 2 度区间；汉语的去声是高降调，塔吉克族女性去声起点不够高，终点不够低。但不论怎样，塔吉克族女性读单字时形成的是四调格局。塔吉克族男生读单字调时，形成的是两调格局。阴平、阳平、去声都是降调，各个点的基频值非常接近，可归为一调；阴平、阳平调型错误；上声起点 T 值、拐点 T 值都较高，而终点 T 值较低；去声起点 T 值不够高、终点不够低；阴平调域较宽，阳平、上声、去声调域都非常窄。相比而言，女性总调域比男性宽很多，这也导致女性发音更舒展，偏误更少一些。

塔吉克族不论男女，阴平都比普通话发音人读得长，上声都比普通话发音人读得短。女性读阳平时比普通话女性发音人读得长，男性读阳平时比普通话男性发音人读得短。女性读去声时比普通话女性发音人读得短，男性读去声时比普通话男性发音人读得长。

塔吉克族在习得汉语单字调时之所以产生偏误，是因为塔吉克语属于印欧语系语言，而汉语属于汉藏语系语言，两种语言差别较大；塔吉克语是无声调语言，导致塔吉克族对调值的音高体会不够，对声调的区别特征也不敏感，因此习得声调语言比较困难；塔吉克语是有重音的语言，重音通常出现在词的最后一个音节上，受到母语影响，后重现象容易泛化，这使得塔吉克族读声调易形成降调；塔吉克族生活在民族聚居区，成年人日常交际以母语塔吉克语为主，维吾尔语使用也较多，这导致平时练习汉语的机会不很多，从而影响声调的进一步学习和提高，使声调偏误出现化石化现象；李素秋在单字调区分、辨认实验中发现，塔吉克族很难区分阴平—阳平、阴平—去声、阳平—去声，阴平、阳平、去声的感知范畴尚未建立，只建立起"上声"一个声调的感知范畴①。而区分、辨认不好的声调，在发音时也会受到影响，因此塔吉克族读阴平、阳平、去声时偏误较多。

塔吉克族习得汉语单字调时，调型、调域、调长的偏误都存在，只是偏误程度有所不同。阴平、阳平在习得中调型偏误较突出；上声、去声在习得中，调域偏误较多。这与塔县师资不足、母语塔吉克语的迁移、中介语的影响都不无关系。

单字是学习汉语普通话声调系统的基础，是双音节词、多音节词以及语流变调的参照系统。在日常生活中，使用单音节词的概率较低，但是把每个单音节词都发到位是汉语声调习得不可或缺的过程。目前，新疆很多少数民族同志都在积极参加普通话水平测试，特别是在声调上苦下功夫。因此针对塔吉克族习得汉语声调出现的问题，提出如下教学建议：读阴平时，起点要有意识地提高，而且调高要尽量保持平稳，不能下倾；读阳平时，调型偏误较大，所以发声后，需要立即上扬，而且尾部调值要努力拉高；读上声时调型正确，起点和拐点位置也正确，但是终点调值不够，因此要在尾部下功夫，尽量提升终点调值；读去声时，调型正确，但是起点调值不够高，终点调值不够低，因此起点要抬高，终点要尽量往下降。除此之外，在习得汉语单字时，阴平和去声的时长要有所控制，同时要尽量拉宽阳平、上声、去声的调域，使声调舒展，调值到位，音高走向更加明晰。只有持之以恒地练习，才能更好地掌握汉语单字调，从而为双音节词、短文朗读、命题说话打下坚实的基础，才能在普通话测试中取得满意的成绩，从而更好地掌握国家通用语言。

---

① 李素秋：《少数民族学生习得汉语单字调感知实验研究》，《中南民族大学学报》2016年第3期。

第六章

塔吉克族汉语双字调习得研究[*]

第一节 实验设计

一 实验方法

在实地调研的基础上,利用实验语音学的方法,通过采录塔吉克族汉语双字调的语音资料,运用语音分析软件 Praat 对采录的语音资料进行数据分析,做出声调格局,整理出各项语音参量数据,同时采录 2 名汉语普通话水平一级甲等人员的双字调语音材料,在对所采录语音材料处理分析的基础上,分别绘制出两组发音人双字调前字和后字的声调基频曲线图,总结出塔吉克族习得汉语双字调的发音规律。

二 实验对象

本次实验地点为塔县,共选取 10 名塔吉克族,其中女性 4 人,男性 6 人。10 名发音人均出生在塔县,母语为塔吉克语,发音人从小学三年级起开始学习汉语,在民语学校完成小学及中学教育,平均年龄 41 岁,普通话水平等级为三级甲等或三级乙等。10 名塔吉克族发音人有着同样的汉语学习背景,毕业后一直在塔县工作,没有离开过当地,能用汉语交流。发音人的发音器官正常,能够完成本次实验。为了进行发音的数据对比分析,本次实验还分别采录了普通话水平一级甲等男、女各一名的双字调语音材料,作为本研究的双字调声学发音样本。

---

[*] 本章发表在《东方语言学》第二十五辑,内容有删减。

三 实验例字

普通话有阴平、阳平、上声、去声4个声调，每个声调可以出现在双音节词的前位或后位，进行两两相拼合。如阴平与其他声调的组合包括：阴平+阴平、阴平+阳平、阴平+上声、阴平+去声共四种声调组合方式，阳平、上声、去声排列组合方式亦如此，4个声调总计有16种组合形式，从每种组合形式中选出4组例词，一共得到16×4=64组汉语双音节词，[①] 所选取的双音节词，主要来源于《中国少数民族汉语水平等级考试大纲·(二级)》[②] 中的常用词汇。为提高实验数据的准确性，在选取实验例字时，尽量选择韵母为单元音/a/、/i/、/u/的词，同时规避零声母的字。实验例词选取完后，为了排除干扰，把按声调搭配的例词顺序打乱，再进行随机排列，形成字表，字表如表6—1所示：

表6—1　　　　　　　　双字调字表

出发	时机	及时	袭击	补习	地基	处理	即使
主持	大批	西服	地图	自私	复杂	图书	机器
出席	独自	部署	复习	事故	答复	启发	读者
西部	基地	地址	祖母	实习	夫妻	集体	孤苦
笔记	发达	阻止	初步	大地	企图	不足	组织
读书	直达	指出	地步	祖父	提起	吃苦	打击
似乎	固体	彼此	基础	知足	逐步	主席	其实
地主	司机	实际	出租	七喜	古迹	制度	地图

四 实验工具

录音设备采用创新Sound Blaster Digital Music Premium HD USB声卡，索尼ECM-MS907话筒，语音录入、编辑及绘图采用ThinkpadX1笔记本电

[①] 李素秋：《柯尔克孜族学生汉语双音节词声调声学实验研究》，《声学技术》2020年第3期。

[②] 教育部民族教育司中国少数民族汉语水平等级考试课题组编：《中国少数民族汉语水平等级考试大纲·(二级)》，北京语言大学出版社2003年版，第53—149页。

脑,声学分析软件采用 Praat6.1。

五　实验操作

录音地点选在安静、封闭、空间较小的办公室内,采样率设置为 22050Hz、采样精度 16 位,单声道录制。录音前,将 64 组例词提前打印在 A4 纸上,然后发给实验对象,要求实验对象熟悉例词。当实验对象做好准备后,依次开始录制语音。提前把例词做成 PPT 文件,每页 PPT 里仅呈现一个双音节词,为了避免出现连续效应,每组词间隔 3 秒,所有的词连读三遍,共采集到样本总量为:12(人)×64(词)×2(字)×3(遍)= 4608(个)。

将发音人的实验语料存储为"＊.wav"格式后,利用语音分析软件对实验语音材料进行分析。掐头去尾后,分别选取起点和终点进行标注,确定声调长度,设置十等份时长,利用 Praat 在设定的等距离点上测量基频的值,获取十等份点上的基频数据[①],每个样本提取 11 个测试点的数据,共计得出 4608×11 = 50688(个)点的基频值,再分别计算出两组被测对象各个声调基频的平均值,然后用 Excel 对基频值进行处理,分别算出时长 Ms、Log 值、Log z-score 值,最后根据数据做出声调格局图、调长和调域等。

第二节　塔吉克族汉语双字调实验数据分析

一　声调格局的对比分析

声调格局的分析方法是从音系学和声学相结合的角度,考察声调系统的思路和方法[②]。"每一种声调语言都具有一个特定的声调格局。声调格局是由该语言中全部单字调所构成的格局,是声调系统的共时初始状态,是各种声调变化的基本判别标准。因而它是进行声调研究的起点。"[③]

[①] 朱晓农:《语音学》,商务印书馆 2010 年版,第 283 页。
[②] 易斌:《维吾尔族学习者习得汉语单字调的感知实验研究》,《语言教学与究》2011 年第 1 期。
[③] 石锋:《吴江方言声调格局的分析》,《方言》1992 年第 3 期。

从塔吉克族汉语双字调前字和后字的声调格局中，可以得出塔吉克族汉语声调发音的系统性特征。

（一）前字声调格局的对比分析

塔吉克族汉语双字调前字的声调格局与普通话发音人双字调前字的声调格局分别如图6—1、图6—2所示。图中的横轴是绝对时长，纵轴是Lz归一化数值。纵轴-3到-2相当于五度值中的1度，-2到-1相当于五度值中的2度，-1到0相当于五度值中的3度，0到1相当于五度值中的4度，1到2相当于五度值中的5度。在汉语普通话中，上声连读会发生变调现象，即上声与非上声相连，上声的调值变成半上，记作"上声$_1$"；上声与上声相连，前字上声变成阳平，记作"上声$_2$"。

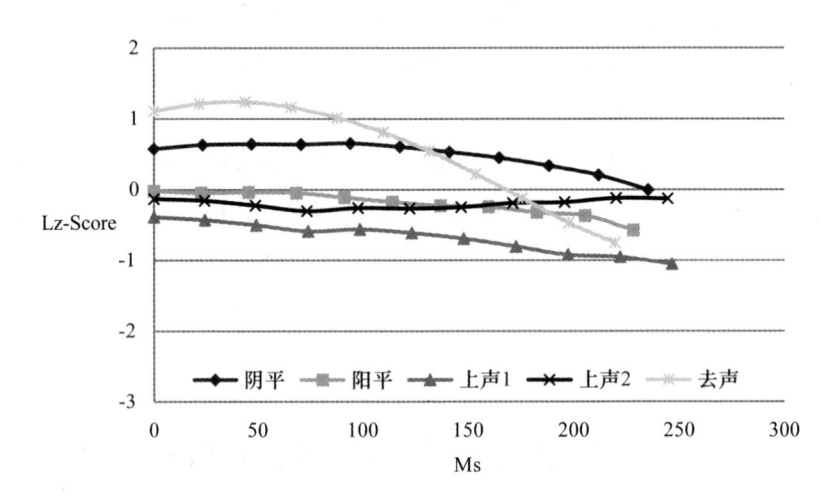

图6—1　塔吉克族读前字时的声调格局

由图6—1可知，阴平起点在4度区域，从起点到40%处，阴平曲线保持水平态势。从40%处开始基频曲线缓缓下降，但下降的幅度较小，终点落在了3度区域，整个阴平曲线的95%以上都在4度区域，在3度区域的范围较少，不足5%，根据整体情况，阴平调值可记作44。阳平起点在3度区域，整个基频曲线的前30%部分保持水平，从30%处缓慢下降，从90%处开始，下降幅度略大，终点依旧落在3度区域，根据整体情况，阳平调值可记作33。上声$_1$起点在3度区域，从起点开始下降，在30%到40%之间微微上扬，从40%处继续下降，终点落在2度区域，但在2度区域的范围较少,根据整体情况,上声₁调值可记作33。上声₂的基频曲线起点在3度区域,从起点到70%处与上声₁基本保持平行,且在70%处与阳平相交,然后微微上扬,终点落在了3度区域,整个上声₂的基频曲线都在3度区域,根据整体情况,上声₂调值可记作33。去声起点在5度区域,从起点到20%处呈微升态势,从20%处后开始微降,从40%处起下降幅度逐渐增大,终点落在了3度区域,去声调值可记作53。

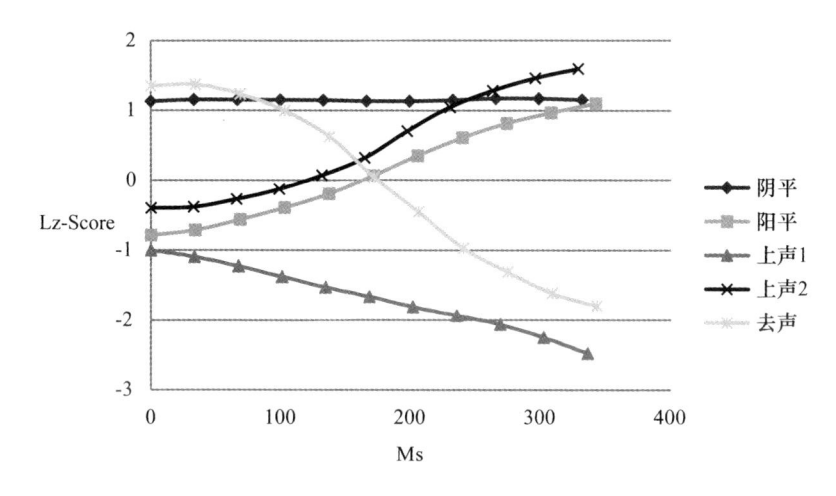

图6—2　普通话发音人读前字时的声调格局

从图6—2可知,普通话发音人读前字时整个阴平曲线都位于5度区域,虽然不是一个绝对水平的调型,但整个声调的音高范围都在5度区间内,因此阴平调值可记作55;普通话发音人的阳平,起点在3度区域,终点落在了5度区域,阳平调值可记为35。普通话发音人的上声₁起点在2度区域,从起点到终点平滑下降,终点落在了1度区域,上声₁调值可记作21;上声₂起点在3度区域,从起点到终点呈上扬趋势,终点落在了5度区域,上声₂整个基频曲线和阳平曲线呈平行状态,上声₂调值可记作35。普通话发音人的去声起点在5度区域,从起点到10%处保持水平,从10%处开始倾斜下降,终点落在2度区域,去声调值可记作52。

通过图6—1、图6—2可以看出,在普通话发音人的前字中,阴平是平调,阳平是升调,上声分两类,上声₁是低降调,上声₂是升调,去声是降调。从整体上看,在双字调前字中,塔吉克族发音人的阴平基本是平调，但起点较低，调值为44。阳平、上声$_1$、上声$_2$基频曲线的起点和终点基本在3度区域，调值可记作33，阳平、上声$_1$、上声$_2$各个点Hz值相差在7—19Hz，因此可以把阳平、上声$_1$、上声$_2$归为一调，去声调值为53，因此塔吉克族读汉语双字调前字时形成的是三调格局。

（二）后字声调格局的对比分析

塔吉克族汉语后字的声调格局及普通话发音人后字的声调格局分别如图6—3、图6—4所示。

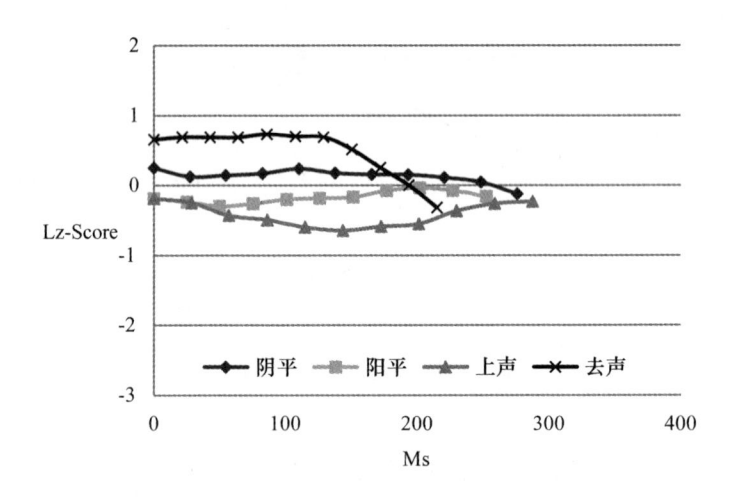

图6—3 塔吉克族读后字时的声调格局

通过图6—3可知，在塔吉克族习得汉语双字调后字中，阴平基频曲线起点在4度区域，从起点到80%处基本保持水平态势，从90%处开始下降，终点落在了3度区域，在3度区域的范围不足10%，根据整体情况，阴平调值可记作44。阳平起点在3度区域，从起点开始微微下降，然后从20%处开始缓缓上扬，且上扬的幅度越来越小，从90%处微微下降，终点落在了3度区域，根据整体情况，阳平调值可记为33。上声起点与阳平起点相当，都在3度区域，上声基频曲线的前10%与阳平基频线重合，从10%处开始上声基频线逐渐下降，在50%处到达上声曲线的拐点，然后从50%处开始上扬，终点落在3度区域，基频曲线呈微凹状，整个上声基频曲线均分布在3度区域，调值可记作33。去声的起点在4度区域，从起点到60%处基频曲线趋于水平，从

60%处开始下降,终点落在了3度区域,从整体情况来看,去声基频曲线表现为"角拱型",且后段下降趋势较为明显,根据整体情况,去声调值可记作43。

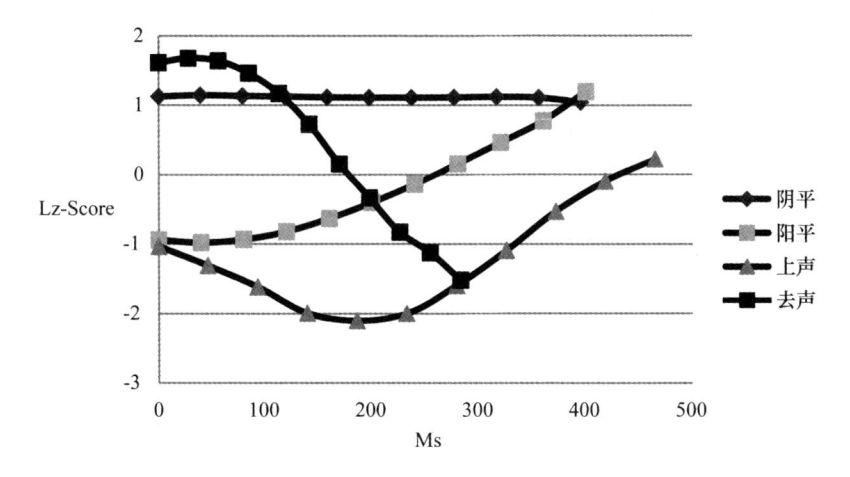

图6—4 普通话发音人读后字时的声调格局

由图6—4可以看出,普通话发音人整个阴平基频曲线都在5度区域,从起点开始一直保持水平,从90%处开始有些下落,但幅度很小,基本保持了水平调型,根据整体情况,阴平调值可记作55。阳平起点在3度区域,终点落在了5度区域,根据整体情况,阳平调值可记作35。上声的起点在2度区域,从起点开始呈下降趋势,在40%处达到拐点,拐点落在了1度区域,基频曲线从拐点后继续上扬,终点落在了4度区域,根据整体情况,上声调值可记作214。去声起点在5度区域,从起点到20%处变化不大,从20%处开始迅速下降,终点落在2度区域,调值可记作52。

在双字调的后字中,普通话发音人的阴平是平调,阳平是升调,上声有明显的拐点,是曲折调,去声是降调。在双字调后字中,塔吉克族阴平基频曲线基本在4度区域,记作44,阳平与上声调值相同都是33,从阴平、阳平、上声的基频曲线图可以看出,三者所占的区间位置比较接近,通过进一步计算,阴平、阳平、上声各个点的Hz值相差均未超过20Hz,鉴于此,塔吉克族汉语双字调后字阴平、阳平、上声可归为一调。

去声基频曲线图下降的趋势明显,去声调值可记作 43,为一调,因此塔吉克族汉语双字调后字形成的是二调格局。

二 调长的对比分析

调长是声调持续的时长,声调的时长因调类的不同而有所差异。本章进一步对比了塔吉克族和普通话发音人汉语双字调前、后字声调的时长。

(一) 前字调长的对比分析

在发音过程中,发音的实际声学表现,既要受到发音人年龄、性别、情绪状态、语言场合、语言内容等因素的影响,又要受各种语音成分联合发音时发音器官各部分肌肉协同动作的影响,用绝对音长值在不同发音人之间进行音长比较有一定困难[①]。为了让两组测试人员的实验结果在对比分析中有最大限度的可比性,这里采用游汝杰、杨剑桥对绝对调长的标准化处理方法[②],按照调类分别统计出塔吉克族和普通话发音人的绝对调长和相对调长数据,如表 6—2、表 6—3 所示。

表 6—2   不同人群前字的绝对调长   (单位:ms)

发音人	阴平	阳平	上声$_1$	上声$_2$	去声
塔吉克族	129	126	136	135	121
普通话(发音人)	182	188	185	181	189

表 6—3   不同人群前字的相对调长   (单位:ms)

发音人	阴平	阳平	上声$_1$	上声$_2$	去声
塔吉克族	1.00	1.00	1.05	1.04	1.00
普通话(发音人)	0.99	1.02	1.00	0.98	1.01

---

① 廖荣容:《苏州话单字调、双字调的实验研究》,《语言研究》1983 年第 2 期。
② 游汝杰、杨剑桥:《吴语声调的实验研究》,复旦大学出版社 2001 年版,第 15 页。

实验表明，塔吉克族习得汉语双字调前字的相对调长顺序是：上声$_1$>上声$_2$>阴平/阳平/去声，而普通话发音人读前字的相对调长顺序是：阳平>去声>上声$_1$>阴平>上声$_2$。具体来说，塔吉克族在读汉语双字调前字时，阴平、上声$_1$、上声$_2$时比普通话发音人读得长；但是阳平和去声比普通话发音人读得短。

（二）后字调长的对比分析

为了科学地进行比较，同时统计了塔吉克族汉语双字调后字和普通话发音人后字的绝对调长和相对调长的数据，如表6—4、表6—5所示。

塔吉克族汉语双字调后字相对调长的顺序是：上声>阴平>阳平>去声，而普通话发音人后字的调长顺序是：上声>阳平>阴平>去声。

从相对调长来看，塔吉克族读后字时阴平和去声比普通话发音人读得长，但是阳平、上声比普通话发音人读得短。

表6—4　　　　　　不同人群后字的绝对调长　　　　（单位：ms）

发音人	阴平	阳平	上声	去声
塔吉克族	152	139	158	118
普通话	218	220	256	156

表6—5　　　　　　不同人群后字的相对调长　　　　（单位：ms）

发音人	阴平	阳平	上声	去声
塔吉克族	1.07	0.98	1.12	0.83
普通话	1.02	1.04	1.20	0.73

通过前、后字调长的比较可以得出，不论是前字还是后字，塔吉克族阴平的调长都读得比普通话发音人的长，阳平调长读得都比普通话发音人短，前字去声调长比普通话发音人的短，后字去声调长比普通话发音人读得长。

三　调域的对比分析

调域是指一个具体声调的音高变化幅度。调域的测量方法为声音基频值的最高点减去最低点的差。发音人声音基频值的最高点和最低点,反映的是发音人因年龄、性别、音高特点、情绪状态等原因而出现的差别[①]。为保证实验的准确性,进一步对比了普通话发音人和塔吉克族汉语双字调前字和后字的调域。

(一)前字调域的对比分析

如表6—6所示,塔吉克族汉语双字调前字调域的宽窄顺序为:去声>上声$_1$>阴平/阳平>上声$_2$,塔吉克族汉语双字调前字基频值的最高点减去最低点的差是52Hz,跨度较小。

表6—6　　　　　塔吉克族前字声调调域　　　　　(单位:Hz)

发音人	阴平	阳平	上声$_1$	上声$_2$	去声
最高点	190	174	165	174	206
最低点	183	167	154	168	162
调域	7	7	11	6	44
总调域	206 − 154 = 52				

表6—7　　　　　普通话发音人前字声调调域　　　　　(单位:Hz)

发音人	阴平	阳平	上声$_1$	上声$_2$	去声
最高点	302	311	188	355	352
最低点	293	167	129	179	133
调域	9	144	59	176	219
总调域	355 − 129 = 226				

如表6—7所示,普通话发音人双音节词前字调域宽窄顺序为:去声>上声$_2$>阳平>上声$_1$>阴平。普通话发音人基频值最高点减去最低点的差是226Hz,跨度较大。

(二)后字调域的对比分析

如表6—8所示,塔吉克族汉语双字调后字声调调域的宽窄顺序为:

---

① 廖荣容:《苏州话单字调、双字调的实验研究》,《语言研究》1983年第2期。

去声＞上声＞阴平＞阳平，整个调域最高点到最低点的差是50Hz，跨度较小。

表6—8　　　　　塔吉克族后字声调调域　　　　　（单位：Hz）

发音人	阴平	阳平	上声	去声
最高点	172	162	159	197
最低点	163	158	147	157
各声调调域	9	4	12	40
总调域	197－147＝50			

如表6—9所示，普通话发音人双音节词后字调域的宽窄顺序为：去声＞阳平＞上声＞阴平，整个调域最高点到最低点的差是228Hz，跨度较宽。

表6—9　　　　普通话发音人后字声调调域　　　　（单位：Hz）

发音人	阴平	阳平	上声	去声
最高点	263	245	184	341
最低点	245	140	113	117
各声调调域	18	105	71	224
总调域	341－113＝228			

通过表6—6、表6—7、表6—8、表6—9可知，塔吉克族汉语双字调前字和后字的声调调域比普通话发音人前字和后字的调域要窄很多。在调域的对比分析中，塔吉克族前字和后字的阴平、阳平、上声、去声的调域都比普通话发音人的窄。不论是普通话发音人还是塔吉克族发音人，两者后字的调域最高点和调域最低点分别是去声和上声，但是塔吉克族去声调域比普通话发音人窄很多，塔吉克族发后字时，后字去声下降幅度较小。总的来说，塔吉克族汉语双字调前字和后字的调域，普遍情况是最高点偏低，最低点偏高，调域范围整体较窄。

第三节　塔吉克族习得汉语双字调时存在的问题及应对策略

　　在声调格局方面：塔吉克族发汉语双字调前字阴平和后字阴平时保持了平调，但调值未达到规范的高度，在终点调型降得比较厉害。前、后字阳平起点正确，当前字是阳平时，基频线没有上扬，反而呈现了微降，当后字是阳平时，基频线微升，前、后字阳平基频线都在3度区域。前字上声和后字上声基频曲线也在3度区域。前字去声，调型正确，调值终点不到位，后字去声表现为"角拱型"。从声调的基频曲线图和数据来看，阴平和去声习得情况较好。塔吉克族汉语双字调前字形成的是三调格局。阴平调值为44，阳平、上声$_1$、上声$_2$的调值为33，去声调值为53。塔吉克族发汉语双字调后字形成的是二调格局：阴平、阳平、上声为平调，各点基频值相差在20Hz内，归为一调；去声是降调，为一调。

　　在调长方面：塔吉克族发汉语双字调前字时，阴平、上声$_1$、上声$_2$的调长均超过普通话发音人，而阳平和去声的调长则比普通话发音人短。在后字中，塔吉克族发汉语阴平和去声的调长均比普通话发音人长，而阳平、上声的调长则比普通话发音人短。也就是说不论前字还是后字，塔吉克族发阴平都比普通话发音人长，而发阳平则短于普通话发音人。塔吉克族发去声时调长也和普通话发音人存在差异，总体来说，塔吉克族发前字去声的调长比普通话发音人短，发后字去声的调长则比普通话发音人长。

　　在调域方面：实验结果显示，塔吉克族发汉语双字调时，调域较窄。这主要是因为汉语属于汉藏语系语言，是一种声调语言；而塔吉克语属于印欧语系语言，是一种无声调语言，塔吉克语的重音一般落在最后一个音节，所以塔吉克族在读声调语言时，习惯性地语调后重，造成声调曲折幅度不大、调域所占面积狭窄。

　　声调是构成汉语语音结构的三要素之一，在汉语中具有区别意义的作用，因此在汉语教学中，声调教学占据着举足轻重的作用。升降曲折是汉语声调最显著的特点，塔吉克语是无声调语言，对于塔吉克族来说，很难区分汉语声调高低升降的变化，因此声调的发音成了一个突出的难题。

针对塔吉克族习得汉语双字调声调格局的特点,提出以下解决策略:

其一,为汉语教学配备优质的师资。汉语教学特别是声调教学,汉语教师发音标准是教好声调的前提条件,也是学生掌握正确发音的关键因素。因此在塔吉克族学生汉语声调入门阶段,应该配备普通话发音标准的教师来教授。通过教师教,学生反复模仿,教师纠正学生的错误发音,可以为后续的声调教学打下坚实的基础。

其二,进一步强化声调教学。在世界语言中,汉语是一种声调语言。声调是汉语教学中最重要的语音单元,声调的准确性是提高汉语学习者语音"可懂度"的主要因素之一[1]。因此要把声调教学贯彻到整个汉语教学中。加强汉语双音节词的声调训练,突出语言的交际功能。由双音节词不断扩充,层层递进,滚雪球式扩大语句,并把学到的词、词组、句子运用到口语交际中,真正做到学以致用,在语言交际中不断深化对词、词组、句子的把握。从塔吉克族汉语双字调发音特点可以看出,塔吉克族在发汉语双字调时,阴平为平调、去声基本为降调,阴平和去声掌握情况相对较好,但阴平的起点较低,去声下降幅度较小,而阳平、上声的发音情况相对较差。针对其存在的发音偏误,在进行声调训练中,发阴平时教师要有意让学生提高起点,并保持平直状态。发去声时注意在终点继续下落,发阳平时声音要由低到高,发成升调。在上声的训练中,要注重上声变调的教学,即上声与上声连读时,前字上声要读为35,上声与非上声连读,前字上声要读为21。把阳平、上声作为重难点进行教学,在设计练习环节时,尽量选取交际中常用的阳平词和上声词,激发学生学习汉语的热情,提高塔吉克族汉语学习者的交际能力,结合诵读韵律性较强的古诗词、举办朗诵比赛等活动,调动学生学习汉语的积极性,提高汉语水平。

其三,运用实验语音软件,进行可视化声调教学。教学方法和教学手段的改进是提高声调教学的关键所在[2]。声调教学中如果用"五度标记

---

[1] 李智强、林茂灿:《对外汉语声调和语调教学中的语音学问题》,《国际汉语教学研究》2018 年第 3 期。

[2] 关键:《声调教学改革初探》,《语言教学与研究》2000 年第 4 期。

法"进行教学，配合头部、手势等，方式单一，而利用教育信息化现代科技手段进行声调教学，特别是双字调的可视化教学，能把声调的学习转换成可视的声调曲线图片，通过直观的感受，引导学生把个人声调的发音语图与标准语音语图进行对比，让学习者主动调整发音方法，从而提高对双字调的掌握。

第七章

塔吉克族汉语陈述句与疑问句语调习得研究

第一节 实验设计

一 实验任务

本章以塔吉克族汉语学习者为对象，对其陈述句、疑问句的语调特点进行了分析，并与汉语的母语发音人进行对比，以发现塔吉克族汉语学习者的语调习得特点。本次实验采用了石锋先生的语调格局理论，通过实验提取基频值，进行半音值转换，得到全句调域、起伏度、音量比等数据，从而得到塔吉克族汉语学习者在音高、音长、音强方面的表现，综合分析塔吉克族汉语学习者陈述句和疑问句的语调特征。

二 实验对象

本次语调实验是针对塔吉克族发音人和汉族发音人的对比研究，塔吉克族发音人有8人，4男4女，普通话发音人有2人，1男1女。因实验需要，在本章中塔吉克族发音人统一表示简称"TB（塔吉克族男性）""TG（塔吉克族女性）"，汉族发音人简称表示为"HB（汉族男性）""HG（汉族女性）"。

发音人具体信息如表7—1所示：

表7—1　　　　　　　　　　发音人基本情况

发音人	性别	年龄（岁）
TB1	男	37
TB2	男	47
TB3	男	42
TB4	男	45
TG1	女	33
TG2	女	33
TG3	女	40
TG4	女	38
HB	男	50
HG	女	57

8名塔吉克族发音人年龄在35—50岁，口齿清晰，发声状态稳定，从未离开过塔吉克族聚居地，汉语学习背景相似，从小在民语学校就读，汉语发音不够标准，汉语习得水平相近，在塔吉克族中具有代表性；汉语发音人共2名，男女各1名，普通话一级甲等水平，受过专业的播音训练，有多年的主持经验，具有标准的普通话表达方式。

三　实验材料

（一）实验句

本实验在充分吸收沈炯实验句理论的基础上，进一步对所用实验句进行了完善修改，且其科学有效性得到石锋团队的实践验证。该组实验句是在自然焦点下的汉语同声调陈述句和疑问句，分为阴平句、阳平句、上声句和去声句，根据实验需要，除语气不同外，其他都保持一致。实验句所使用的汉字是常用汉字，对于塔吉克族发音人，语义容易理解，不会产生歧义。如表7—2所示：

表 7—2　　　　　　　　　　　语调实验句

实验句		
陈述句	张中斌星期天修收音机。	阴平句
	吴国华重阳节回阳澄湖。	阳平句
	李小宝五点整写讲演稿。	上声句
	赵树庆毕业后到教育部。	去声句
疑问句	张中斌星期天修收音机?	阴平句
	吴国华重阳节回阳澄湖?	阳平句
	李小宝五点整写讲演稿?	上声句
	赵树庆毕业后到教育部?	去声句

每个实验句都有 10 个音节，以"主语 + 状语 + 谓语（动宾结构）"为句法结构，该实验句的语音格式为 3—3—4，即第 1—3 字为句首词，第 4—6 字是句中词，第 7—10 字是动宾结构的句末词，其中第 7 字是单音节动词，第 8—10 字是动词的宾语。因实验需要，本研究中陈述句和疑问句的表示方法采用字母缩写，字母 D 为陈述句，字母 Q 为疑问句。

语调实验基于分析句子中每个音节的音高、音长和音强表现，因此句子中的每个单词都成为实验样本，即总样本量是所有单句中的总字数。以上实验材料中共 8 句单句，80 个字。实验要求发音人每个实验句读三遍，一共有 8 位塔吉克族发音人，2 位普通话发音人，因此实验录音得到共 80×3×（8+2）=2400 个样本。

（二）实验硬件

本实验分为两部分进行。其一，塔吉克族发音人：录音地点在新疆塔县，受当地自然经济条件限制，录音选取在当地有良好隔音效果的密闭空间。其二，汉族发音人：录音地点在中南民族大学四号教学楼的专业录音棚，该专业录音棚符合实验标准。

在录制的过程中，每位发音人都会用自然的方法来朗读。为防止重复采录引起的疲倦和其对发音的影响，采取以下方式进行采录：一组试验句依次采录，每句之间间隔 3 秒，重复三次。因发音人本身存在的问题，如个别字调有误，则会立即补录相关的实验语句，以保证所要求的实验语句符合实验要求。

(三) 实验软件

1. Praat 语音软件

Praat 语音处理软件是一款能够分析、标记、处理、合成的多功能语音处理软件，它能够提供从单字到短语以及句子层面的丰富信息。该软件由荷兰阿姆斯特丹大学人文学院语音科学研究所的主席保罗·博尔斯马（Paul Boersma）教授和大卫·威宁克（David Weenink）教授合作开发，已成为国际语言学界一项热门语音实验工具，被广泛应用于全球的语音相关研究中，取得了非常好的研究效果。本实验中采用此软件进行前期录音和分析。

2. Mini Speech Lab 语音软件（南开大学桌上语音工作室）

Mini Speech Lab 语音软件是南开大学一批专家所研制的一款语音实验系统。该系统具备语音分析、测量、绘图等多种语音分析、测量、绘图等功能，可将语音特性以不同的语音形式和统计信息呈现出来。本次试验中采用此软件进行中期基频和幅度积的数据提取。

3. Excel

在本实验中，Excel 主要应用于数据处理的部分：其一是对实验结束后的数据进行归类与统计，其二是基于数据统计绘制图表。

(四) 实验方法

1. 音高的数据提取和处理方法

在音高的数据处理中，较为复杂的步骤为提取基频值，转换半音值，全句调域的计算，计算百分比值，计算起伏度。本实验操作以 Mini Speech Lab 语音软件为主，Praat 语音软件为辅。

（1）提取基频值

基频是指声调的基本频率，它决定着声调的高低。基频是测试音高的基本指标，也是本试验的基础。本实验提取 2400 个样本的基频值，即将实验句导入 Mini Speech Lab 语音软件，判断声调段的位置，选取实验所需的基频曲线。

对基频值的提取，主要包括两个方面。第一，确定音段的开始和结束。在提取语调片段时，应以第二个脉冲为基准，通过对语图中"振幅有无显著降低、第二共振峰是否已模糊"① 的进行观察分析而确定音段的起止。第二，对弯头、降尾的处置。语图基频曲线并非完美的曲线，在声带振动时，其基频曲线会发生弯曲或下降，"即使是平调，在调头和调尾的基频曲线也可能出现抖动"②，而弯头和降尾往往没有重要的特点和声调，所以在进行试验时，要考虑到处理弯头与降尾问题。

（2）转换半音值

在当代汉语语调研究中，对于如何解决绝对音高和频率范围之间的差异是一个疑难问题。在现实语音表现上，赫兹（Hz）是基频单位，表现为人们发音的绝对高度，但由于个体差异，为了能够更好地描述语音变化过程中各部分与语言环境之间的关系，需要对此进行转换。吴宗济先生以"橡皮擦效应"和"代数和关系"为基础理论，与乐理中的半音思想相结合，提出将基频值转换为半音值的方法。该技术已经应用于汉语语音分析、语言教学及计算机语音学等领域，取得良好的效果③。在已有的研究基础上，将基本频率值（Hz）转化为半音值（St），其公式为 $St = 12 \times lg(f/fr)/lg2$，其中"f"代表基频赫兹值，"f"代表基准频率常数。根据前人的语音研究，由于男女之间的个体音高范围不同，所以在实际计算中，男性一般取 55 赫兹，女性一般取 64 赫兹。求出半音值后，根据每个句子的半音值的最大值和最小值求出句子的上下线位置。

（3）全句调域的计算

全句调域的计算表现为整个实验句的音高表化，一般用柱状图表示。从实验中得到半音值，包括最大、最小半音值以及它们所处的音节，这两个半音值的范围就是整个句子的上下线范围，两者的差值就是整个句子的全句调域，即全句上线值减去全句下线值。

（4）计算百分比值

虽然半音值与人类的听觉感觉相一致，但是在相同的平面上，很难对不同的个体进行对比。石锋（2008）提出，把半音值变换成百分数是

---

① 贝先明、向柠：《实验语音学的基本原理与 Praat 软件操作》，湖南师范大学出版社 2016 年版，第 70—72 页。

② 贝先明、向柠：《实验语音学的基本原理与 Praat 软件操作》，湖南师范大学出版社 2016 年版，第 72—74 页。

③ 李爱军：《友好语音的声学分析》，《中国语文》2005 年第 5 期。

一种标准化的数据处理方式，能更好地消除个体差异。为了彻底地消除个体差异对实验结果的影响，需要将半音值转换成一个百分数值，其公式如下：K = 100 × (G − Smin) / (Smax − Smin)。① 在这个公式中，"G"是以每一个音节的半音值来表达的，上半音值是"Smax"，而句调字段的下半音值是"Smin"，而字段调域的百分数是用"K"来表示。

(5) 计算起伏度

起伏度的计算不仅反映了句子的语调调型曲线，而且反映了句子的音高特征。在实验中，采用石锋先生的起伏度计算公式，石锋（2008）提出，通过实验中对于起伏度范围的计算，可以规避不同年龄、不同性别、不同语气和不同声调类型所带来的生理差距，经过归一化处理后，最后反映出实验句子的词调域百分比。起伏度计算如下：Qx = Kx − K(x+1)，在该公式中，"Q"表示起伏度，"x"表示自然数1、2、3等，具体指语句中字段的所在序列数。在词调域中分布着上下线，而中线则为上线与下线的平均线，即上线与下线的差值再除以2。再得到词调域的上线、中线和下线后，在表格中使用 Q_0、Q_1、Q_2……来表示，从而计算出三者的起伏度。实验中计算起伏度时，还应该按照 Q_0、Q_1、Q_2 等顺序表明语调的起伏度状态：Q_1 表示句首，Q_2 表示句中，Q_3 表示句首。最后，根据所得到的 Q 值，可以反映出词调域的起伏波动状态。②

2. 音长的数据提取和处理方法

音长作为语调研究的重要组成部分，同样是韵律变化的重要研究内容。在自然语音中，字音时长受音素和韵律特征相互作用的影响。对于区分不同韵律单元边界的区分表现，具体有两个方面：一个是停顿，另一个是延时，即将音段在分界线之后的停顿和其在分界线前后的扩展，统称为停延。石锋在此基础上提出了"停延率"之说，这不仅有助于排除个体的差异，得到发音的共性特征，也让针对于不同的发音人的实验结果具有可比性。

---

① 石锋、王萍、梁磊：《汉语普通话陈述句语调的起伏度》，《南开语言学刊》2009 年第12 期。

② 石锋、王萍、梁磊：《汉语普通话陈述句语调的起伏度》，《南开语言学刊》2009 年第12 期。

在本次实验中，对于音长的数据提取和处理方法具体如下：把每个音节的长度 Sx（ms）分开进行测量；通过计算，得到每个音节的平均时长 Smean（ms）；最后计算停延率，其计算方法为：某音节停延率 Dx =（Sx + Gx）/Smean，其中，Gx 是该音节之后出现的停顿，由于研究样本为句子的特殊性，Gx 为零。如果句内音节长度大于 1，则认为停延率音节被音段延长了。

3. 音强的数据提取和处理方法

音强是语音的重要物理属性之一，声强是由气流冲击声带力量的强度决定的。所以，在考察语句的重音时，音强是重要的影响因素之一。音量比是根据幅度积计算的，幅度积的定义为"一段时间内语音的总能量，即所选音段内随时间而变的各种采样点幅度的总和"[①]，其计算公式为：某字音量比等于该音节幅度积除以本句音节幅度积的平均值。梁磊、石锋（2010）在幅度积的基础上首次提出了音量比对于重音声学性质的概念和算法[②]。音量比是一个相对化的声学参量，通过计算表现出发音人之间的可比性，并量化了发音人的音强表现，而不是通过主观的听感判断，这使得结果更加客观和清晰。

在本次实验中，对于音强的数据提取和处理方法具体如下：首先通过 Mini Speech Lab 软件中的数据提取得到每个音节对应的幅度积 Gx，然后计算出音节的平均幅度积 Gmean，最后再将幅度积转化为音量比，其计算方法为：某字音量比 Ex = Gx/Gmean，如果一个字音的音量比大于 1，则被认为发生了音量的增强。

第二节　塔吉克族汉语陈述句与疑问句语调习得的音高表现

本章实验以塔吉克族发音人为实验组，以汉语发音人为参照组，通过对比两组发音人陈述句与疑问句音高的相关数据，论述塔吉克族在汉

[①] 阎锦婷：《泰国学生汉语疑问句语调的音量比研究》，《沧州师范学院学报》2016 年第 6 期。

[②] 王萍、石锋：《普通话两字组的音量比分析》，《南开语言学刊》2010 年第 2 期。

语陈述句和疑问句语调习得过程中的偏误，找出他们习得汉语的优缺点，揭示他们的个性特点。

一 塔吉克族汉语陈述句语调习得的音高表现

目前学界对不同语调结构的分析和研究较少，对它们之间的异同和相互关系也不清楚。石锋等人（2009）提出研究汉语语调结构，通过对句调域、词调域和字调域的分布位置、音高跨度和音高起伏的定量分析和比较，找出三个语调结构层级组构方式和对应关系。结果表明，它作为人类语言基本属性的递归，不仅在语法结构上，而且在汉语语调结构的不同层次的构建上都起着重要的作用。[①] 本音高实验基于此项研究，通过从句调域、词调域、字调域三个维度进行切入，分析音高跨度和起伏度跨度，从而分析其音高表现。

（一）陈述句的音高跨度

音高直接表现为频率的赫兹值，实验中将基频的赫兹值转化为半音值。根据句子内部划分的不同音高，计算出不同的词调域，每个调域的最高调域值是调域的上限，最低调域值是调域的下限，从而得到句调域的具体音高调域跨度。根据音高跨度的划分，对应可划分为句调域的音高跨度、词调域的音高跨度和字调域的音高跨度三个阈值范围。

1. 陈述句句调域的音高跨度

句调域是句子的上线和下线之间的调域跨度。各群调域的最高线为整个句子范围的上线，最低线为整个句子范围的下线。如表7—3所示为10位发音人的陈述句句调域对比表。

表7—3　　　　　　　　　陈述句句调域对比表（st）

发音人	陈述句句调域上线值	陈述句句调域下线值	陈述句句调域范围值
HB	25.2	6.1	19.1
HG	30.4	11.1	19.3
TB1	19.5	11	8.5

[①] 石锋、王萍：《汉语功能语调研究》，北京语言大学出版社2017年版，第17—18页。

续表

发音人	陈述句句调域上线值	陈述句句调域下线值	陈述句句调域范围值
TB2	19.5	4.7	14.8
TB3	20.3	10.2	10.1
TB4	18.9	8.3	10.6
TG1	31.5	13.7	17.8
TG2	24.1	16.9	7.2
TG3	27.2	16.2	11
TG4	27.6	13	14.6

分析表7—3，整体上，塔吉克族发音人的陈述句句调域音高跨度小于汉族发音人。汉族发音人的陈述句平均句调域半音值为19.2，塔吉克族发音人陈述句平均句调域半音值为11.8，平均句调域半音值相差7.4。从句调域半音值的上下线角度，塔吉克族发音人的陈述句句调域上线基本低于汉族发音人句调域上线，塔吉克族发音人的陈述句句调域下线基本高于汉族发音人句调域上线，并呈现出与性别的相关性；从男女性别角度，女性陈述句句调域上线值明显高于男性陈述句句调域上线值，女性陈述句句调域下线值明显低于男性陈述句句调域下线值，这种现象同时体现在塔吉克族发音人和汉族发音人上。由此可见，与汉族发音人相比，塔吉克族发音人的陈述句句调域较窄。

根据句调域中的上线和下线的值，找出它们的上线和下线的位置。同时根据实验句的10个字分为3—3—4三段，即句首段、句中段和句尾段，制成表7—4，即10名发音人的调域上下线位置表。

表7—4　　　　　　　陈述句句调域上、下线位置表

发音人	陈述句句调域上线位置	陈述句句调域下线位置
HB	句首段中字	句中段首字
HG	句首段中字	句尾段末字
TB1	句首段首字	句中段末字
TB2	句首段中字	句中段中字
TB3	句首段首字	句中段中字

续表

发音人	陈述句句调域上线位置	陈述句句调域下线位置
TB4	句末段中字	句尾段首字
TG1	句首段首字	句尾段末字
TG2	句首段首字	句尾段中字
TG3	句首段中字	句尾段首字
TG4	句首段中字	句尾段首字

分析表7—4，整体上，塔吉克族发音人的句调域上线的位置大致集中在句首段，多分布在首字和中字，句调域下线大致集中在句中段首和句尾段，男女性有差别，大致呈现出性别的一致性。从句调域上线的位置角度，汉族发音人集中在句首段中字，塔吉克族发音人大致集中在句首段首字和中字上，与性别不具有相关性；从句调域下线位置的角度看，汉族发音人男性集中在句中段首字，汉族发音人女性集中在句尾段末字；塔吉克族发音人男性多在句中段，多分布在中字，塔吉克族发音人女性多在句尾段，多分布在首字，与性别相关性较强。

2. 陈述句词调域的音高跨度

对于词调域的音高跨度的处理，需要以半音值为基础，进行归一化处理，得到词调域音高跨度的百分比数值，以此按照实验句3—3—4词段分布制成折线图，如下图所示，图7—1表现为汉族陈述句词调域百分比，图7—2表现为塔吉克族男性陈述句词调域百分比，图7—3表现为塔吉克族女性陈述句词调域百分比。

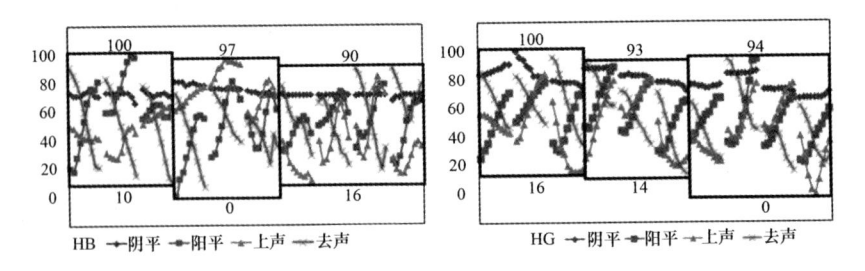

图7—1 汉族陈述句词调域百分比

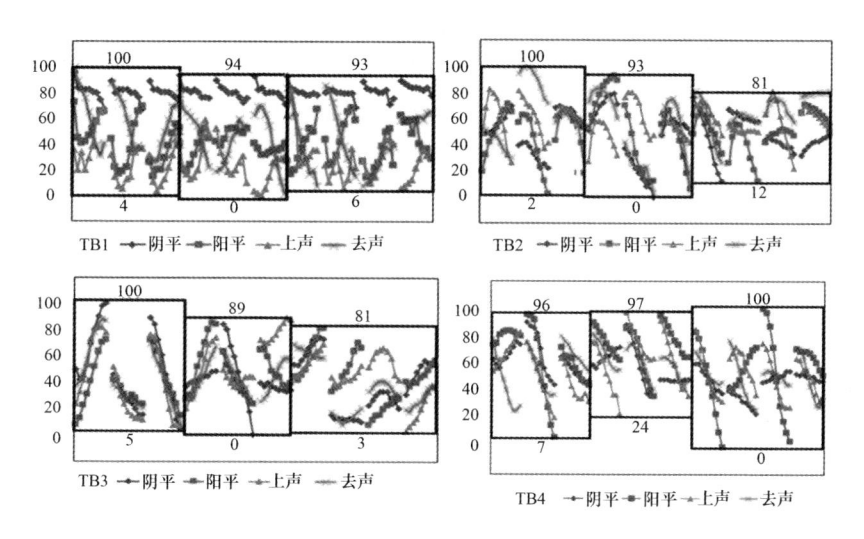

图 7—2 塔吉克族男性陈述句词调域百分比

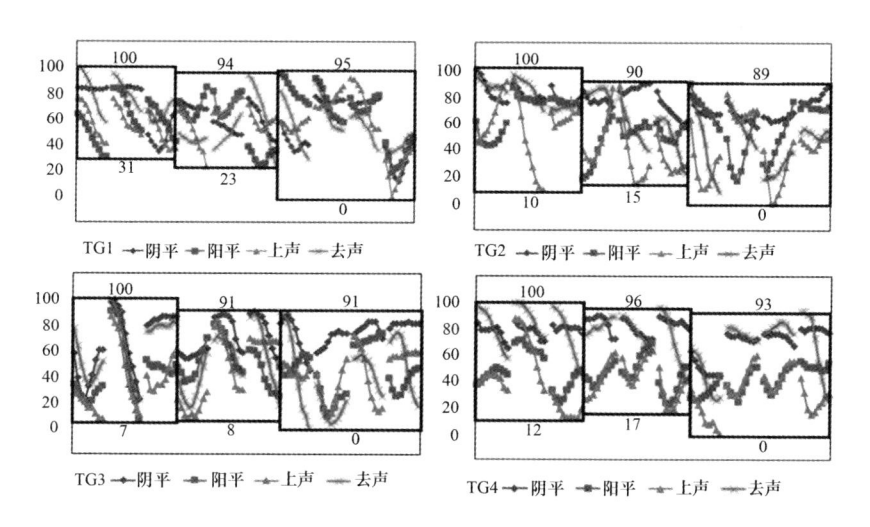

图 7—3 塔吉克族女性陈述句词调域百分比

由以上图表可知,塔吉克族发音人陈述句词调域的特点为:

其一,塔吉克族发音人的词调域跨度最大值分布比较平均,塔吉克族男性发音人的词调域跨度最大值主要分布在句首词,调域跨度在95%以上,有一组最大值分布在句末词,但句首词跨度依然很大,为89%;塔吉克族女性发音人的词调域跨度最大值分布在句首词或句末词,调域跨度在90%以上；与塔吉克族相比，汉族发音人的词调域跨度最大值分布在句中词和句末词，与塔吉克族发音人的词调域跨度最大值分布有差别。

其二，塔吉克族发音人的词调域跨度最小值分布比较分散，塔吉克族男性发音人的词调域跨度最小值主要分布在句末词，有一组最小值分布在句中词，调域跨度在70%—90%，跨度较大；塔吉克族女性发音人的词调域跨度最小值主要分布在句中词，有一组最小值分布在句首词，调域跨度在65%—85%，跨度较大；与汉族塔吉克族相比，汉族发音人的词调域跨度最小值分布句中词和句末词，与塔吉克族发音人的词调域跨度最小值分布有差别。

其三，塔吉克族发音人的词调域跨度分布趋势大致呈现曲折减少的趋势，少部分呈现曲折增加趋势，与塔吉克族相比，汉族发音人的词调域跨度趋势呈现曲折减少趋势。

3. 陈述句字调域的音高跨度

对于字调域的音高跨度，对半音值进行归一化处理后，得到每字的调域音高跨度的百分比数值，以此制成如下所示表格，表7—5表现为十名实验人的陈述句字调域百分比。

表7—5　　　　　　　陈述句字调域对比表（%）

发音人	句首词			句中词			句末词			
	首字	中字	末字	首字	中字	末字	首字	中1字	中2字	末字
HB	73 (18—91)	85 (15—100)	68 (10—78)	81 (0—81)	69 (28—97)	59 (23—82)	67 (11—78)	51 (22—73)	71 (19—90)	74 (16—90)
HG	66 (25—91)	62 (38—100)	80 (16—96)	68 (25—93)	49 (35—84)	64 (14—78)	53 (23—76)	60 (34—94)	61 (15—77)	71 (0—71)
TB1	80 (20—100)	83 (6—89)	85 (4—89)	81 (13—94)	80 (10—90)	93 (0—93)	85 (8—93)	80 (6—86)	81 (8—89)	84 (6—90)
TB2	63 (19—82)	98 (2—100)	51 (18—69)	66 (27—93)	80 (0—80)	70 (5—75)	69 (12—81)	55 (12—67)	59 (22—81)	49 (32—81)
TB3	92 (8—100)	40 (12—52)	84 (5—89)	64 (21—85)	84 (0—84)	63 (26—89)	39 (42—81)	62 (8—70)	58 (8—66)	54 (3—57)

续表

发音人	句首词			句中词			句末词			
	首字	中字	末字	首字	中字	末字	首字	中1字	中2字	末字
TB4	58 (26—84)	89 (7—96)	47 (33—80)	66 (24—90)	60 (37—97)	58 (37—95)	85 (0—85)	53 (24—77)	96 (4—100)	42 (29—71)
TG1	69 (31—69)	47 (48—95)	40 (35—75)	62 (23—85)	46 (36—82)	71 (23—94)	66 (29—95)	41 (51—92)	56 (36—92)	49 (0—49)
TG2	57 (43—100)	86 (10—96)	31 (57—88)	68 (18—86)	75 (15—90)	62 (22—84)	81 (8—89)	66 (16—82)	76 (0—76)	48 (40—88)
TG3	71 (7—78)	93 (7—100)	58 (29—87)	62 (8—70)	58 (30—88)	73 (18—91)	91 (0—91)	73 (3—76)	70 (13—83)	66 (17—83)
TG4	64 (33—97)	67 (33—100)	85 (12—97)	64 (26—90)	53 (37—90)	79 (17—96)	66 (0—66)	57 (24—81)	55 (30—85)	78 (15—93)

由表7—5可知，塔吉克族发音人在陈述句字调域音高跨度方面有以下特点：

其一，在句首词中，汉族男性发音人字调域音高跨度呈现上凸型，即首字＜中字＞末字，各字之间的跨度差值分布在10%—20%；汉族女性发音人字调域音高跨度呈现下凹型，即首字＞中字＜末字，但各字之间的跨度较汉族男性分布大，差值分布在0—20%。塔吉克族发音人陈述句字调域音高跨度呈现出离散型规律：塔吉克族男性发音人中，两组呈现出上凸型，即首字＜中字＞末字，但是各字之间的跨度比较大，差值大于30%；一组呈现下凹型，即首字＞中字＜末字，但是各字之间的跨度比较大，差值大于30%；一组呈现出平缓上升状态，即首字＜中字＜末字，但各字之间的跨度极小，差值小于5%。塔吉克族女性发音人中，两个呈现出上凸型，即首字＜中字＞末字，但各字之间的跨度不平均，差值分布在20%—40%；一组呈现平缓上升状态，即首字＜中字＜末字，但各字之间的跨度较男性分布大，差值分布在0—20%；一组呈现平缓下降状态，即首字＞中字＞末字，但各字之间的跨度分布较大，差值分布在5%—30%。

其二，在句中词中，汉族男性发音人字调域音高跨度呈现平缓下降状态,即首字＞中字＞末字,但各字之间的跨度分布较句首词大,差值分布在10%—25%;汉族女性发音人字调域音高跨度呈现下凹型,即首字＞中字＜末字,但各字之间的跨度差值分布在0—25%。塔吉克族发音人陈述句字调域音高跨度较句首词呈现出聚合型规律:塔吉克族男性发音人中,两组呈现出上凸型,即首字＜中字＞末字,各字之间的跨度分布较句首词小,差值分布在10%—20%;一组呈现平缓上升状态,即首字＜中字＜末字,各字之间的跨度分布差值分布在5%—15%;一组呈现出平缓下降状态,即首字＜中字＜末字,但各字之间的跨度极小,差值小于6%。塔吉克族女性发音人中,三组呈现下凹型,即首字＞中字＜末字,各字之间的跨度差值分布在0—25%,与汉族女性发音人一致;一组呈现出上凸型,即首字＜中字＞末字,但各字之间的跨度较小,差值小于15%。

其三,在句末词中,汉族男性发音人字调域音高跨度呈现下凹型,各字之间的跨度分布差值分布在0—25%;汉族女性发音人字调域音高跨度呈现平缓上升状态,各字之间的跨度差值分布在0—10%。塔吉克族发音人陈述句字调域音高跨度分布无明显规律:塔吉克族男性发音人中,一组呈现下凹型,但各字之间的跨度极小,差值小于5%;两组呈现曲折下降状态,各字之间的跨度差值大,分布在10%—45%;另一组呈现曲折上升状态,各字之间的跨度差值分布在0—25%。塔吉克族女性发音人中,一组呈现下凹型,各字之间的跨度差值分布在0—15%;三组呈现曲折下降状态,各字之间的跨度差值大,分布在5%—45%。

(二)陈述句的音高起伏度分析

句子语调的起伏度计算是以词调域的百分比数据为依据进行的。起伏度数据可以将不同年龄和性别的发音人、不同语气和口气类型的语句放置在同一空间中对照比较,在可比性的基础上进一步具有可统计性,使语调研究进入量化分析过程,语句起伏度一般用Q值来表示。通过对两组发音人陈述句的音高起伏度的个性分析和比较分析,比较两者在汉语陈述句习得上的差异。

1. 陈述句音高起伏度个性分析

对于音高起伏度问题的处理,以图7—1、图7—2、图7—3、表7—5制成如下起伏度分析图,其中,小框中央的每一个数字代表的是所在位

第七章　塔吉克族汉语陈述句与疑问句语调习得研究 / 225

置的字调域范围，表示的是相应的百分比数值，表示的是单字的调域范围；表中黑色加粗大框表示为词调域范围，数值表示所在区域的上、下线百分比数值。图7—4 表现为汉族陈述句音高起伏度变化，图7—5 表现为塔吉克族男性陈述句音高起伏度变化，图7—6 表现为塔吉克族女性陈述句音高起伏度变化。

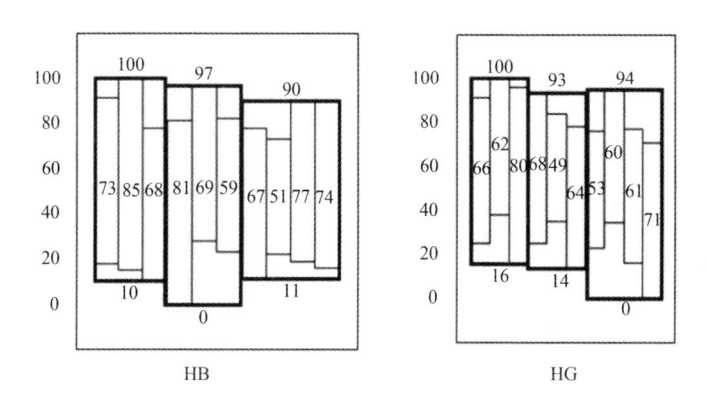

图7—4　汉族陈述句音高起伏度分析（%）

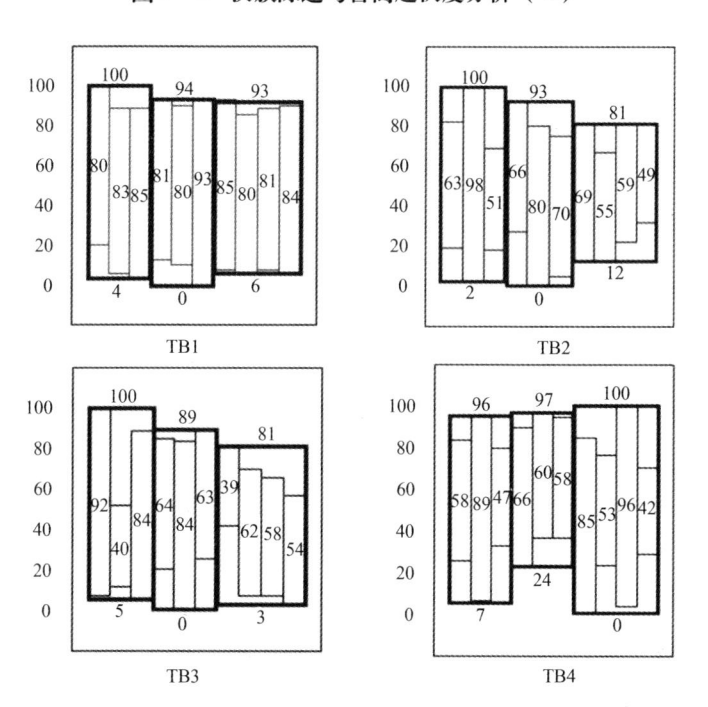

图7—5　塔吉克族男性陈述句音高起伏度分析（%）

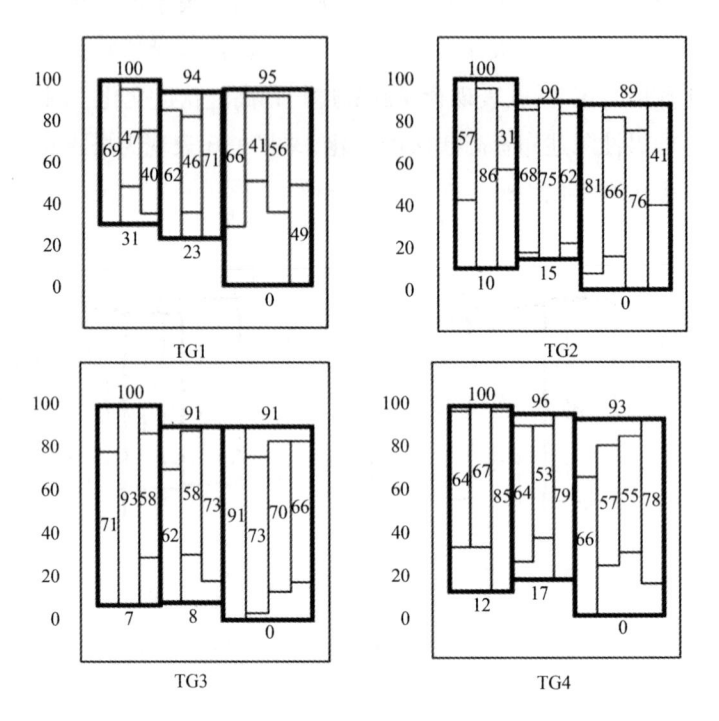

图7—6　塔吉克族女性陈述句音高起伏度分析（%）

通过分析汉族和塔吉克族陈述句调域起伏度图，可以将塔吉克族陈述句调域起伏度特点概括如下：

首先，塔吉克族发音人陈述句调域起伏度上、下线分别为100%与0，所表现的跨度范围都达到100%，显示出最大起伏跨度，这与汉族发音人陈述句调域起伏度上下线和最大调域跨度保持一致。

其次，从整体上看，塔吉克族发音人陈述句调域起伏度上线出现下倾趋势，与汉族发音人表现一致，没有出现性别区分现象，但是塔吉克族发音人在陈述句调域起伏度上线之间差值较汉族高，汉族发音人陈述句调域起伏度上线分布在90%—100%，塔吉克族发音人陈述句调域起伏度上线分布在80%—100%，其中只有一组数据调域起伏度上线呈现离群状态，呈现上升趋势，调域起伏度上线为96%—100%。

最后，塔吉克族发音人陈述句调域起伏度下线与性别具有明显相关性。女性表现出明显规律性：塔吉克族发音人陈述句调域起伏度下线出现上升趋势，与汉族发音人表现一致，但是塔吉克族发音人陈述句调域起伏度下线之间差值较汉族高，汉族发音人陈述句调域起伏度上线分布在0—31%，塔吉克族发音人陈述句调域起伏度上线分布在0—16%。男性表现规律性不明显：汉族发音人陈述句调域起伏度下线出现曲折平缓上升，呈现高—低—高趋势，下线分布在0—11%；两组塔吉克族汉族发音人陈述句调域起伏度下线也出现曲折平缓上升，呈现高—低—高趋势，下线分布在0—12%，较汉族发音人低；一组呈现出曲折平缓下降，但也呈现高—低—高趋势，下线分布在0—5%；另一组也呈现出曲折平缓下降，但却呈现低—高—低趋势，下线分布0—24%，远高于其他值。

2. 塔汉陈述句音高起伏度比较分析

以音高百分比为基础，分别对句首、句中、句末词调域内部字音的音高起伏格局的男性平均、女性平均和总平均图进行比较，如表7—6所示。表中选择Q值来表示不同位置的调群内部字调域的起伏度，是为了区分语调分析的不同层次。即设Q_0为调群调域内部起始点的实际百分比数值，Q表示整个词调域的起伏度，Q_1、Q_2为此位置点的百分比数值减去起始点的百分比数值所得的差值，可表明起伏度变化。

表7—6　　　　　　　塔汉陈述句音高起伏度表（%）

汉族		句首 Q_0	句中 Q_1	句末 Q_2	塔吉克族		句首 Q_0	句中 Q_1	句末 Q_2
男性	上线	100	−3	−10	男性	上线	92	−2	−7
	中线	55	−6	−4		中线	50	−1	−2
	下线	10	−10	1		下线	7	5	4
女性	上线	100	−7	−6	女性	上线	98	−7	−13
	中线	58	−4	−11		中线	61	−6	−14
	下线	16	−2	−16		下线	25	−6	−16
总体	上线	100	−5	−11	总体	上线	95	−4	−10
	中线	57	−6	−8		中线	60	−6	−12
	下线	13	−6	−7		下线	16	0	−6

通过分析塔汉陈述句音高起伏度，可以将塔汉陈述句调域起伏度特点对比概括如下：

其一，从起伏度格局的起伏程度来看，塔吉克族发音在句末的起伏最大，而男性为上线值，女性为下线值，并表现出"边界调的特征"①（石锋、王萍、梁磊，2009），与汉族发音人表现相同。同时，塔吉克族发音人中，塔吉克族女性发音人在整句的最大起伏度和汉语发音人表现一致，下降16%；男性女性全句最大起伏度较汉语发音人小，下降7%。因此，在句调域最大的起伏程度上，塔吉克族女性基本已经习得，并明显表现出汉语陈述句所具有的边界调特点，而塔吉克族男性没有完全习得此规律，也为表现出偏误的规律。

其二，从数据表现上，Q_1表示为句中词调域的起伏度，Q_2表示为句末词调域的起伏度，在数据表现上，汉语母语者中除了男性发音人中的Q_2外，词调域起伏度句中、句末词均为负值，同时，它们的负值的绝对值又远远大于正值的绝对值，这种数据呈现出在词调域变化中，整体上呈现出下倾的趋势。石锋（2009）表明，音高下倾的表现方式是汉语陈述句的主要特征，这种音高下倾程度可能为大幅度的，且为无标记的，音高中的上升程度表现很明显，但是上升的程度有限，只能很小②。在塔吉克族发音人的数据表现上，除了男性发音人的Q_1、Q_2的下线值外，词调域起伏度中的句中、句末词均表示为负值，但负值的绝对值小于正值，即词调域整体上也呈下倾趋势，但下倾幅度小于汉族发音人。由此可见，塔吉克族对于汉语陈述句音高下倾特点的习得情况差异比较大，塔吉克族女性习得情况和汉语发音者基本一致，但是塔吉克族男性对于音高下倾的习得情况并不理想，存在音高上升现象，并集中在句末词调域。

总之，从起伏程度和正负、平均值方面进行分析，塔吉克族女性习得情况优于塔吉克族男性。在全句最大的起伏度表现上，塔吉克族女性基本已经习得此特点，并表现为"边界调"的习得特征，而塔吉克族男

---

① 石锋、王萍、梁磊：《汉语普通话陈述句语调的起伏度》，《南开语言学刊》2009年第12期。

② 石锋：《语调格局——实验语音的奠基石》，商务印书馆2013年版，第3—5页。

性却习得情况不理想，没有呈现出规律性偏误表现。同时，汉语陈述句具有的音高下倾的特点，对于这种语调特征，塔吉克族女性发音人习得情况和汉族发音人基本一致，但是塔吉克族男性发音人习得情况不一致，塔吉克族男性发音人在句末词调域表现上呈现出音高上倾的趋势。对于单一塔吉克族发音人来说，音高上升程度体现为在词调域中表现较小，并在全句起伏度中下降幅度基本低于对应的上升幅度。从整体上看，塔吉克族女性发音人和汉语发音人起伏度变化倾向更为接近，习得汉语陈述句起伏特点的情况较好；塔吉克族男性发音人在句末词调域表现为小幅度上升状态，在这一表现上，和汉族男性发音人所呈现的大幅度下降状态相反，这也导致塔吉克族男性发音人在全句起伏度表现上差距较大。因而，塔吉克族男性发音人在汉语陈述句句末词调域下降的习得表现上应该多加练习。

二 塔吉克族汉语疑问句语调习得的音高表现

本部分将沿用前一部分的方法来分析塔吉克族汉语疑问句的音高习得特点，将同样运用语调格局的分析方法。实验分析中所涉及概念基本与上一小节一致，不再赘述。但具体的疑问句理论基础有所区别，对于疑问句研究，石锋、王萍（2010）指出，对于汉语疑问句语调的音高变现特征如下：调域提高和调域扩展，其中，调域提高主要表现在疑问句句调域上；而调域扩展则体现为疑问句内部各成分间存在着相互关联或制约关系[①]。基于此，探讨塔吉克族在汉语疑问句语调习得方面的音高表现状态。

（一）疑问句的音高跨度

对于疑问句的音高跨度，同样以频率的赫兹值为基础，实验中将基频的赫兹值转化为半音值。以半音为标度，根据语句内部划分的不同语音词，作出音高跨度。通过分析汉族发音人和塔吉克族发音人疑问句的句调域、词调域和字调域的音高跨度，分析其疑问句的音高跨度。

1. 疑问句句调域的音高跨度

句调域音高跨度仍然是句子的上下线的差距，如表7—7所示为10位

---

① 王萍、石锋：《汉语普通话疑问句语调的起伏度》，《南开语言学刊》2010年第2期。

发音人的疑问句句调域对比表。

表7—7　　　　　　　　疑问句句调域对比表（st）

发音人	疑问句句调域上线值	疑问句句调域下线值	疑问句句调域范围值
HB	29.8	7.7	22.1
HG	35.3	16.7	18.6
TB1	20.5	11.6	8.9
TB2	18.4	4.4	14
TB3	20.6	11.1	9.5
TB4	19	7.9	11.1
TG1	31	16.9	14.1
TG2	24.6	17.5	7.1
TG3	26.9	14.6	12.3
TG4	35.3	16.7	18.6

分析表7—7，可以得到塔吉克族疑问句句调域的音高跨度阈值特点如下：

其一，从整体上，汉族发音人的疑问句调域音高跨度大于塔吉克族发音人的疑问句句调域音高跨度。汉族发音人的疑问句平均句调域半音值为20.32，塔吉克族发音人疑问句平均句调域半音值为11.95，平均句调域半音值相差8.4。同时，汉族男性发音人在疑问句调域音高跨度范围高于汉族女性发音人，塔吉克族男性发音人的疑问句调域音高跨度却低于女性。由此可见，与汉族发音人相比，塔吉克族发音人的疑问句句调域较窄。

其二，从句调域半音值的上下线角度，疑问句句调域上下线阈值特点与性别相关性较大。对于女性发音人，汉族发音人疑问句句调域上线为35.3，塔吉克族发音人虽等于或低于汉族发音人上线，但是上线数值高于24.6，上线阈值较高；汉族女性发音人疑问句调域下线值为16.7，塔吉克族发音人疑问句调域下线值或高或低于16.7，相差不大，分布范围在 14.6—17.5。对于男性发音人，汉族发音人疑问句句调域上线为 29.8，塔吉克族发音人远低于汉族发音人上线，分布范围在 18.4—20.6；汉族男性发音人疑问句调域下线值为 7.7，塔吉克族发音人疑问句调域下线值或高或低于 7.7，与上线阈值相比离群现象不明显，分布范围在 4.4—11.7。

同样根据疑问句句调域上下线的数值，可以找出他们上、下线的位置，制成表 7—8，即十名发音人的疑问句调域上、下线位置表。

表 7—8　　　　　　　　疑问句句调域上、下线位置表

发音人	疑问句句调域上线位置	疑问句句调域下线位置
HB	句首段中字	句中段末字
HG	句尾段首字	句尾段末字
TB1	句首段首字	句首段末字
TB2	句尾段中字	句中段中字
TB3	句首段首字	句首段首字
TB4	句中段中字	句首段末字
TG1	句首段首字	句中段末字
TG2	句首段首字	句首段中字
TG3	句首段中字	句首段中字
TG4	句尾段首字	句尾段末字

分析表 7—8，对于疑问句句调域上下线位置，塔吉克族发音人呈现出无规律性，但是疑问句句调域上下线位置依旧与性别具有一定的相关性。对于男性发音人，汉族发音人疑问句句调域上线位置在句首段中字，下线位置在句中段末字；对于塔吉克族发音人，疑问句句调域上线位置两组分布在句首段、一组分布在句中段、一组分布在句尾段，疑问句调域下线位置三组分布在句首段，一组分布在句中段，下线位置较上线位置相似性高。对于女性发音人，汉族发音人疑问句句调域上线位置在句尾段首字，下线位置在句尾段末字；对于塔吉克族发音人，疑问句

调域上线位置三组分布在句首段、一组分布在句尾段，疑问句句调域下线位置两组分布在句首段、一组分布在句中段、一组分布在句尾段，除一组数据相似性较高，其他都表现出一定的离群性，但是规律性较塔吉克族男性发音人强。

2. 疑问句词调域的音高跨度

对于疑问句词调域的音高跨度，同样以半音值为基础，进行归一化处理，得到如下图表群。图7—7 表现为汉族疑问句词调域百分比，图7—8 表现为塔吉克族男性疑问句词调域百分比，图7—9 表现为塔吉克族女性疑问句词调域百分比。

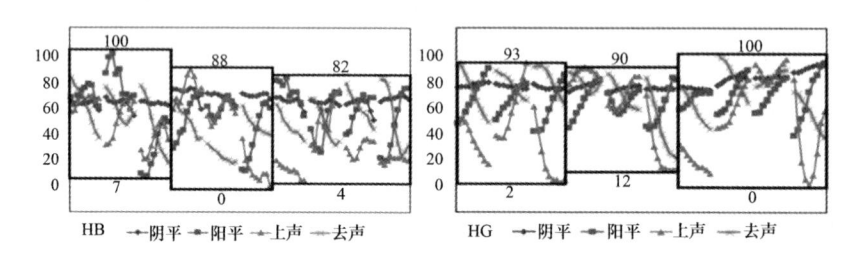

图7—7　汉族疑问句词调域百分比

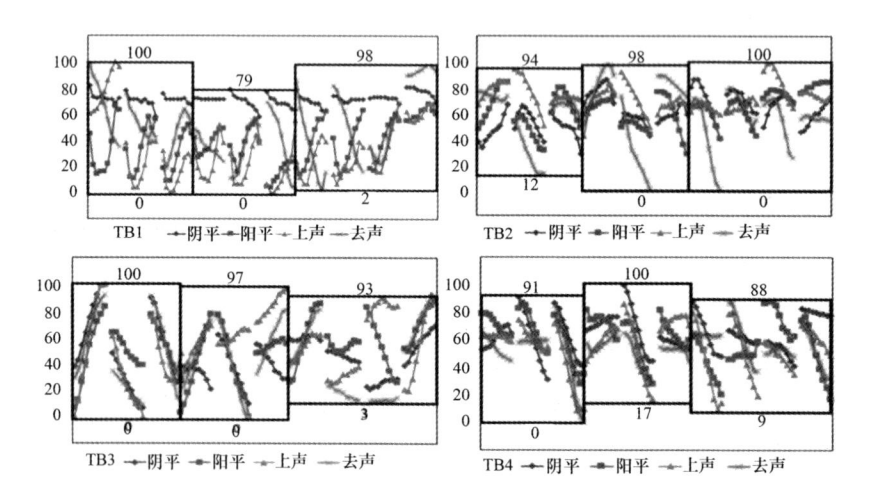

图7—8　塔吉克族男性疑问句词调域百分比

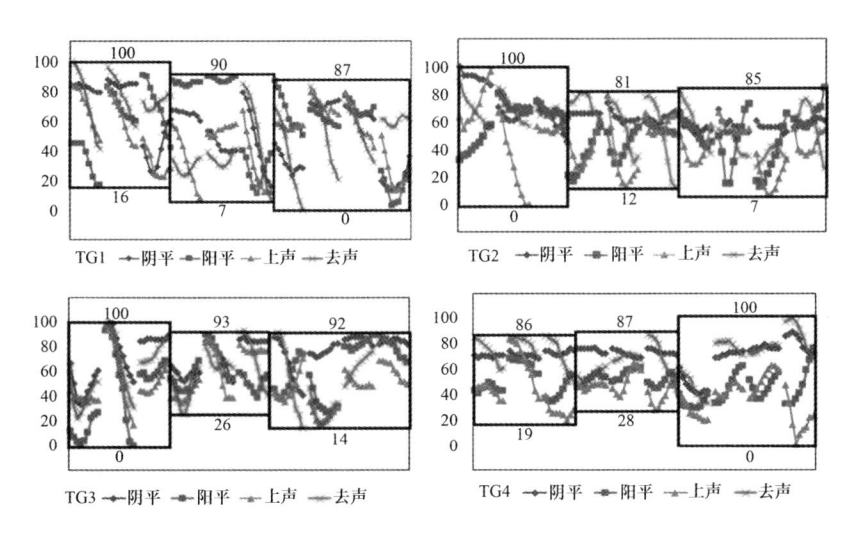

图7—9 塔吉克族女性疑问句词调域百分比

由以上图表可知,塔吉克族发音人疑问词调域的特点为:

其一,塔吉克族发音人的词调域跨度最大值分布比较平均,塔吉克族男性发音人的词调域跨度最大值主要分布在句首词,调域跨度在90%以上,但有一组最大值分布在句末词;塔吉克族女性发音人的词调域跨度最大值分布在句首词或句末词,调域跨度在85%以上;与塔吉克族相比,汉族发音人的词调域跨度最大值分布句中词和句末词,与塔吉克族发音人的词调域跨度最大值分布相似,但是与性别相关性不紧密。

其二,塔吉克族发音人的词调域跨度最小值分布比较分散,塔吉克族男性发音人的词调域跨度最小值分布表现最为分散,两组分布在句首,一组分布在句中,一组分布在句末,调域跨度在79%—90%,跨度较大;塔吉克族女性发音人的词调域跨度最小值主要分布在句中词,有一名最小值分布在句首词,调域跨度在69%—84%,跨度较大;与塔吉克族相比,汉族发音人的词调域跨度最小值分布句中词和句首词,与塔吉克族发音人的词调域跨度最小值分布有差别,但是女性相似性比男性高。

其三,塔吉克族发音人的词调域跨度分布趋势大致呈现曲折上升的趋势,少部分呈现曲折下降趋势,与汉族塔吉克族相比,汉族发音人的词调域跨度变化趋势较大,塔吉克族发音人的词调域跨度趋势部分较平缓。

3. 疑问句字调域的音高跨度

对于疑问句字调域的音高跨度，同样基于半音值进行归一化处理，得到字调域的音高跨度的百分比数值，以此制成下表，表7—9表现为10名实验人的疑问句字调域百分比。

表7—9　　　　　　　　疑问句字调域对比表（％）

发音人	句首词			句中词			句末词			
	首字	中字	末字	首字	中字	末字	首字	中1字	中2字	末字
HB	46 (36—82)	69 (31—100)	69 (7—76)	60 (28—88)	53 (17—70)	70 (0—70)	78 (4—82)	48 (25—73)	58 (20—78)	65 (16—81)
HG	86 (14—100)	74 (4—78)	76 (0—76)	63 (9—72)	72 (7—79)	77 (0—77)	84 (2—86)	75 (7—82)	57 (16—73)	44 (54—98)
TB1	52 (33—85)	82 (12—94)	52 (28—80)	56 (42—98)	92 (0—92)	61 (28—89)	86 (0—86)	38 (42—80)	75 (25—100)	39 (45—84)
TB2	100 (0—100)	64 (0—64)	81 (10—91)	75 (3—78)	77 (0—77)	68 (29—97)	60 (26—86)	48 (13—61)	80 (10—90)	73 (20—93)
TB3	34 (45—79)	60 (31—91)	87 (0—87)	37 (45—82)	83 (17—100)	38 (44—82)	79 (9—88)	68 (19—87)	53 (35—88)	66 (17—83)
TB4	77 (16—93)	57 (36—93)	89 (2—91)	46 (44—90)	31 (54—85)	70 (12—82)	66 (9—75)	56 (44—100)	41 (55—96)	93 (0—93)
TG1	84 (16—100)	53 (43—96)	69 (22—91)	79 (8—87)	61 (29—90)	78 (7—85)	87 (0—87)	63 (20—83)	47 (32—79)	61 (3—64)
TG2	67 (33—100)	85 (0—85)	30 (46—76)	64 (17—81)	67 (13—90)	67 (12—79)	54 (29—83)	58 (15—73)	59 (7—66)	59 (26—85)
TG3	65 (2—67)	100 (0—100)	46 (43—89)	43 (26—69)	51 (39—90)	54 (39—93)	78 (14—92)	66 (17—83)	41 (48—89)	39 (50—89)
TG4	77 (16—93)	57 (36—93)	89 (2—91)	46 (44—90)	31 (54—85)	70 (12—82)	66 (9—75)	56 (44—100)	41 (55—96)	93 (0—93)

由表7—9可知，塔吉克族发音人在疑问句字调域音高跨度方面有以下特点：

其一，在句首词中，汉族男性发音人和汉族女性发音人字调域音高跨度都呈现上凸型，即首字＜中字＞末字，但各字之间的跨度汉族女性较汉族男性分布大，两者差值分布在0—15%。塔吉克族发音人疑问句字调域音高跨度呈现出离散性规律：塔吉克族男性发音人中，两组呈现出下凹型，即首字＞中字＜末字，但是各字之间的跨度比较大，差值分布30%—40%；一组呈现上凸型，即首字＜中字＞末字，各字之间的跨度也较大，差值为30%；一组呈现出平缓上升状态，即首字＜中字＜末字，但各字之间的跨度相对平均，差值分布25%—30%。塔吉克族女性发音人中，两组呈现出上凸型，即首字＜中字＞末字，但各字之间的跨度不平均，差值分布在20%—50%；两组呈现出下凹型，即首字＞中字＜末字，差值分布15%—35%。

其二，在句中词中，汉族女性发音人字调域音高跨度呈现平缓上升状态，即首字＜中字＜末字，但各字之间的跨度分布较平均，差值约10%；汉族男性发音人字调域音高跨度呈现下凹型，即首字＞中字＜末字，各字之间的跨度差值分布在5%—20%。塔吉克族发音人疑问句字调域音高跨度分布无明显规律：塔吉克族男性发音人中，两组呈现出上凸型，即首字＜中字＞末字，各字之间的跨度分布较句首词大，差值分布在30%—50%；两组呈现下凹型，即首字＞中字＜末字，各字之间的跨度差值较大，分布在0—40%。塔吉克族女性发音人中，两组呈现平缓上升状态，即首字＜中字＜末字，各字之间的跨度极小，差值分布在0%—5%，与汉族女性发音人一致；两组呈现下凹型，即首字＞中字＜末字，各字之间的跨度差值分布在5%—40%。

其三，在句末词中，汉族男性发音人字调域音高跨度呈现曲折下降状态，各字之间的跨度分布差值集中于10%—20%；汉族女性发音人字调域音高跨度呈现下降状态，各字之间的跨度差值分布在10%—40%。塔吉克族发音人疑问句字调域音高跨度分布较为分散：塔吉克族男性发音人中，两组呈现下凹型状态，各字之间的跨度分布差值较大，分布在10%—52%；一组呈现曲折下降状态，各字之间的跨度分布差值较大，分布在35%—50%；一组呈现曲折上升状态，各字之间的跨度差值极小，分布在0—5%。对于句末词中，塔吉克发音人末字音高跨度会陡然升高，表现出一种非常强的语调上升意识。

(二) 疑问句的音高起伏度分析

对于疑问句的音高起伏度分析，同样基于词调域中的百分比数据，用 Q 值来表示。以下通过疑问句音高起伏度个性分析和塔汉疑问句音高起伏度比较分析来分析两者习得差异。

1. 疑问句音高起伏度个性分析

对于音高起伏度的处理，同理制成如下疑问句音高起伏度分析图。图 7—10 表现为汉族疑问句音高起伏度变化，图 7—11 表现为塔吉克族男性疑问句音高起伏度变化，图 7—12 表现为塔吉克族女性疑问句音高起伏度变化。

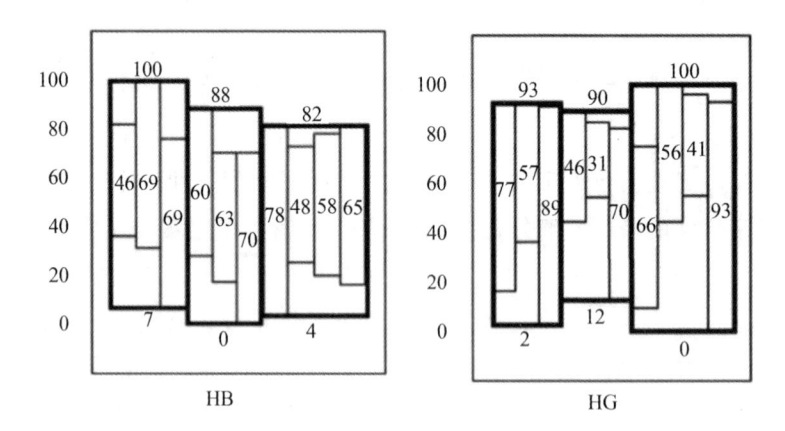

图 7—10　汉族疑问句音高起伏度分析（%）

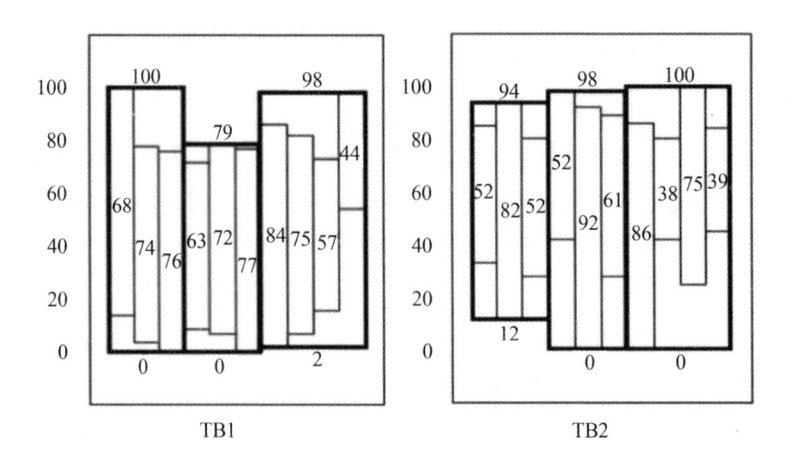

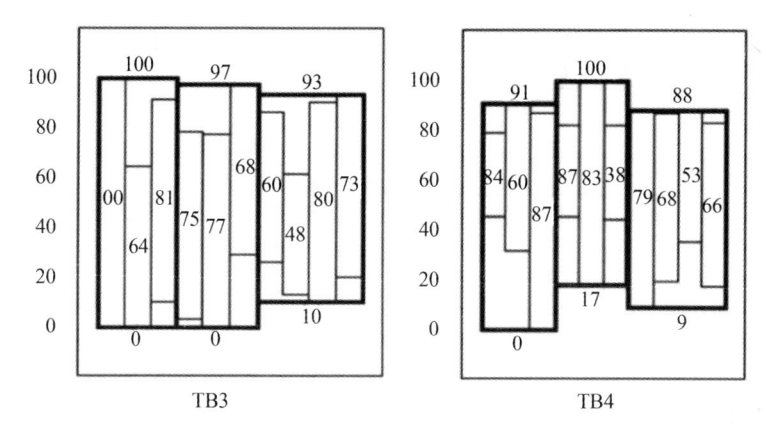

图 7—11　塔吉克族男性疑问句音高起伏度分析（%）

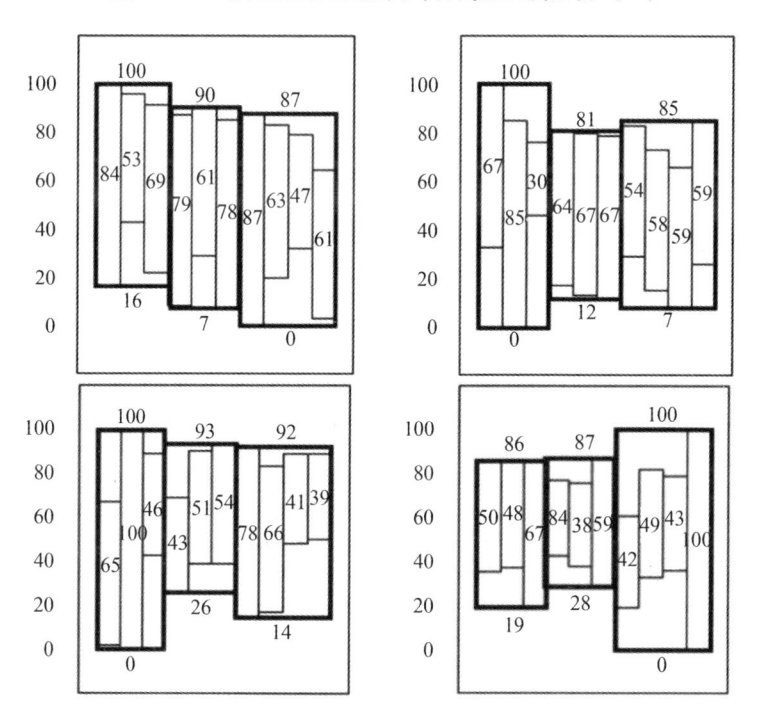

图 7—12　塔吉克族女性疑问句句音高起伏度分析（%）

通过分析以上调域起伏度图组，可以将塔吉克族疑问句调域起伏度特点概括如下：

其一，塔吉克族发音人在疑问句起伏度的上线值和下线值分别为100%、0，其中，最大调域跨度表现为100%，这与汉族发音人疑问句调域起伏度上下线和最大调域跨度保持一致。

其二,从整体上看,塔吉克族发音人疑问句调域起伏度上线出现下倾趋势,与汉族发音人表现一致,没有出现性别区分现象,但是塔吉克族发音人疑问句调域起伏度上线之间差值较汉族高,汉族发音人疑问句调域起伏度上线分布在90%—100%,塔吉克族发音人疑问句调域起伏度上线分布在80%—100%。

其三,塔吉克族发音人疑问句调域起伏度下线与性别具有明显相关性。女性表现出明显规律性:塔吉克族发音人疑问句调域起伏度下线出现上升趋势,与汉族发音人表现一致,但是塔吉克族发音人疑问句调域起伏度下线之间差值较汉族高,汉族发音人疑问句调域起伏度上线分布在0—31%,塔吉克族发音人疑问句调域起伏度上线分布在0—16%。男性表现规律性不明显:汉族发音人疑问句调域起伏度下线出现曲折平缓上升,呈现高—低—高趋势,下线分布在0—11%;塔吉克族、汉族发音人疑问句调域起伏度下线也出现曲折平缓上升,呈现高—低—高趋势,下线分布在0—12%,较汉族发音人低;一组呈现出曲折平缓下降,但也呈现高—低—高趋势,下线分布在0—5%;另一组也呈现出曲折平缓下降,但却呈现低—高—低趋势,下线分布0—24%,远高于其他值。

2. 疑问句音高起伏度个性分析

对于塔吉克族和汉族的疑问句音高起伏度比较分析,同样以音高百分比为基础,分别做出关于男性平均、女性平均和总平均图的句首、句中、句末词调域内部字音的音高起伏格局图,同样用选择Q值来表示不同位置的调群内部字调域的起伏度,是为了区分语调分析的不同层次,如表7—10所示。

表7—10　　　　　　塔汉疑问句音高起伏度表(%)

汉族		句首 Q_0	句中 Q_1	句末 Q_2	塔吉克族		句首 Q_0	句中 Q_1	句末 Q_2
男性	上线	100	−12	−18	男性	上线	91	−4	−1
	中线	54	−10	−11		中线	51	−4	−1
	下线	7	−7	−3		下线	10	−4	−1

续表

汉族		句首 Q_0	句中 Q_1	句末 Q_2	塔吉克族		句首 Q_0	句中 Q_1	句末 Q_2
女性	上线	93	-3	7	女性	上线	94	-8	-9
	中线	48	3	-1		中线	56	-4	-7
	下线	2	10	-2		下线	17	1	-4
总体	上线	97	-8	-6	总体	上线	93	-6	-5
	中线	51	-3	-4		中线	53	-4	-4
	下线	5	1	-3		下线	14	-2	-3

通过分析塔汉疑问句音高起伏度，将塔汉陈述句调域起伏度特点对比概括如下：

其一，从起伏度格局的起伏程度来看，汉族发音人全句最大的起伏出现在句末词调域上尤其表现在上线，塔吉克族发音人女性最大起伏同样出现在句末词调域上线，但是男性表现不明显。这种起伏程度的具体表现映照了调域提高[①]两大显著特点，即疑问句的音高范围大于相对应的陈述句音高范围，而疑问句的句调域跨度大于相对应的陈述句的句调域跨度，尤其表现在句末。

其二，从数据表现上，Q_1 表示句中词调域的起伏度，Q_2 表示句末词调域的起伏度，汉族发音人的疑问句发音 Q_1 的绝对值小于或远远小于 Q_2 的绝对值，这种数据表现模式表明，在汉语疑问句中，句末词是主要作用点，而其中作为过渡的作用的是句中词，它在句子中不承担主要责任。在塔吉克族发音人中，女性的 Q_1 的绝对值小于 Q_2 的绝对值，但是低于汉族发音人；男性发音人 Q_2 的绝对值的上线、中线、下线都低于 Q_1 的绝对值，虽然绝对值较低，但也说明塔吉克族男性发音人关于汉语疑问句句中词的过渡作用的习得情况不大理想，塔吉克族女性发音人关于汉语疑问句句中词的过渡作用的习得情况较为理想，但与母语者也有一定差距。

其三，从起伏程度和发音人正负、平均值等方面进行分析，塔吉克族女性习得情况仍然优于塔吉克族男性，在全句最大的起伏方面，塔吉

[①] 王萍、石锋：《汉语普通话疑问句语调的起伏度》，《南开语言学刊》2010 年第 2 期。

克族发音者基本习得汉语疑问句词调域的整体扩展规律，对于汉语疑问句词调域的最大扩展规律掌握程度一般，最后对于汉语疑问句声调范围的收缩规律习得情况较差。

第三节　塔吉克族汉语陈述句与疑问句语调习得的音长表现

在自然状态下，对于语调的感知常用词语"抑扬顿挫"来表现，"抑扬"为韵律的音高表现，"顿挫"为音节的时长表现。因此，在自然话语中，有的单位长一些，有的单位短一些，这是由不同原因引起的，对于此种现象的原因探究，可以从语言学角度进行分析，时长在韵律研究中具有重要的作用。从语音韵律的角度来看，句子中时长的主要作用是通过两种表现形式来区分不同层次的边界：一种是停顿，另一种是延迟，统称为停延。（王萍，石锋 2011）[1] 本章实验以塔吉克族发音人为实验组，以汉语发音人为参照组，分别分析各组的音长相关数据，再通过两者对比探讨塔吉克族发音人习得汉语陈述句与疑问句语调过程中所存在的音长偏误情况，同时重视性别相关性对于习得结果的影响，找出各自习得的优劣，表明个性特点。

一　塔吉克族汉语陈述句语调习得的音长表现

本节通过在 Praat 语音软件中提取陈述句每个音节的时长，通过软件分别取得每个实验句音节的时长 S_x（$x = 1, 2, 3, …, 10$），包括声母、韵母的时长，用毫秒（ms）为单位，同时，在本次实验中，声母的时长中使用了包括闭塞段的时长，根据研究，在以塞音、塞擦音为声母的句首音节时长在进行数据计算中需要统一加 50ms[2]。在本实验中，不能使用单一的测量作为标准，需要将绝对化数据相对化处理，以排除绝对化

---

[1] 王萍、石锋：《试论语调格局的研究方法》，《当代外语研究》2011 年第 5 期。
[2] 陈嘉猷、鲍怀翘、郑玉玲：《普通话中塞音、塞擦音、嗓音起始时间（VOT）初探》，载《语言与法律研究的新视野——语言与法律首届学术研讨会论文集》，北京语言与法律首届学术研讨会 2002 年版。

停延时长对于实验准确性的影响。这里，我们使用石锋团队计算公式归一化处理停延率，以探索塔吉克族发音人的音长特点，帮助他们正确习得汉语陈述句的停延规律。

（一）陈述句音长个性表现

运用实验方法求得汉语发音人的陈述句停延率，可以得到发音人的总体停延率表，其中，横坐标 Sx（x = 1，2，3，…，10）表示实验句的每个音节位，纵坐标表示停延率；在实验中停延率超过 1 即为发生音段延长，红色虚线表示韵律边界，S_1—S_3 为句首段，S_4—S_6 为句中段，S_7—S_{10} 为句末段，每句段又设为首字、中字、末字。如下图所示，图7—13 表示汉族发音人陈述句停延率，图7—14 表示塔吉克族男性发音人陈述句停延率，图7—15 表示塔吉克族女性发音人陈述句停延率。

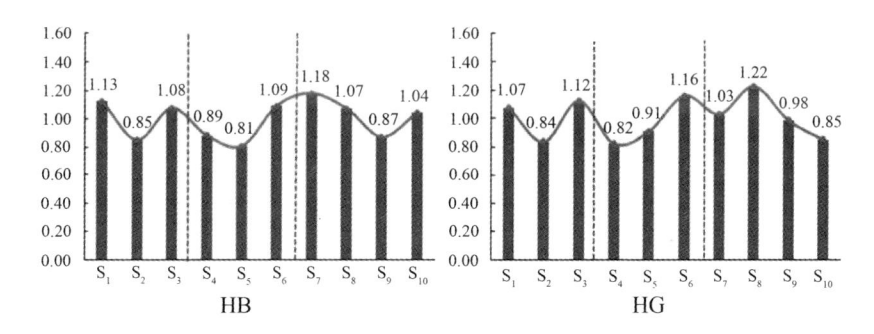

图7—13　汉族发音人陈述句停延率（1 = 100%）

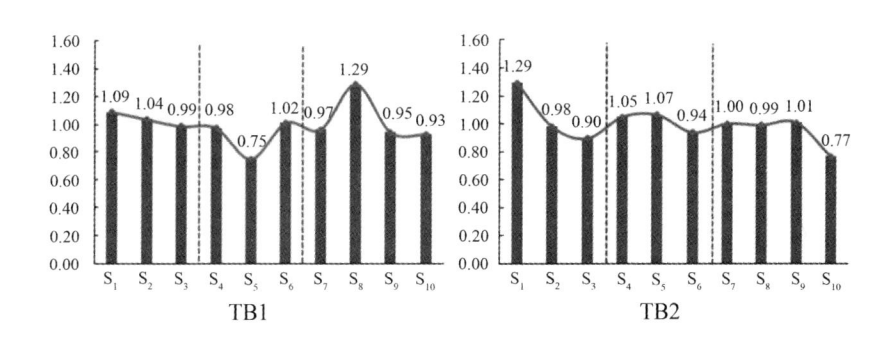

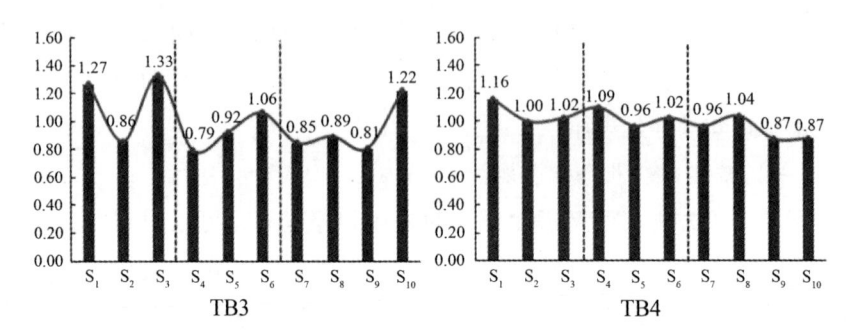

图 7—14　塔吉克族男性发音人陈述句停延率（1＝100%）

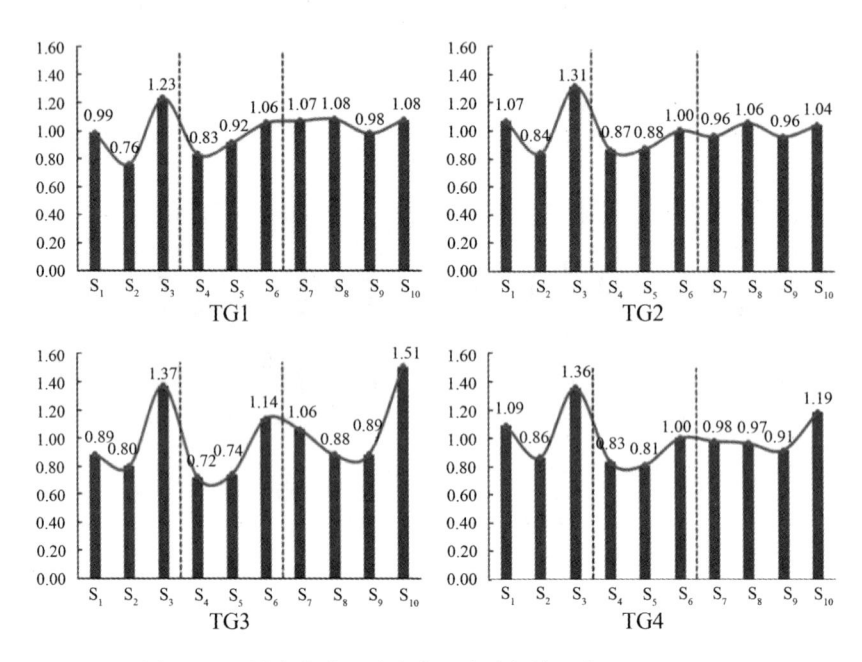

图 7—15　塔吉克族女性发音人陈述句停延率（1＝100%）

通过以上图表组的汉语语调陈述句停延率表现情况，总结出以下特征：

1. 对于陈述句句中韵律边界前的音节停延率表现：汉族发音人陈述句中韵律边界前的音节停延率都大于1，即句首段末字（S_3）和句中段末字（S_6）都发生延长，汉族男性为1.08、1.09，汉族女性为1.12、1.16；塔吉克族男性发音人陈述句中韵律边界前的音节停延率分布不一，组一停延率为0.99、1.02，组二停延率为0.90、0.94，组三停延率为1.33、

1.06，组四停延率都为1.02，由此可知半数塔吉克族男性发音人陈述句中韵律边界前的音节表现和汉族发音人一致；塔吉克族女性发音人陈述句中韵律边界前的音节停延率较男性组表现良好，组一句停延率为1.23、1.06，组二停延率为1.31、1.00，组三停延率为1.37、1.14，组四停延率都为1.36、1.00，由此可知塔吉克族女性发音人陈述句句中韵律边界前的音节都发生延长，但是延长表现不一，数据差距较大。

2. 对于陈述句句中韵律边界后的音节停延率表现：汉族发音人陈述句句中韵律边界前的音节停延率句中段小于1，句尾端大于1，即句中段首字（S_4）不发生延长，汉族男女分别为：0.89、0.82，句末段首字（S_7）发生延长，汉族男女分别为：1.18、1.03；塔吉克族男性和女性发音人陈述句句中韵律边界后的音节停延率分布不一，其中，对于句中段首字（S_4）的停延率表现为：男性发音人分别为0.98、1.05、0.79、1.09，女性发音人分别为0.83、0.87、0.72、0.83，只有两组男性结果和汉族发音人不一致，发生了延长，对于句末段首字（S_7）的停延率表现为：男性发音人分别为0.97、1.00、0.85、0.96，女性发音人分别为1.07、0.96、1.06、0.98，只有一组男性、两组女性发音人结果和汉族发音人一致，发生了延长，但都较为短促。

3. 对于陈述句最大停延率表现：汉族发音人陈述句最大停延率都发生在句末段，男性为首字（S_7），女性为中字（S_8），停延率数值男性为1.18、女性为1.22；塔吉克族发音人陈述句最大停延率表现和汉族发音人差距较大：男性发音人陈述句最大停延率分别表现为句末段中字（$S_8=1.29$）、句首段首字（$S_1=1.29$）、句首段末字（$S_3=1.33$）、句首段首字（$S_1=1.16$），女性发音人陈述句最大停延率分别表现为句首段末字（$S_3=1.23$）、句首段末字（$S_3=1.31$）、句末段末字（$S_{10}=1.51$）、句首段末字（$S_3=1.36$），由此可知塔吉克族发音人陈述句最大停延率表多表现在句首段，与汉族发音人不一致。

4. 对于陈述句最小停延率表现：汉族发音人陈述句最小停延率都发生在句中段，男性为中字（S_5），女性为首字（S_4），停延率数值男性为0.81、女性为0.82；塔吉克族发音人陈述句最小停延率表现较汉族发音人分布分散：男性发音人陈述句最小停延率分别表现为句中段中字

($S_5 = 0.75$)、句末段末字($S_{10} = 0.77$)、句末段中字($S_9 = 0.81$)、句末段末字和中字($S_{10} = S_9 = 0.87$),女性发音人陈述句最大停延率分别表现为句首段中字($S_2 = 0.76$)、句首段中字($S_2 = 0.84$)、句中段首字($S_4 = 0.72$)、句中段中字($S_5 = 0.81$),由此可知塔吉克族发音人陈述句最小停延率分布不一,可以出现在句中不同位置。

(二)陈述句音长比较分析

以图7—13、图7—14、图7—15为基础,分别做出汉族和塔吉克族男性和女性停延率平均值,制成塔吉克族和汉族发音人男性女性音长对比表,如表7—11所示,其中,着重表示的为大于1的数值,代表该音节发生了延长,S_1—S_3表示为第一个韵律单位,S_4—S_6表示为第二个韵律单位,S_7—S_{10}表示为第三个韵律单位。

表7—11　　　　　塔汉陈述句音长对比表(1 = 100%)

	S_1	S_2	S_3	S_4	S_5	S_6	S_7	S_8	S_9	S_{10}
汉族男性	1.13	0.85	1.08	0.89	0.81	1.09	1.18	1.07	0.87	1.04
汉族女性	1.07	0.84	1.12	0.82	0.91	1.16	1.03	1.22	0.98	0.85
塔吉克族男性	1.20	0.97	1.06	0.98	0.93	1.01	0.94	1.05	0.91	0.95
塔吉克族女性	1.01	0.82	1.32	0.81	0.84	1.05	1.02	1.00	0.94	1.20
汉族总体	1.10	0.84	1.10	0.85	0.86	1.12	1.10	1.15	0.93	0.95
塔吉克族总体	1.11	0.89	1.19	0.90	0.88	1.03	0.98	1.03	0.92	1.08

通过以上汉族和塔吉克陈述句音长对比表,可以归纳以下特征:

1. 在第一个韵律单位中,韵律单位首末停延率数值都大于1,即第一个韵律单位起始和终点都发生音节延长现象,但是塔吉克族总体延长高于汉族总体延长,男性延长着重于起始部分,女性延长着重在终点部分。

2. 在第二个韵律单位中,韵律单位末值停延率数值大于1,即第二个韵律单位终点都发生音节延长现象,但是塔吉克族延长程度低于汉族延长。

3. 在第三个韵律单位中,韵律单位起始部分除了塔吉克族男性,塔吉克族女性、汉族男性、汉族女性停延率数值都大于1,即第三个韵律单位起始发生音节延长现象,汉族男性延长程度高于女性,塔吉克族反之;对于韵律单位终点,汉族男性和塔吉克族女性停延率数值都大于1,塔吉克族男性和汉族女性停延率数值都小于1，即在第三个韵律单位终点汉族男性和塔吉克族女性发生音节延长现象；在第三个音节单位中，中间部分（S_8）停延率都大于1，即都发生了延长现象，这说明第三个韵律单位的总体音长大于前两个韵律单位。

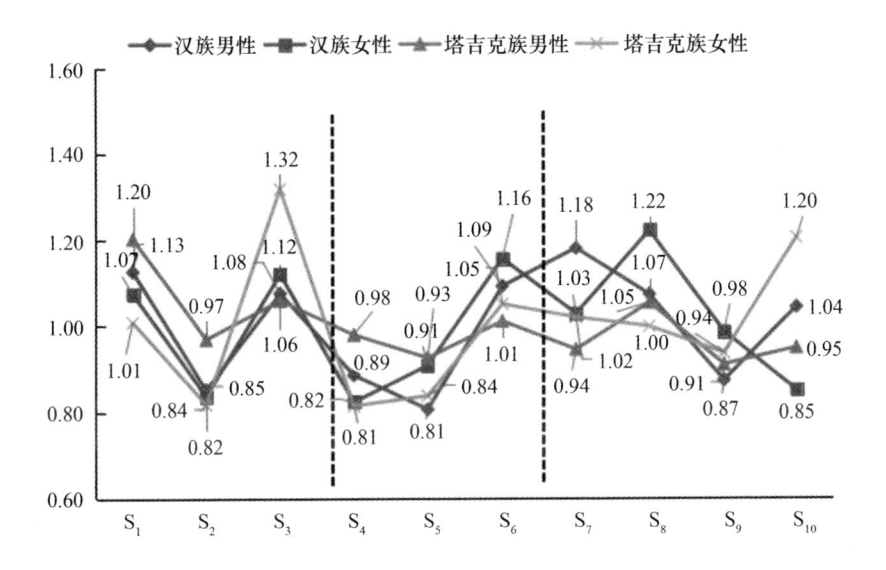

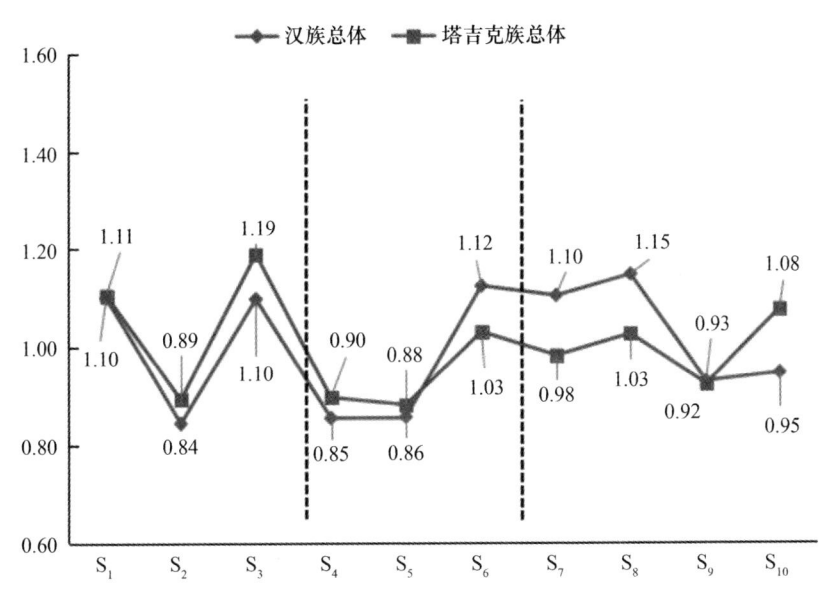

图7—16 塔汉陈述句音长对比趋势图（1=100%）

根据表 7—11 塔汉陈述句音长对比表，制成了陈述句音长对比分析折线图，以便观察整体习得趋势。如上图所示，图 7—16 表示为塔汉音长对比趋势图，表中纵向虚线表示韵律边界，划分每一个韵律单位；横向实线表示停延率边界，即横线以上发生延长，横线以下未发生延长。

根据以上塔汉音长对比趋势图并结合上文综合分析可知：

1. 塔吉克族音长习得变化趋势较汉族音长习得变化趋势大，女性音长习得变化趋势较男性音长习得变化趋势大；

2. 汉族发音人语句内韵律边界处存在明显延长，塔吉克族发音人也习得此规律，但是句首和句尾也出现明显延长现象，汉族发音人则不明显；

3. 较大的韵律单位边界（即第三韵律单位）并没有导致更明显的界前扩展，而是表现在更大的韵律单位内部前段，即句尾发生明显延长，对于此现象塔吉克族女性较男性习得情况更好。

二 塔吉克族汉语疑问句语调习得的音长表现

运用上述同样的方法在疑问句实验句中提取出每个音节的时长，进行归一化处理后，得到实验句停延率的数据表现，探究塔吉克族发音人的疑问句停延习得特征，从而帮助塔吉克族发音人正确习得汉语疑问句语调停延规律。

（一）疑问句音长个性表现

运用实验方法求得发音人的疑问句停延率，从而得到总体停延率表，其中，横坐标 S_x（$x = 1, 2, 3, \cdots, 10$）表示实验句的每个音节位，纵坐标表示停延率，左图为汉族男性，右图为汉族女性；在实验中停延率超过 1 即为发生音段延长，红色虚线表示韵律边界，S_1—S_3 为句首段，S_4—S_6 为句中段，S_7—S_{10} 为句末段，每句段又设为首字、中字、末字。如下图所示，图 7—17 表示为汉族发音人疑问句停延率，图 7—18 表示为塔吉克族男性发音人疑问句停延率，图 7—19 表示为塔吉克族女性发音人疑问句停延率。

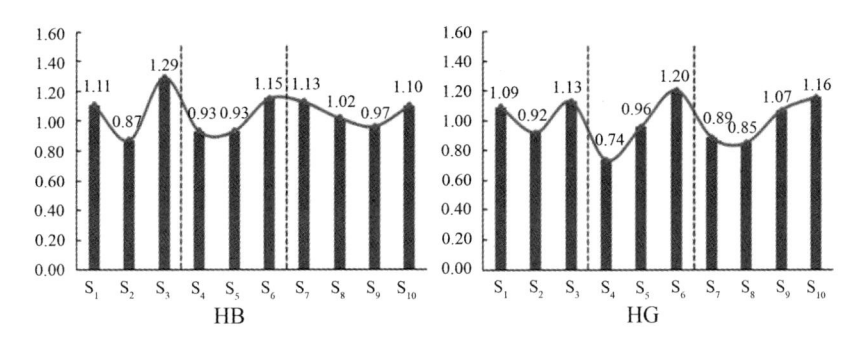

图 7—17 汉族疑问句停延率

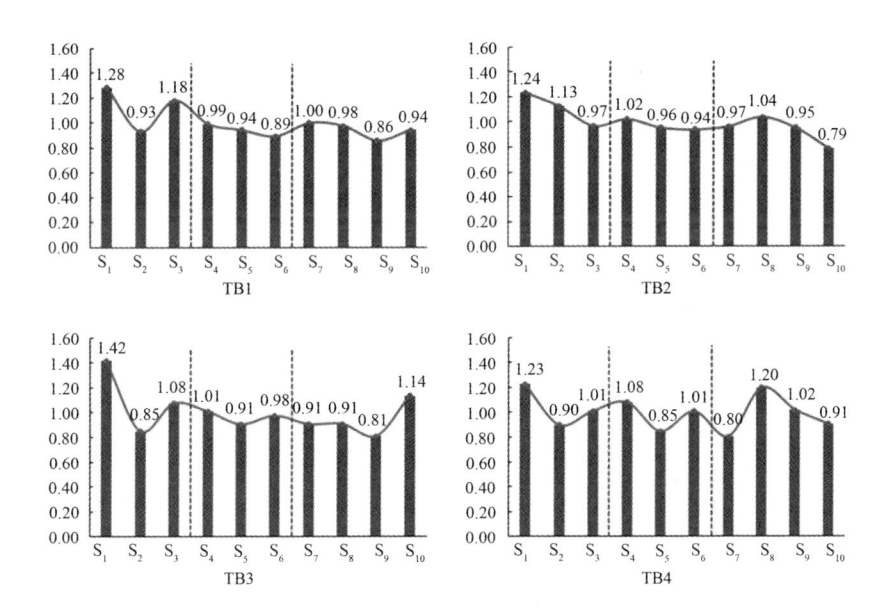

图 7—18 塔吉克族男性疑问句停延率

通过上图所示的疑问句语调停延率的表现，总结出以下特征：

1. 对于疑问句句中韵律边界前的音节停延率表现：汉族发音人疑问句中韵律边界前的音节停延率都大于1，即句首段末字（S_3）和句中段末字（S_6）都发生延长，汉族男性为1.29、1.15，汉族女性为1.13、1.20；塔吉克族男性发音人陈述句句中韵律边界前的音节停延率分布较为分散，组一停延率为1.18、0.89，组二停延率为0.97、0.94，组三停延率为1.08、0.98，组四停延率都为1.01，由此可知塔吉克族男性发音人疑问

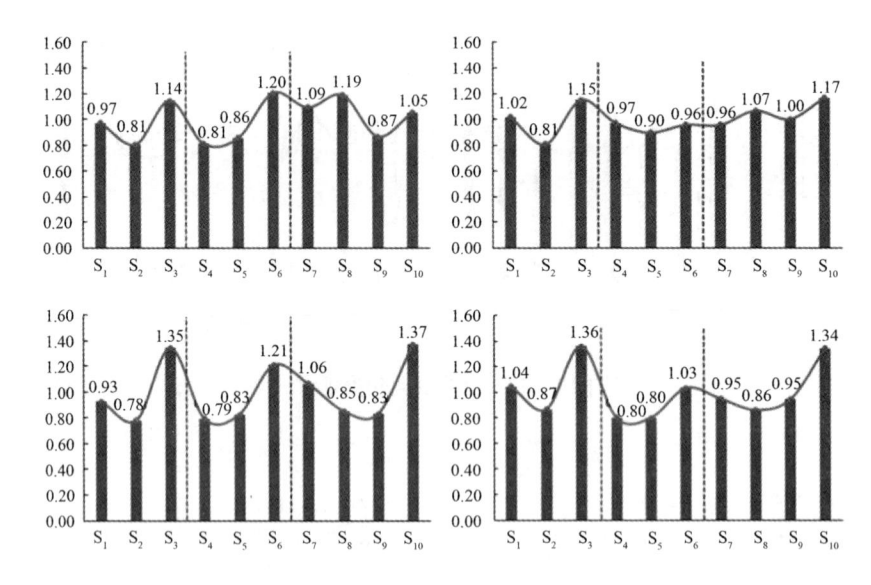

图7—19　塔吉克族女性疑问句停延率

句句中韵律边界前的音节表现句——句首段末字（S₃）有半数和汉族发音人一致、句中段末字（S₆）只有一组和汉族发音人一致；塔吉克族女性发音人疑问句句中韵律边界前的音节停延率较男性组表现良好，组一句停延率为1.14、1.20，组二停延率为1.15、0.96，组三停延率为1.35、1.21，组四停延率都为1.36、1.03，只有一组的句中段末字（S₆）未发生延长现象，由此可知塔吉克族女性发音人疑问句句中韵律边界前的音节基本都发生延长，习得情况较男性表现良好。

2. 对于疑问句句中韵律边界后的音节停延率表现：汉族发音人疑问句句中韵律边界前的音节停延率句中段小于1，即句中段首字（S₄）不发生延长，男女停延率分别为0.93、0.74；句尾端男性发音人停延率大于1，女性小于1，即句末段首字（S₇）汉族男性发音人发生延长，女性发音人不发生延长，男女停延率分别为1.13、0.89。塔吉克族男性和女性发音人疑问句句中韵律边界后的音节停延率分布不一，其中，对于句中段首字（S₄）的停延率表现为：男性发音人分别为0.99、1.02、1.01、1.08，女性发音人分别为0.81、0.97、0.79、0.80，由此可知，塔吉克族男性结果和汉族发音人基本不一致，该音节发生了延长，塔吉克族女性结果和汉族发音人一致，该音节不发生延长；对于句末段首字（S₇）

的停延率表现,男性发音人分别为 1.00、0.97、0.91、0.80,女性发音人分别为 1.09、0.96、1.06、0.95,塔吉克族男性发音人中,基本不发生延长现象,塔吉克族女性发音人中有半数发生延长,半数不发生延长,但是相差极小,数值在临界点徘徊。

3. 对于疑问句最大停延率表现:汉族发音人疑问句最大停延率都发生在韵律界线附近,男性发音人发生在句首段末字(S_3),停延率最大值为 1.29,女性发音人发生在句中段末字(S_6),停延率最大值为 1.20。塔吉克族发音人疑问句最大停延率表现和汉族发音人差距较大,除一组女性发音人外,其他发音人都发生在句首段,其中,男生发音人疑问句最大停延率分别表现为句首段首字(S_1 = 1.28)、句首段首字(S_2 = 1.24)、句首段首字(S_1 = 1.42)、句首段首字(S_1 = 1.23),女性发音人陈述句最大停延率分别表现为句中段末字(S_6 = 1.20)、句首段末字(S_3 = 1.15)、句首段末字(S_3 = 1.35)、句首段末字(S_3 = 1.36),由此可知塔吉克族发音人疑问句最大停延率男性发音人多表现在句首段首字,女性发音人多表现在句首段末字,与汉族发音人不一致。

4. 对于疑问句最小停延率表现:汉族发音人疑问句最小停延率发生不同,汉族男性为句首段中字(S_2),汉族女性为句中段首字(S_4),停延率数值男性为 0.87、女性为 0.74;塔吉克族发音人疑问句最小停延率表现较汉族发音人分布分散:男生发音人疑问句最小停延率分别表现为句首段中字(S_2 = 0.93)、句末段末字(S_{10} = 0.79)、句末段中字(S_9 = 0.81)、句末段首字(S_7 = 0.80),女性发音人陈述句最小停延率分别表现为句首段中字和句中段首字(S_2 = S_5 = 0.81)、句首段中字(S_2 = 0.81)、句中段中字(S_4 = 0.78)、句中段首字和中字(S_4 = S_5 = 0.80),由此可知塔吉克族发音人陈述句最小停延率分布不一,塔吉克族女性发音人更接近汉族发音人表现情况,最小停延率表现靠前,塔吉克族男性发音人表现靠后。

(二)疑问句音长比较分析

同样以图 7—17、图 7—18、图 7—19 为基础,分别做出汉族和塔吉克族男性和女性疑问句停延率平均值,制成塔吉克族和汉族发音人男性与女性疑问句音长对比表,如表 7—12 所示,其中,着重表示的为大于 1

数值，代表该音节发生了延长，S_1—S_3 表示为第一个韵律单位，S_4—S_6 表示为第二个韵律单位，S_7—S_{10} 表示为第三个韵律单位。

表7—12　　　　　塔汉疑问句音长对比表（1=100%）

	S_1	S_2	S_3	S_4	S_5	S_6	S_7	S_8	S_9	S_{10}
汉族男性	1.11	0.87	1.29	0.93	0.93	1.15	1.13	1.02	0.97	1.10
汉族女性	1.09	0.92	1.13	0.74	0.96	1.20	0.89	0.85	1.07	1.16
塔吉克族男性	1.29	0.95	1.06	1.03	0.91	0.95	0.92	1.03	0.91	0.94
塔吉克族女性	0.99	0.82	1.25	0.84	0.84	1.10	1.02	0.99	0.91	1.23
汉族总体	1.10	0.90	1.21	0.84	0.95	1.18	1.01	0.94	1.02	1.13
塔吉克族总体	1.14	0.88	1.15	0.94	0.88	1.03	0.97	1.01	0.91	1.09

通过以上塔汉族和塔吉克疑问句音长对比表，可以归纳以下特征：

1. 在第一个韵律单位中，除了塔吉克族女性停延率值接近1（0.99）以外，其他韵律单位首末停延率数值都大于1，即第一个韵律单位起始和终点都发生音节延长现象，但是塔吉克族起始点总体延长高于汉族起始点总体延长，但是塔吉克族终点总体延长低于汉族终点总体延长，汉族发音人在第一个韵律单位中都侧重于尾部延长，塔吉克族男性延长着重于起始部分，塔吉克族女性延长着重在终点部分。

2. 在第二个韵律单位中，除了塔吉克男性停延率值接近1（0.95）以外，韵律单位末值停延率数值大于1，即第二个韵律单位终点都发生音节延长现象，但是塔吉克族男性在第二个韵律单位起始部分发生延长，同时，塔吉克族总体延长程度低于汉族总体延长程度。

3. 在第三个韵律单位中，对于音长的延长呈现出分散状态。对于汉族男性发音人，韵律单位的起始、终点和中间部分都发生了不同程度的延长；对于汉族女性发音人，韵律单位中后部发生了延长，句末延长程度最高；对于塔吉克族男性发音人，只有韵律单位中部发生了延长，韵律尾部没有发生延长；对于塔吉克族女性发音人，韵律单位的起始和终点都发生了延长，相较于塔吉克族男性发音人习得情况较好。

根据以上表7—12 塔汉疑问句音长对比表，制成了疑问句音长对比分析折线图，以便观察整体习得趋势。如下图所示，图7—20 表示为塔汉疑问句音长对比趋势图（单位：100%，1＝100%），表中纵向虚线表示韵律边界，划分每一个韵律单位；横向实线表示停延率边界，即横线以上发生延长，横线以下未发生延长。

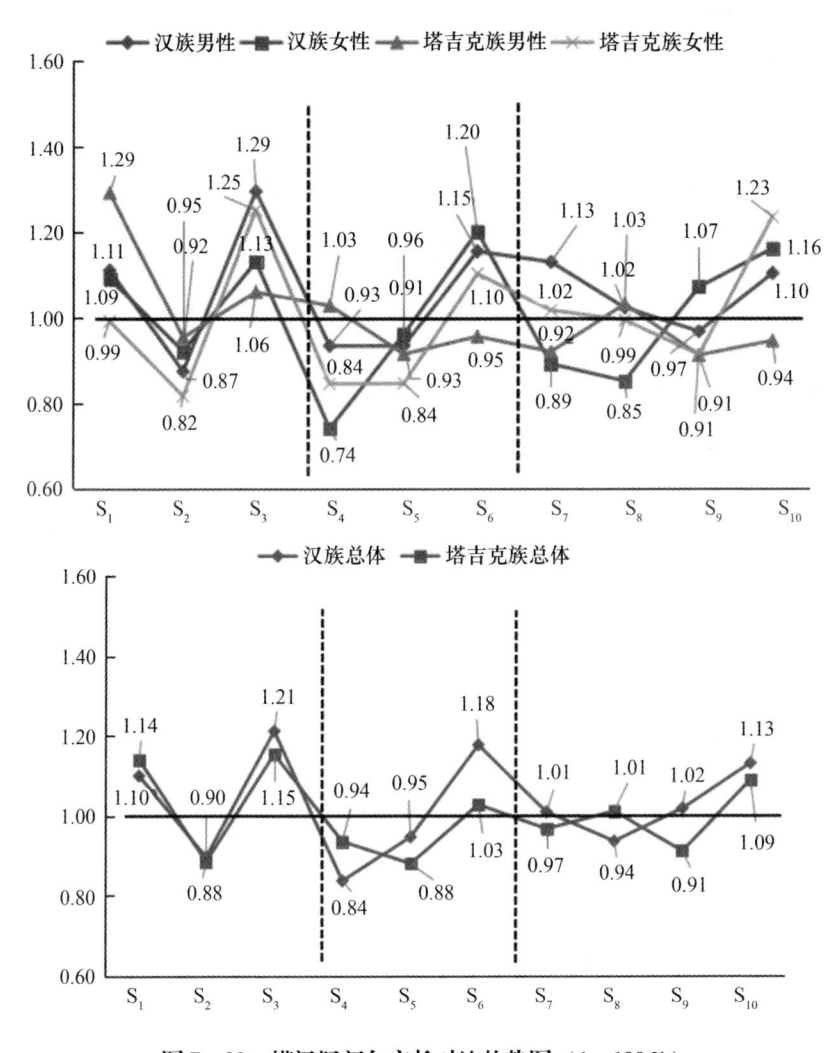

图7—20 塔汉疑问句音长对比趋势图（1＝100%）

根据以上塔汉音长对比趋势图并结合上文综合分析可知：

1. 塔吉克族音长疑问句习得变化趋势较汉族音长习得变化趋势小，女性音长习得变化趋势较男性音长习得变化趋势大；

2. 汉族发音人语句内韵律边界处存在明显延长，塔吉克族发音人也习得此规律，但是女性习得情况明显优于男性习得情况；

3. 更大的韵律单位边界（即第三韵律单位）没有造成更明显的边界前位置延长，而是表现在更大的韵律单位尾部，符合疑问句的韵律匹配原则，即对于汉语普通话发音人，其停延率之间存在较强的相关性，内部匹配度较高①，此现象表明塔吉克族男性习得情况较差，塔吉克族女性习得情况较好。

第四节　塔吉克族汉语陈述句与疑问句语调习得的音强表现

在语音韵律分析中，时域、频域、量域是三个不同的维度。从单字音到语句的变化模式，这三个维度都会发生不同程度的变化。在语言学调节——副语言学调节的语调变化模式这个连续统中，这三个维度全部出现，交互作用，在某一种情况下，任何一个维度都可能起主导性作用，都不能忽视。② 其中，音强是量域分析中的重要指标。本节实验以塔吉克族发音人为实验组，以汉语发音人为参照组，分别分析各组的音强相关数据，再通过两者对比探讨塔吉克族发音人习得汉语陈述句与疑问句语调过程中所存在的音强偏误情况，同时重视性别相关性对于习得结果的影响，找出各自习得的优劣，体现各自个性特征。

一　塔吉克族汉语陈述句语调习得的音强表现

音强参数是采用音量比指标来表现的。在计算音量比的时候，需要先引入幅度积的概念。幅度积（m）是选定音段中每个采样点的振幅之和，结合音高和音长参数，选定语音段的强度和长度与选定音高的时长成正比。同时，多种影响因子作用于语音强度的表现结果，如发音人的声音本身的强度、与话筒的距离、录音设备增益设置等。在实际应用中，人们往往把这些客观因素考虑进去进行分析和研究，而没有将主观感觉考虑到其中。这就导致了一些人为的偏差。因此，对于音量比的测量，

---

① 石锋、王萍：《汉语功能语调研究》，北京语言大学出版社2017年版，第62—69页。
② 石锋、王萍：《汉语韵律层级议论刍议》，《南开语言学刊》2014年第1期。

字音幅度值消除了这一偶然因素，使其相对化和具有可比性。具体表现为：通过 Mini Speech Lab 语音软件测算出每个实验点的幅度积，然后通过石锋老师团队的公式（梁磊、石锋，2010）进行归一化处理，计算出实验点的音量比数据，体现出实验句的音强表现。

（一）陈述句音强的个性表现

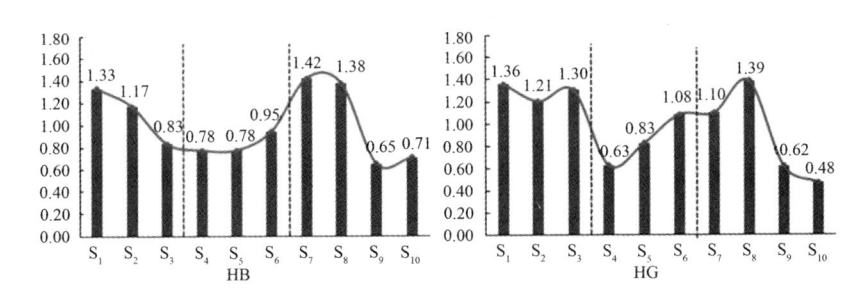

图 7—21　汉族发音人陈述句音量比（1 = 100%）

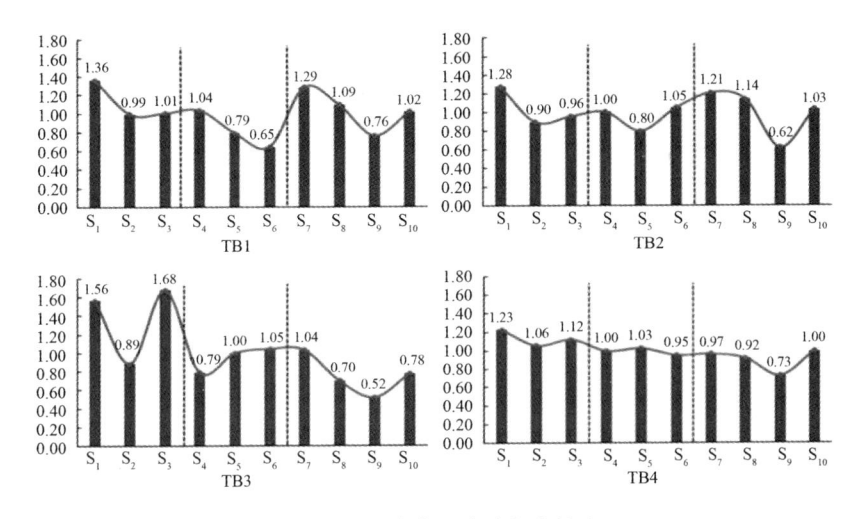

图 7—22　塔吉克族男性发音人陈述句音量比（1 = 100%）

运用实验方法求得汉语发音人的陈述句音量比，可以得到发音人的总体音量比表，其中，横坐标 Sx（x = 1，2，3，…，10）表示实验句的每个音节位，纵坐标表示音量比；在实验中音量比数值大于 1，可以认为其在音强维度出现相对增幅。红色虚线表示韵律边界，S_1—S_3 为句首段，S_4—S_6 为句中段，S_7—S_{10} 为句末段，每句段又设为首字、中字、末字。

图7—21表示汉族发音人陈述句音量比,图7—22表示塔吉克族男性发音人陈述句音量比,图7—23表示塔吉克族女性发音人陈述句音量比。

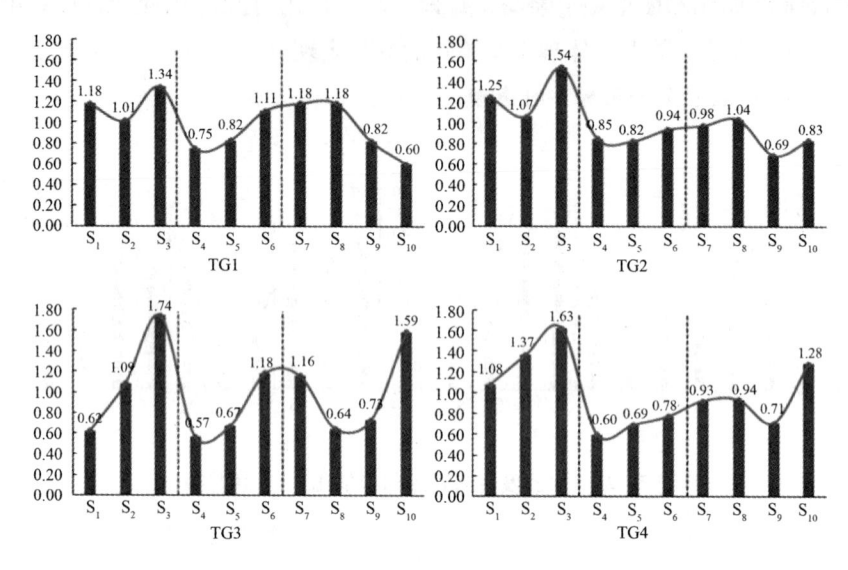

图7—23 塔吉克族女性发音人陈述句音量比（1＝100％）

通过以上图表组的汉语语调音量比表现情况,总结出以下特征:

1. 对于陈述句句中韵律边界前的音节停延率表现:汉族发音人陈述句句中韵律边界前的音节音量比,男性发音人音节停延率小于1,女性发音人音节停延率大于1,即汉族男性句首段末字（S_3）和句中段末字（S_6）不发生音量增强现象,音量比为0.83、0.95,汉族女性句首段末字（S_3）和句中段末字（S_6）发生音量增强现象,音量比为1.30、1.08；塔吉克族男性发音人陈述句中韵律边界前的音节音量比基本首段末字（S_3）发生增强现象,句中段末字（S_6）半数发生增强现象,但是个体之间音量增强现象差别较大,组一音量比为1.01、0.65,组二音量比为0.96、1.05,组三音量比为1.68、1.05,组四音量比为1.12、0.95；塔吉克族女性发音人陈述句中韵律边界前的音音节音量比基本首段末字（S_3）都发生增强现象,句中段末字（S_6）半数发生增强现象,但是音量增强程度高于塔吉克族男性发音人,组一音量比为1.34、1.11,组二音量比为1.54、0.94,组三音量比为1.74、1.18,组四音量比为1.63、0.78,由此可知塔吉克族女性发音人陈述句句中韵律边界前的音节音量增强现象与汉语发音人不一致,有自身发声规律。

2. 对于陈述句中韵律边界后的音节停延率表现:汉族发音人陈述句句中韵律边界前的音节句中段首字(S_4)音量比小于1,不发生音量增强现象,句末段首字(S_7)音量比大于1,发生音量增强现象,男性发音人的音量比分别为0.78、1.42,女性发音人的音量比分别为0.63、1.10。塔吉克族男性和女性发音人陈述句句中韵律边界后的音节音量比分布不一,其中,对于句中段首字(S_4)的音量比表现为:男性发音人分别为1.04、1.00、0.79、1.00,女性发音人分别为0.75、0.85、0.57、0.60,男性发音人基本都发生了音量增强现象,女性发音人都未发生音量增强现象;对于句末段首字(S_7)的音量比表现为:男性发音人分别为1.29、1.21、1.04、0.97,女性发音人分别为1.18、0.98、1.16、0.93,有超过半数男性发音人、半数女性发音人结果和汉族发音人一致,发生了音量增强现象。

3. 对于陈述句最大音量比表现:汉族发音人陈述句最大音量比都发生在句末段,男性为首字(S_7),女性为中字(S_8),音量比数值男性为1.42、女性为1.39;塔吉克族发音人陈述句最大音量比表现和汉族发音人差距较大,集中于句首段:男生发音人陈述句最大音量比分别表现为首字($S_1 = 1.36$)、首字($S_1 = 1.28$)、末字($S_3 = 1.68$)、首字($S_1 = 1.23$),女性发音人陈述句最大音量比分别表现为末字($S_3 = 1.34$)、末字($S_3 = 1.54$)、末字($S_3 = 1.74$)、末字($S_3 = 1.63$),由此可知塔吉克族发音人陈述句最大音量比表多表现在句首段,男性多为首字,女性多为末字,与汉族发音人不一致。

4. 对于陈述句最小音量比表现:汉族发音人陈述句最小停延率都发生在句末段,男性为中字(S_9),女性为末字(S_{10}),停延率数值男性为0.65、女性为0.48;塔吉克族发音人陈述句最小音量比表现较汉族发音人分布不一:男生发音人陈述句最小音量比分别表现为句中段末字($S_6 = 0.65$)、句末段中字($S_9 = 0.62$)、句末段中字($S_9 = 0.52$)、句末段中字($S_9 = 0.73$),女性发音人陈述句最大音量比分别表现为句末段末字($S_{10} = 0.60$)、句末段中字($S_9 = 0.69$)、句首段首字($S_1 = 0.62$)、句中段首字($S_6 = 0.60$),由此可知塔吉克族发音人陈述句最小音量比分布不一,可以出现在句中不同位置,相对于汉族发音人位置靠前。

（二）陈述句音强的比较分析

以图 7—21、图 7—22、图 7—23 为基础，分别做出汉族和塔吉克族男性和女性音量比平均值，制成塔吉克族和汉族发音人男性女性音强对比表，如表 7—13 所示，其中，着重表示的为大于 1 数值，代表该音节发生了音量增强现象，S_1—S_3 表示第一个韵律单位，S_4—S_6 表示第二个韵律单位，S_7—S_{10} 表示第三个韵律单位。

表 7—13　　　　　　塔汉陈述句音强对比表（1 = 100%）

	S_1	S_2	S_3	S_4	S_5	S_6	S_7	S_8	S_9	S_{10}
汉族男性	1.33	1.17	0.83	0.78	0.78	0.95	1.42	1.38	0.65	0.71
汉族女性	1.36	1.21	1.30	0.63	0.83	1.08	1.10	1.39	0.62	0.48
塔吉克族男性	1.36	0.96	1.19	0.96	0.91	0.92	1.13	0.96	0.66	0.96
塔吉克族女性	1.03	1.13	1.56	0.69	0.75	1.00	1.06	0.95	0.74	1.08
汉族总体	1.35	1.19	1.07	0.70	0.80	1.02	1.26	1.38	0.64	0.59
塔吉克族总体	1.20	1.05	1.38	0.82	0.83	0.96	1.09	0.96	0.70	1.02

通过以上汉族和塔吉克陈述句音强对比表，可以归纳以下特征：

1. 在第一个韵律单位中，韵律单位音量比数值基本都大于 1，即第一个韵律单位基本都发生音量增强现象，但是汉族男性句末未发生音量增强现象，塔吉克族男性句中未发生音量增强现象。总体上，塔吉克族总体音量增强呈现上升趋势，汉族总体音量增强呈现下降趋势。

2. 在第二个韵律单位中，韵律单位音量比数值基本都小于 1，即第二个韵律单位基本不发生音量增强现象，但是汉族女性和塔吉克族女性在句末出现小幅度音量增强现象。

3. 在第三个韵律单位中，韵律单位起始部分基本都大于 1，即第三个韵律单位起始部分基本都发生音量增强现象；对于韵律单位终点，除了塔吉克族女性音量比数值大于 1，其他终点部分基本都小于 1，即在第三个韵律单位终点只有塔吉克族女性发生音节延长现象，幅度也非常小；在第三个音节单位中，中间部分（S_8）汉族发音人音量比都大于 1，即汉族发音人发生了音量增强现象，这说明第三个韵律单位的总体音长大于前两个韵律单位。

根据表7—13塔汉陈述句音强对比表,制成了陈述句音强对比分析折线图,以便观察整体习得趋势。如下图所示,图7—24表示为塔汉音强对比趋势图(单位:%,1=100%),表中纵向虚线表示韵律边界,划分每一个韵律单位;横向实线表示音量比边界,即横线以上发生音量增强,横线以下未发生音量增强。

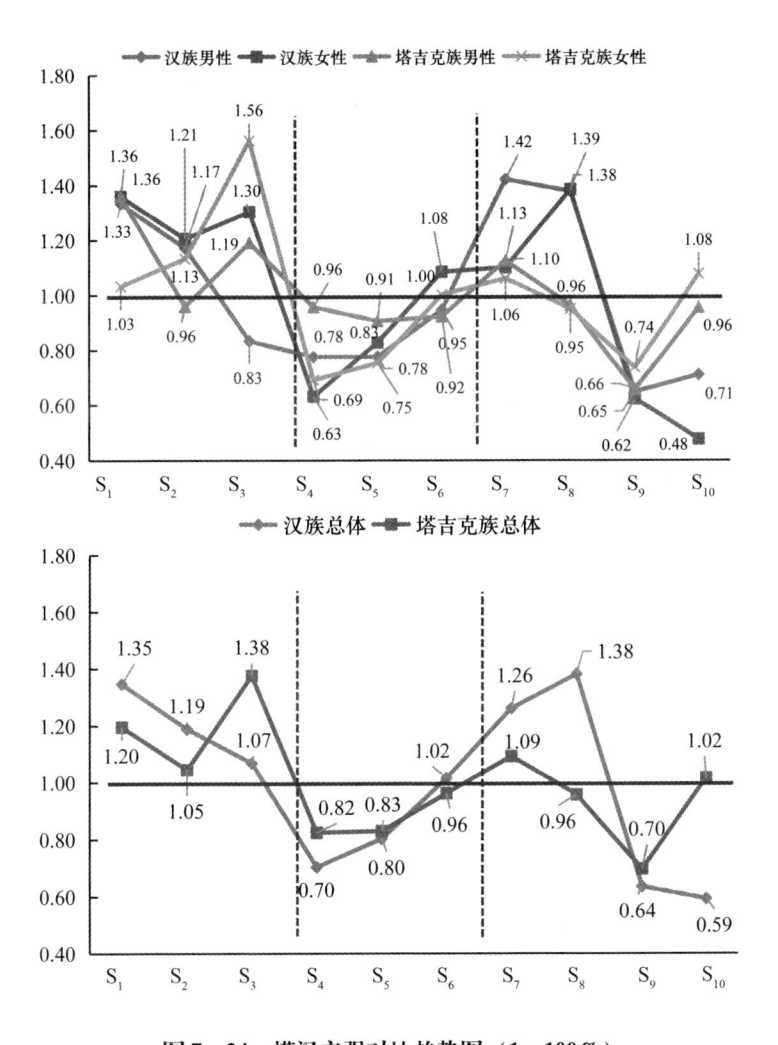

图7—24 塔汉音强对比趋势图 (1=100%)

根据以上塔汉音强对比趋势图并结合上文综合分析可知:

1. 塔吉克族音强习得变化趋势较汉族音强变化趋势小,女性音强变

化趋势较男性音强变化趋势大;

2. 汉族发音人语句内韵律边界处存在明显增强,塔吉克族发音人也习得此规律,但是塔吉克族发音人的音强虽靠近韵律边界,但是音强增强范围更大;

3. 更大的韵律单位边界(即第三韵律单位)没有造成更明显的边界前音量增强现象,但是塔吉克发音人陈述句句尾发生明显音量增强现象,汉族发音人无体现。

二 塔吉克族汉语疑问句语调习得的音强表现

运用上述同样的方法在疑问句实验句中提取出每个音节的幅度积(m),进行归一化处理后,得到实验句音量比的数据表现,探究塔吉克族发音人的疑问句音强习得特征,帮助塔吉克族发音人找到正确习得汉语音强规律。

(一)疑问句音强的个性表现

运用实验方法求得汉语发音人的疑问句音量比,可以得到发音人的总体音量比表,其中,横坐标 Sx(x = 1,2,3,…,10)表示实验句的每个音节位,纵坐标表示音量比;在实验中音量比数值大于1,可以认为其在音强维度出现相对增幅。红色虚线表示韵律边界,S_1—S_3 为句首段,S_4—S_6 为句中段,S_7—S_{10} 为句末段,每句段又设为首字、中字、末字。如下图所示,图7—25 表示汉族发音人疑问句音量比,图7—26 表示塔吉克族男性发音人疑问句音量比,图7—27 表示塔吉克族女性发音人疑问句音量比。

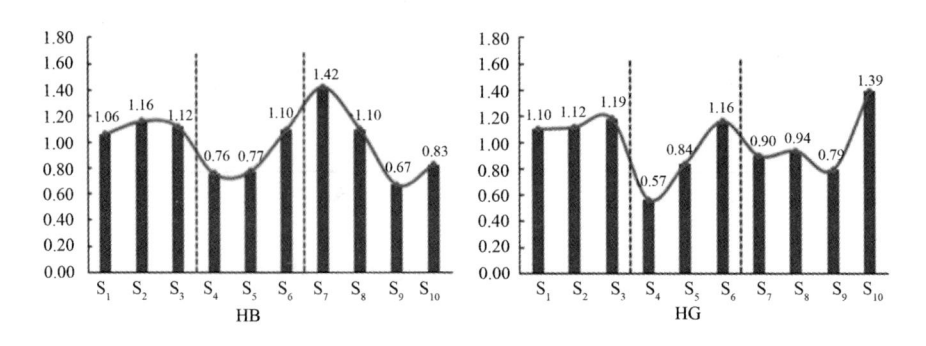

图7—25 汉族发音人疑问句音量比(1 = 100%)

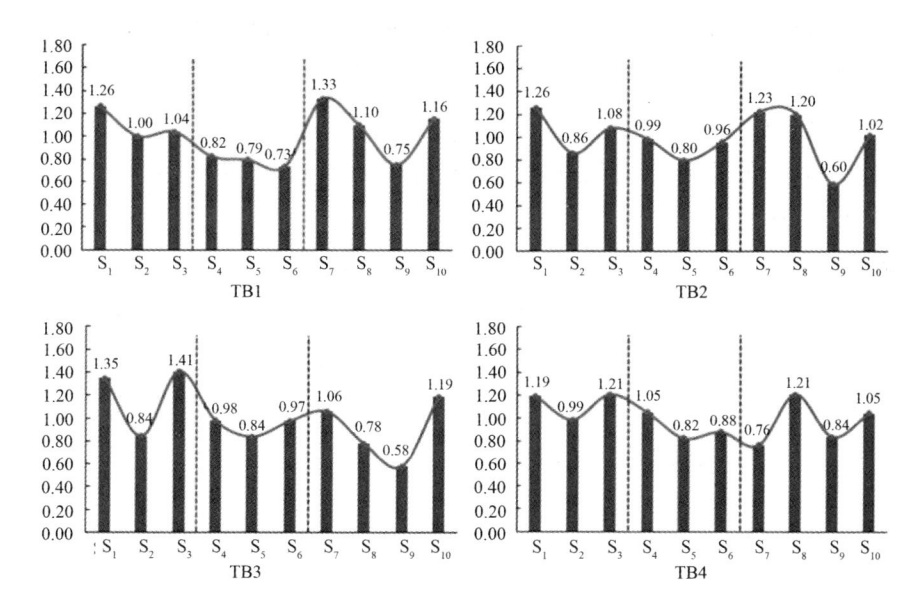

第七章 塔吉克族汉语陈述句与疑问句语调习得研究 / 259

图 7—26 塔吉克族男性发音人疑问句音量比（1 = 100%）

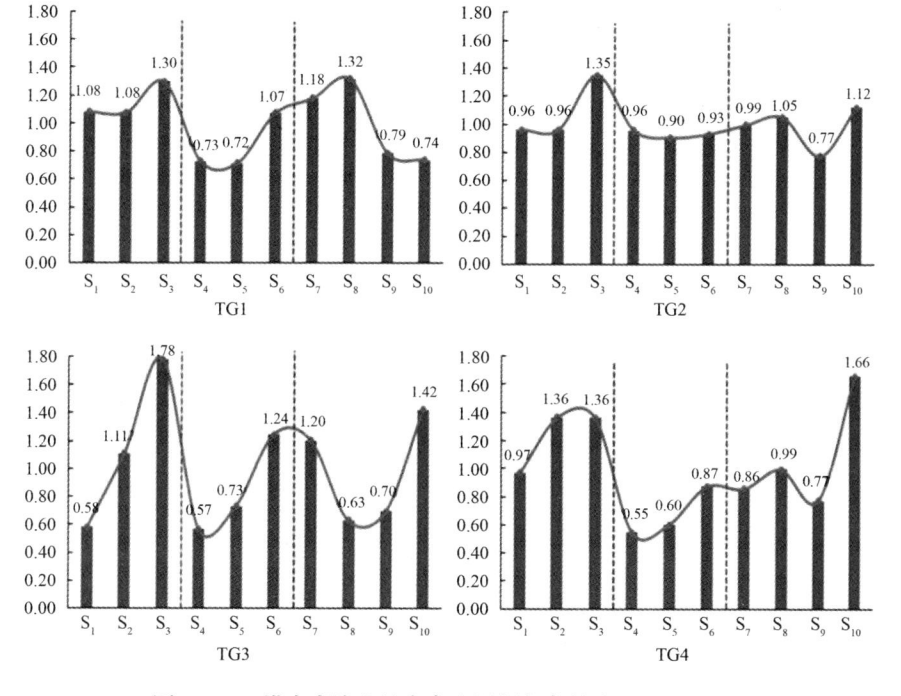

图 7—27 塔吉克族女性发音人疑问句音量比（1 = 100%）

通过以上图表组的汉语语调音量比表现情况,总结出以下特征:

1. 对于疑问句句中韵律边界前的音节音量比表现:汉族发音人疑问句中韵律边界前的音节音量比都大于1,即句首段末字(S_3)和句中段末字(S_6)都发生音量增强现象,汉族男性为1.12、1.10,汉族女性为1.19、1.16;塔吉克族男性发音人疑问句中韵律边界前的音节音量比基本首段末字(S_3)发生增强现象,句中段末字(S_6)未发生增强现象,但是个体之间音量增强现象差别较大,组一音量比为1.04、0.73,组二音量比为1.08、0.96,组三音量比为1.41、0.97,组四音量比为1.21、0.88,塔吉克族女性发音人疑问句中韵律边界前的音节音量比首段末字(S_3)都发生增强现象,句中段末字(S_6)半数发生增强现象,组一音量比为1.30、1.07,组二音量比为1.35、0.93,组三音量比为1.78、1.24,组四音量比为1.36、0.87,由此可知塔吉克族发音人疑问句中韵律边界前的音节音量增强现象与汉语发音人基本一致。

2. 对于疑问句中韵律边界后的音节停延率表现:汉族发音人疑问句中韵律边界前的音节句中段首字(S_4)音量比小于1,不发生音量增强现象,句末段首字(S_7)汉族男性发音人音量比大于1,发生音量增强现象,汉族女性发音人音量比小于1,不发生音量增强现象,男性发音人的音量比分别为0.76、1.42,女性发音人的音量比分别为0.57、0.90。塔吉克族男性和女性发音人疑问句中韵律边界后的音节音量比分布较为聚合,其中,对于句中段首字(S_4)的音量比表现为:男性发音人分别为0.82、0.99、0.98、1.05,女性发音人分别为0.73、0.96、0.57、0.55,男性发音人和女性发音人基本都不发生音量增强现象;对于句末段首字(S_7)的音量比表现为:男性发音人分别为1.33、1.23、1.06、0.76,女性发音人分别为1.18、0.99、1.20、0.86,有超过半数男性发音人、半数女性发音人发生了音量增强现象,结果与汉族发音人相似。

3. 对于疑问句最大音量比表现:汉族发音人疑问句最大音量比都发生在句末段,男性为首字(S_7),女性为末字(S_{10}),音量比数值男性为1.42、女性为1.39;塔吉克族发音人疑问句最大音量比表现和汉族发音人差距较大:男生发音人疑问句最大音量比分别表现为句末段首字(S_7=1.33)、句首段首字(S_1=1.26)、句首段末字(S_3=1.41)、句首段末字和句末端中字（$S_3 = S_8 = 1.21$），女性发音人疑问句最大音量比分别表现为句末段中字（$S_8 = 1.32$）、句首段末字（$S_3 = 1.35$）、句首段末字（$S_3 = 1.78$）、句末段末字（$S_{10} = 1.66$），由此可知塔吉克族发音人疑问句最大音量比表现与汉族发音人不一致，习得情况较差。

4. 对于疑问句最小音量比表现：汉族男性发音人疑问句最小音量比发生在句末段中字（S_9），汉族女性发音人疑问句最小音量比发生在句中段首字（S_4），停延率数值男性为 0.67、女性为 0.57；塔吉克族发音人陈述句最小音量比表现较汉族发音人分布不一：男生发音人陈述句最小音量比分别表现为句中段末字（$S_6 = 0.73$）、句末段中字（$S_9 = 0.60$）、句末段中字（$S_9 = 0.58$）、句末段首字（$S_7 = 0.76$），女性发音人陈述句最大音量比分别表现为句中段中字（$S_5 = 0.72$）、句末段中字（$S_9 = 0.77$）、句首段首字（$S_1 = 0.58$）、句中段首字（$S_4 = 0.55$），由此可知塔吉克族发音人疑问句最小音量比分布不一，可以出现在句中不同位置。

（二）疑问句音长的比较分析

以图7—25、图7—26、图7—27为基础，分别计算出汉族和塔吉克族男性和女性音量比平均值，制成塔吉克族和汉族发音人男性女性音强对比表，如表7—14所示，其中，着重表示的为大于1数值，代表该音节发生了音量增强现象，S_1—S_3 表示第一个韵律单位，S_4—S_6 表示第二个韵律单位，S_7—S_{10} 表示第三个韵律单位。

表7—14 塔汉疑问句音强对比表（1 = 100%）

	S_1	S_2	S_3	S_4	S_5	S_6	S_7	S_8	S_9	S_{10}
汉族男性	1.06	1.16	1.12	0.76	0.77	1.10	1.42	1.10	0.67	0.83
汉族女性	1.10	1.12	1.19	0.57	0.84	1.16	0.90	0.94	0.79	1.39
塔吉克族男性	1.27	0.92	1.18	0.96	0.81	0.89	1.09	1.07	0.69	1.10
塔吉克族女性	0.90	1.13	1.45	0.70	0.74	1.03	1.06	1.00	0.76	1.24
汉族总体	1.08	1.14	1.15	0.66	0.81	1.13	1.16	1.02	0.73	1.11
塔吉克族总体	1.08	1.03	1.32	0.83	0.78	0.96	1.08	1.04	0.72	1.17

通过以上汉族和塔吉克疑问句音强对比表，可以归纳以下特征：

1. 在第一个韵律单位中，韵律单位音量比数值基本都大于1，即第一个韵律单位基本都发生音量增强现象，但是塔吉克男性句中未发生音量增强现象，塔吉克族女性句首未发生音量增强现象。总体上，塔吉克族和汉族总体音量增强呈现上升趋势。

2. 在第二个韵律单位中，韵律单位音量比靠前部分数值基本都小于1，即第二个韵律单位前部基本不发生音量增强现象，但是除了塔吉克族男性发音人，汉族发音人和塔吉克女性发音人在句末出现小幅度音量增强现象。

3. 在第三个韵律单位中，除了汉族女性发音人起始部分音量比数值小于1，其他部分发音人韵律单位起始部分基本都大于1，即第三个韵律单位起始部分基本都不发生音量增强现象；对于韵律单位终点，除了塔吉克族男性音量比数值小于1，其他终点部分基本都大于1，即第三个韵律单位起始部分基本都发生音量增强现象，这说明第三个韵律单位的总体音长大于前两个韵律单位，塔吉克族发音人音量增强程度大于汉族发音人。

根据表7—14塔汉疑问句音强对比表，制成了疑问句音强对比分析折线图，以便观察整体习得趋势。如下图所示，图7—28表示塔汉疑问句音强对比趋势图，图中纵向虚线表示韵律边界，划分每一个韵律单位；横向实线表示音量比边界，即横线以上发生音量增强，横线以下未发生音量增强。

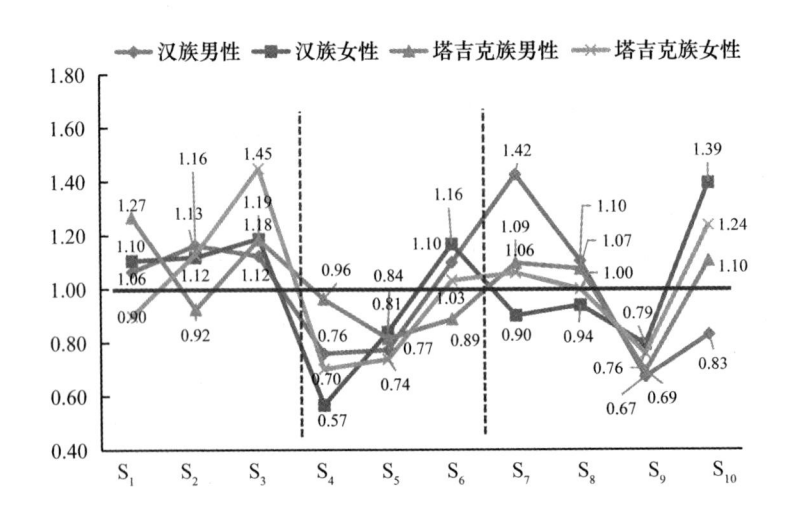

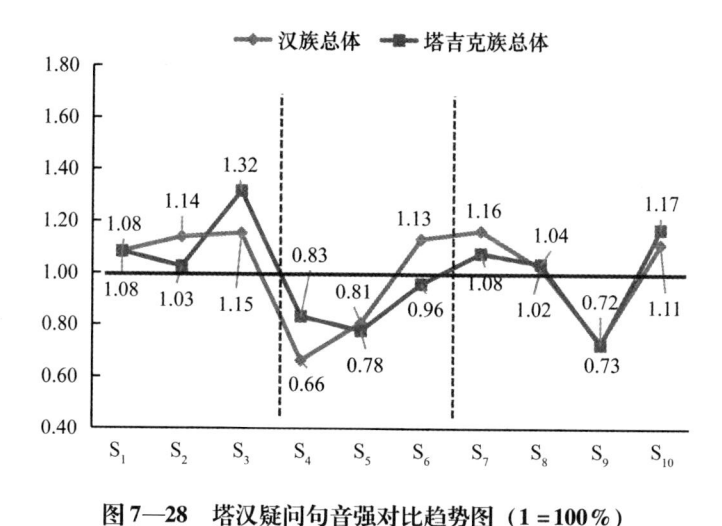

图7—28 塔汉疑问句音强对比趋势图（1=100%）

根据以上塔汉音强对比趋势图并结合上文综合分析可知：

1. 塔吉克族音强疑问句习得变化趋势较汉族音长习得变化趋势大，女性音长习得变化趋势较男性音长习得变化趋势大；

2. 汉族发音人语句内韵律边界处存在明显音量增强现象，塔吉克族发音人也习得此规律，但是女性习得情况明显优于男性习得情况；

3. 更大的韵律单位边界（即第三韵律单位）没有造成更明显的边界前位置延长，而是表现在更大的韵律单位尾部，也符合疑问句的韵律匹配原则，即对于汉语普通话发音人，音强之间也存在较强的相关性，内部匹配度较高，这说明塔吉克族男性和女性都存在明显音量增强现象。

第五节 塔吉克族汉语陈述句与疑问句语调习得特点

为了探索塔吉克族汉语语调的习得特点，需要对塔吉克族学习者的语调和汉语母语者的语调进行对比分析，包括陈述句与疑问句的音高、音长和音强三个维度。在本研究中，两者的实验方法和实验范围是相同的，所以实验结果具有可比性。本章通过以上实验分析，总结塔吉克族汉语陈述句与疑问句语调习得特点。

一 塔吉克族汉语陈述句语调习得特点

（一）音高方面的特点

通过与汉语为母语的汉语发音人对比，归纳出塔吉克族习得汉语陈述句音高的特点：

1. 句调域方面，在上下线的位置上，塔吉克族发音人句调域上下线由两个词调域决定，和汉族发音人一致的规律。塔吉克族发音人的句调域上线的位置大致集中在句首段，多分布在首字和中字，句调域下线大致集中在句中段首和句尾段，男女性有差别，大致呈现出性别的一致性。在句调域跨度上，塔吉克族发音人的陈述句句调域音高跨度小于汉族发音人的陈述句句调域音高跨度，由此可知，与汉族发音人相比，塔吉克族发音人的陈述句句调域较窄。

2. 词调域方面，在词调域的分布程度方面，汉族发音人陈述句词调域最大值可以达到100%，最小值可以达到0，塔吉克族发音人的陈述句词调域比重的最大值也为100%，最小值也可以达到0，两者保持一致。

3. 字调域方面，塔吉克族发音人都没有习得汉语各声调的调域负担量，由此导致在句首词、句中词和句末词三个部分中，塔吉克族发音人字调域音高跨度呈现出不规律现象。塔吉克族发音人在字调域的上、下线表现结果上，一定程度上是由于阴平、阳平、上声、去声这四个声调互相间的作用所决定的，呈现出无规律状态，但在汉语中，上声的负担最大，下音的幅度单一决定，塔吉克族发音人学习阳平和上声特别困难，直接影响语调的输出。

4. 在音高的起伏上，塔吉克族女性发音人与汉族女性发音人在音高起伏度的表现上比较相近，显示出对汉语语句的起伏特征的掌握较好；塔吉克族男性发音人在句末词调域的变化上有轻微的异常升高现象，与汉语男性发音人的音高起伏度明显降低的情况相反，这一现象使塔吉克族男性的整个句子的起伏度表现上出现了明显的差异。塔吉克族女性习得情况和汉语发音人基本一致，塔吉克族男性对于音高起伏度的习得情况并不尽如人意，因此，表现在句末词调域的起伏程度上有上升的趋势，这与汉语陈述句音高呈现出下倾的特点不一致。

总之，塔吉克族学习者习得汉语陈述句的语调时，其音高特征主要有：塔吉克族母语为无声调语言，因此对于汉语的句调域表现出句调域较为狭窄的情况，而其句调域的上下线则更多地取决于单一词调域；同时，学习者在语流中的连读变调出现习得混乱的状态，很难掌握阳平、上声两个声调的正确发音，也影响正确的汉语陈述句语调习得。汉语陈述句的音高下倾规律与学习者的句中停顿有密切关系，而塔吉克族发音人也习得这一规律，塔吉克族发音人近一半表现出音高下倾规律，具有一定的同构性。

(二) 音长方面的特点

通过与汉语为母语的汉语发音人对比，归纳为如下塔吉克族在习得汉语陈述句音长方面的特点：

1. 塔吉克族发音人对于汉语陈述句的音长方面整体呈现出习得不熟练的情况，具体表现为对于韵律词的划分混乱，容易出现音节延长现象，不仅在韵律边界处出现语音延长现象，在句首和句尾处也出现语音延长现象。

2. 塔吉克族发音人音长习得变化趋势较汉族发音人大，女性发音人音长习得变化趋势较男性发音人大；

3. 韵律单位边界延长与韵律边界周围的音长变化相关性不大，塔吉克族发音人更表现在韵律单位内部前段，即句尾发生明显延长。

(三) 音强方面的特点

通过与汉语为母语的汉语发音人对比，归纳出塔吉克族习得汉语陈述句音强的特点：

1. 在汉语陈述句音量比增减规律上，塔吉克族发音人能够较好习得，表现为在第一个韵律单位中出现音强增强现象，在第三个韵律单位中出现音强递减现象。

2. 与汉族发音人平缓的音高变化不同，塔吉克族发音人陈述句音强变化更容易出现陡然增加的情况。

3. 塔吉克族发音人的句末字的音强表现上不易表现为音强增强状态，汉语发音人在句末字音强表现上呈现出小幅度增强或不增强状态，在此表现上，两者情况相似。

4. 塔吉克族发音人音强整体习得变化趋势较汉族发音人变化趋势小，

塔吉克族女性发音人音强整体习得变化趋势较塔吉克族男性发音人变化趋势大。

二 塔吉克族汉语疑问句语调习得特点

(一) 音高方面的特点

通过与汉语为母语的汉语发音人对比，归纳出塔吉克族习得汉语疑问句音高的特点：

1. 句调域方面，塔吉克族发音人在疑问句的上下线的位置上，和陈述句表现一致，塔吉克族发音人句调域上下线由两个词调域决定，和汉族发音人一致的规律，但是塔吉克族发音人的疑问句句调域上线的位置和下线位置与汉族发音人差别较大，呈现出无规律现象。在句调域跨度上，塔吉克族发音人的疑问句句调域音高跨度小于汉族发音人的陈述句句调域音高跨度，和陈述句表现一致。同样，与汉族发音人相比，塔吉克族发音人的疑问句句调域较窄。可见，句调域的宽窄除了和母语是否有声调具有相关性，和实验句的语气也有紧密相关性。

2. 词调域方面，在词调域的比重分布上，汉族发音人的疑问句词调域最大值为100%，最小值可以达到0%，塔吉克族发音人的疑问句的词调域最大值同为100%，最小值也可以达到0%，两者也保持一致。但是，塔吉克族发音人疑问句的句首和句中词调域的比重分布和母语发音人表现不一致，并在句末词调域比重分布上，没有表现出最大化扩展现象。

3. 字调域方面，塔吉克族发音人同样没有习得汉语各声调的调域负担量，由此导致在句首词、句中词和句末词三个部分中，塔吉克族发音人字调域音高跨度呈现出不规律现象。但是，在句末字中，部分塔吉克发音人末字音高跨度会陡然升高，表现出一种非常强的语调上升意识，塔吉克族女性发音人表现更明显。

4. 音高起伏度方面，汉族发音人全句最大的起伏出现在句末词调域上，尤其表现在上线，塔吉克族发音人女性最大起伏同样出现在句末词调域上线，但是男性表现不明显。这种起伏程度表现了疑问句句调域上线和下线阈值对比陈述句上线和下线阈值具有整体上升趋势；疑问句句调域跨度具有明显的调域扩展现象，即疑问句句调域大于陈述句句调域，特别是在句末词调域跨度上，更是达到整句的最大幅度扩展趋势。

综上所述，作为母语为无声调语言的学习者，塔吉克族在习得汉语疑问句语调时，音高方面出现的如下特点：在句调域上下线位置上，塔吉克族更倾向于使用单一词调域来决定全句调域的上下位置，这种表现情况和陈述句一致；也出现了过度强调句首词的情况，即句末词调域跨度小于句首词调域跨度，这一点和陈述句的表现不同，这种情况说明塔吉克族学习者的句调域的宽窄变化规律不仅仅和学习者自身母语是否有声调的情形相关，还和所使用的实验句的语气状态具有相关性。

（二）音长方面的特点

通过与汉语为母语的汉语发音人对比，归纳出如下塔吉克族在汉语疑问句音长方面的习得特点：

1. 塔吉克族发音人习得汉语疑问句不熟练，韵律词划分同样出现问题，在音节长短的处理上容易出现不合理的延长现象，不仅在韵律边界处出现语音延长现象，还在句首处出现明显的语音延长现象，然而部分塔吉克族发音人在句末并未出现语音延长，这也是一种不合理的现象，即塔吉克族发音人没有正确认识汉语疑问句句末字停延率，句末语音延长应该是汉语疑问句的重要特征。

2. 塔吉克族音长疑问句习得变化趋势较汉族变化趋势小，与疑问句相反，但是塔吉克族女性发音人音长习得变化趋势同样较塔吉克族男性发音人变化趋势大。

3. 韵律单位边界延长与韵律边界周围的音长变化相关性不大，塔吉克族发音人表现在韵律单位内部后段，符合疑问句音长特征。

（三）音强方面的特点

通过与汉语为母语的汉语发音人对比，归纳出塔吉克族习得汉语疑问句音强的特点：

1. 塔吉克族发音人基本能够习得汉语疑问句音量比变化规律：在第一个韵律单位容易出现音强增强现象，在第三个韵律单位中出现音强递减现象，但是塔吉克族男性发音人较女性发音人习得情况差。

2. 与汉族发音人较为多变的音强变化不同，塔吉克族发音人疑问句音强变化更为平缓，与疑问句相反。

3. 塔吉克族发音人音强习得变化趋势较汉族发音人变化趋势小，塔吉克族女性发音人音强习得变化趋势较塔吉克族男性发音人变化趋势大，此性别变化与汉族一致。

4. 汉族发音人疑问句语句内韵律边界处存在明显增强，塔吉克族发音人也习得此规律，但是塔吉克族发音人疑问句的音强虽靠近韵律边界，但是音强增强范围更大，表现出离散的音强控制现象。

三　塔吉克族汉语陈述句与疑问句对比分析

塔吉克族发音人对汉语陈述句和汉语疑问句习得呈现出一定程度的一致性，但是也呈现出一些不同点：

1. 音高方面，塔吉克族发音人的疑问句句调域跨度高于陈述句句调域跨度，塔吉克族发音人的陈述句音高起伏度呈现出下倾规律，但是塔吉克族发音人的疑问句音高起伏度呈现出下倾规律和上升规律，说明塔吉克族对疑问句的音高上升倾向并没有全部习得。

2. 音长方面，在陈述句中，塔吉克族发音人音长习得变化趋势较汉族发音人变化趋势大；在疑问句中，塔吉克族音长疑问句习得变化趋势较汉族变化趋势小，两者呈现相反趋势。

3. 音强方面，在陈述句中，塔吉克族发音人音强整体习得变化趋势较汉族发音人变化趋势小；在疑问句中，塔吉克族发音人音强整体习得变化趋势较汉族发音人变化趋势大，两者呈现相反趋势。

根据韵律匹配原则，综合分析音高、音长和音强三方面相关性，同样可以得到塔吉克族发音人在汉语陈述句和汉语疑问句习得方面的特点：

其一，塔吉克族发音人对于音强和音长两者在陈述句和疑问句中的定位出现混淆状态，即在汉族发音人通过增加音节时长来表现语调特点时，部分塔吉克族发音人倾向于用增加音节音量来表现相同的语调特点，反之，在汉族发音人通过增加音节音量来表现语调特点时，部分塔吉克族发音人倾向于用增加音节时长来表现相同的语调特点。

其二，塔吉克族发音人男性和女性在语调习得方面，女性综合习得情况要优于男性语调习得情况。

四　塔吉克族汉语陈述句与疑问句特点横向比较

目前关于陈述句和疑问句的语调习得研究较多，通过对不同地区的母语学习者在习得汉语语调研究成果进行横向比较，不同地域的汉语学习者表现出不同的倾向性。

东南亚地区的母语学习者,尤以研究泰国留学生居多,他们在习得汉语时,由于其母语和汉语同为声调语言,因此对韵律词内音节音高的把握相对较好,同时男女发音人都会通过延长句末音节时长来表现疑问语;日本留学生在习得汉语语调时出现的普遍问题是音高起伏变化较小,全句调域过窄,这也与日语的发音特点相契合;对于韩国留学生,音高下倾也是韩国语陈述句语调的典型特征,所以,韩国留学生可以利用母语语调的信息以及母语韵律迁移的规律,较为轻松掌握汉语陈述句语调音高下倾的特点;俄罗斯留学生习得汉语时,在音高层面很难习得调域上线,音长和音强层面很难习得音节时长发生停延、音量增强的正确位置,而造成这些偏误主要是母语负迁移的影响;意大利留学生在习得汉语时,对于韵律边界前字音延长这一点习得较好,存在对句首词和句中词音长的掌握不到位的情况;巴基斯坦学生的语句内词调域的起伏度上中下线高低倾向不明显,在疑问句表现为韵律单位中时长规律不明显,句末字发声时间较短,同时巴基斯坦学生在无疑问词疑问句语调的最大问题表现在句末字上;肯尼亚学生汉语疑问句语调中音高的习得较好,尤其是调域跨度的问题,但是对调域上下线位置的把握不太理想;音长和音强的习得情况较差,尤其是对句末字的把握,句末字未发生延长和增强,这与肯尼亚国家母语为非声调语言有很大的关系。

对于塔吉克族汉语学习者,同样存在把握调域上下线位置不太理想的情况,同时,不擅长处理句末词,主要表现为句末字发声时间较短,句末字未发生延长和增强,这一点与巴基斯坦和肯尼亚的汉语学习者有相似之处。同时,塔吉克族汉语学习者在习得汉语时,同样存在音节时长发生停延、对音量增强正确位置把握不当的现象,但是在韵律边界前字音延长这一点习得较好,这些特点又与俄罗斯和意大利的汉语学习者有相似之处。但是,塔吉克族汉语学习者和东南亚地区的母语学习者区别较大,东南亚地区的母语学习者会通过延长句末音节时长来表现疑问语,而塔吉克族在这一特点上不具有同构性。针对这些现象,表层原因可以简单归纳为有声调语言和无声调语言对于汉语语调习得的迁移,更深层次的原因亟待探索。

第六节　塔吉克族汉语语调习得策略研究

前文从声调、音高、音强三个维度系统地分析了塔吉克族在汉语陈述句和疑问句语调上的习得特点与偏误，针对这些偏误，本节提出了一些可供参考的学习建议。

一　增强师生语调教学意识

在汉语教学中，"洋腔洋调"一直是非汉语母语学习者进行汉语学习产生的普遍现象，这种现象影响着汉语学习者汉语发音的纯正性，因此，语调作为汉语的重要表现形式，应该被重视，并作为汉语教学的重点。在实际语音教学中，汉语教师在进行教学活动时，要更注重汉语声母、韵母、声调的教学。如果过多重视这些内容，而忽视了语调本身的教学也是不可取的。同时在汉语教材中，有关语调的学习内容也比较单薄，久而久之，汉语学习者对正确的汉语语调习得就显得不够重视。他们可能觉得自己的汉语发音不完美，但他们不知道什么是错误的，什么是正确的，这也充分说明正确的语调习得影响和决定着汉语学习者正确的汉语习得。因此，有必要增加教材中的汉语语调知识，并把语调教学作为汉语语音教学的一项重要内容。

但是，要让学习者真正理解掌握汉语语调，还需要从以下几个方面入手：首先是通过课堂教学来培养学习者的语言意识；其次是注重对汉语语气进行训练；最后是加强学习者的朗读能力。此外，在师生的课堂互动中，要潜移默化地强调汉语语调知识的学习与应用，提高汉语学习者在实际交流中的应用体验，通过此种方式，也就会更加注重如何在实际交流中正确习得汉语语调。当然，除了基本的课堂学习外，在日常的学习练习中，如果汉语学习者积极与母语者进行沟通交流，增加与汉语母语者对话的机会，这样学习者也能够积累"语感"，学会正确的汉语语调。

二　重视语调与声调教学动静结合

汉语是一种声调语言，塔吉克语是一种非声调语言，塔吉克族在进行汉语语调学习时,会存在难以理解有声调语言的情况。同时,在实际学习中,由于缺乏对汉语声调知识的了解以及对汉语声调规律的认识不足等原因,使得学习者在学习过程中易产生诸多语调错误。语调的正确习得不是一蹴而就的,应该先从最基本的单字调的习得着手。根据实验研究,汉语学习者产生语调偏误的主要原因之一是不完全习得单字调。因此,在实际的教学过程中,汉语教师应该优先进行单音节声调的教学,从而能够帮助汉语学习者习得正确的单音节声调,这也是汉语学习者习得正确单音节语调的基础。

毋庸置疑,汉语教师对声调教学非常重视。但是,只是单纯在静态的汉语学习过程中强调和纠正汉语单字调的发音却不在语流中练习,是事倍功半的行为。因此,为了提高学生习得普通话单字调时的效率,必须将单字调的语音特征融入课堂教学之中,让学习者能够正确地理解其发音特点。同时也要加强声调知识的讲解。语流音变是汉语中很常见的一种现象,如果我们只掌握一个单字的声调,还是会形成"洋腔洋调"的汉语习得偏误现象。汉语教师在进行语流音变的教学过程中,应该更加注重声调变化,并帮助学生掌握声调的变调规则。

因此,在实际教学过程中,不仅应该重视动态的语流教学活动,还应该注重静态单音节教学活动,将两者进行统一配合,动静结合,强调单字调汉语教学是汉语习得基础,声调教学在语流教学中的最终目标,不可本末倒置。

三 合理安排语调教学内容

汉语语调的具体应用应该包括音高、音长和音强三个维度的知识,因此教师在对汉语学习者进行教授汉语语调知识时,应该遵循一定的学习顺序,由简入繁,先易后难,多次讲解和强调重点知识,帮助学生真正掌握汉语语调。

塔吉克族汉语学习者在使用音长和音强时容易产生混淆,所以在教授塔吉克族汉语学习者进行汉语语调习得时,应该遵循一定的学习规律,对普遍存在的语调习得问题不能仅是直线性解决,要具体问题具体分析,同时应该注意培养汉语学习者对于语调习得的积极性。塔吉克族汉语学习者存在不熟悉汉语韵律匹配结构的情况,需要教师打持久战,对韵律进行重点纠正和阐释。在练习的过程中,要有意识地增加韵文和连读的分隔性,多听真实的汉语口语。

同时,对不同语调特征的汉语句子的习得应该根据语句特点进行具体分析,由浅入深。在研究中,陈述句语调特征更趋于稳定,因此对汉语学习者,应该先学习汉语陈述句,其次再教授汉语疑问句等句子。而声调方面则要根据不同类型进行区分,并结合语音特点来指导教学。塔吉克人的语流中存在着大量的非自然音节,所以,在进行正确的汉语语调习得中,塔吉克人应该加强这方面的训练,同时在汉语语调的规律表现上更应该引起重视,特别是在汉语陈述句中的音高下倾规律和汉语疑问句中的调域扩展规律,在认识、学习和练习这些语调规律时,应该引导学生进行重点练习。

四 运用丰富的语调教学方式

语调是一个复杂的系统,汉语教师很难直接将学习者的知识归纳为规则,这样不仅不利于学生对汉语语调整体结构的理解,还会直接影响到汉语学习者对语调习得的学习兴趣,并且容易产生不良学习效果。这种情景下,利用计算机教学可以弥补这一点。由于计算机本身具有强大的信息处理功能,所以计算机辅助教学(CAI)已经成为一种重要的外语教学手段,并在世界范围内得到广泛的认可。然而,目前国内还没有研究语调教学的计算机辅助教学。因此,汉语教师除了传统的教学方式外,还可以利用语音软件将抽象的语调表现形式转化为视觉形象的展现,制作简单的语调习得语音图,将语调习得的抽象性转化为具体的语言图表,并在教学过程中详细地指出汉语语调的特点,指出学习者在汉语语调学习中存在的个性化问题。通过这种方式,可以有效促进学生对汉语语调理论和应用的理解。

另外,教师还可以利用听力来要求学生区分在不同的汉语语言场景中对应的语调表现方式,并将汉语普通话习得语调与普通话的标准语调进行对比,可以通过在不同语言环境下学习者之间的汉语对话交流来促进语调表现的习得。此外,我们从以下几个方面提出了相应对策:首先,教师应注重自身语言修养。其次,应加强口语训练,使学生能正确表达自己的情感与想法,在教学过程教师应注意激发汉语学习者对学习正确语调应用的兴趣和自信心，并根据不同的情况采用适当的教学方法。最后，要注重课堂讨论，提升教学效果，在课堂上，每个学生都应该被允许自由、积极地发言。当然，在对外汉语语调教学中，有演示、对比、汉语儿歌法、配音实践法、情景对话法等丰富的教学手段，也应该广泛与语调教学进行结合并逐渐应用到具体教学中。

五 习得过程注意母语负迁移

根据中介语理论，在二语习得中，母语对学习者的语言习得具有正向或负向的影响。母语的负向迁移是造成二语习得的重要因素。塔吉克语属于非声调语言，这也是造成塔吉克族在汉语习得中的偏误的重要原因。因此，塔吉克族在学习汉语时应该注意母语的负迁移问题。要想减少这种情况，提高教学质量，就必须对产生这种问题的原因进行深入的剖析。为了减少这一现象的发生，提高教学效果，我们有必要分析造成这些问题的根源。在进行教学之前，应充分认识汉语学习者的母语特征，了解两者之间的差异，从而提高教学质量。同样的句子也可以用两种语言来表达，并对语调进行比较，这样学生就可以更好地理解这两种语言之间的差异，更容易地掌握正确的汉语语调。

参考文献

一 中文文献

（一）中文著作

鲍怀翘、林茂灿：《实验语音学概要》，北京大学出版社2014年版。

贝先明、向柠：《实验语音学的基本原理与Praat软件操作》，湖南师范大学出版社2016年版。

郭锦桴：《汉语声调语调阐要与探索》，北京语言学院出版社1993年版。

胡明扬：《北京话初探》，商务印书馆第1987版。

黄伯荣、廖旭东：《现代汉语》，高等教育出版社2005年版。

焦立为、冉启斌、石锋：《二十世纪的中国语音学》，书海出版社2004年版。

教育部民族教育司中国少数民族汉语水平等级考试课题组编：《中国少数民族汉语水平等级考试大纲·（二级）》，北京语言大学出版社2003年版。

孔江平：《实验语音学基础教程》，北京大学出版社2015年版。

林焘：《林焘语言学论文集》，商务印书馆2001年版。

林焘、王理嘉：《北京语音实验录》，北京大学出版社1985年版。

林焘、王理嘉：《语音学教程》，北京大学出版社1992年版。

刘珣：《对外汉语教育学引论》，北京语言大学出版社2000年版。

罗常培、王钧：《普通语音学纲要》，商务印书馆1957年版。

毛世祯：《对外汉语教学语音测试研究》，华东师范大学出版社2004年版。

沈炯：《北京语音实验录》，北京大学出版社1985年版。

石锋:《语音格局——语音学与音系学的交汇点》,商务印书馆 2008 年版。

石锋:《语音平面实验录》,北京语言大学出版社 2012 年版。

石锋:《语调格局——实验语音学的奠基石》,商务印书馆 2013 年版。

石锋:《实验语言学初探》,中国社会科学出版社 2017 年版。

石锋、廖荣蓉:《语音丛稿》,北京语言学院出版社 1994 年版。

石锋、王萍:《汉语功能语调研究》,北京语言大学出版社 2017 年版。

王洪君:《汉语非线性音系学:汉语的音系格局与单字音》,北京大学出版社 1999 年版。

温宝莹:《汉语普通话的元音习得》,南开大学出版社 2008 年版。

温宝莹、邓丹、石锋:《汉语语音习得研究》,南开大学出版社 2016 年版。

吴宗济:《汉语普通话单音节语图册》,中国社会科学出版社 1986 年版。

吴宗济:《吴宗济语言学论文集》,商务印书馆 2004 年版。

吴宗济、鲍怀翘、林茂灿:《实验语音学概要(增订版)》,北京大学出版社 2014 年版。

吴宗济、林茂灿:《实验语音学概要》,高等教育出版社 1989 年版。

肖奚强、周文华:《第二语言习得研究纵观》,世界图书出版社 2012 年版。

易斌:《第二语言声调习得实验研究:个案对比分析》,中国社会科学出版社 2014 年版。

游汝杰、杨剑桥:《吴语声调的实验研究》,复旦大学出版社 2001 年版。

张志公:《张志公语文教育论集》,人民教育出版社 1996 年版。

张日培:《中国语言政策研究报告》,商务印书馆 2020 年版。

赵金铭:《对外汉语教学概论》,商务印书馆 2004 年版。

赵元任:《赵元任语言学论文集》,商务印书馆 2002 年版。

朱晓农:《上海声调实验录》,上海教育出版社 2004 年版。

朱晓农:《语音学》,商务印书馆 2018 年版。

(二)期刊论文

艾斯卡尔·艾木都拉:《维吾尔语感叹句语调起伏度》,《清华大学学报》2017 年第 12 期。

贝先明：《广州话陈述句语调的起伏度》，《武陵学刊》2011 年第 3 期。

贝先明：《普通话的声调格局和元音格局》，《武陵学刊》2012 年第 4 期。

蔡整莹、曹文：《泰国学生汉语语音偏误分析》，《世界汉语教学》2002 年第 2 期。

曹剑芬：《汉语声调与语调的关系》，《中国语文》2002 年第 3 期。

曹若男：《语言迁移研究新论》，《西北大学学报》2012 年第 4 期。

陈晨：《泰国学生汉语元音习得中迁移现象的声学实验研究》，《民族教育研究》2009 年第 1 期。

陈文芷：《汉日疑问句语调对比》，《世界汉语教学》1994 年第 2 期。

陈小莹：《藏语拉萨话塞音、塞擦音 VOT 研究分析》，《电脑与信息技术》2015 年第 6 期。

邓丹：《跨语言相似度与美国学习者汉语元音习得研究》，《汉语学习》2017 年第 3 期。

高涵：《泰国学生汉语双音节句疑问语调实验分析》，《云南师范大学学报》2009 年第 6 期。

高玉娟、石锋：《德国学生汉语元音学习中母语迁移的实验研究》，《教育科学》2006 年第 2 期。

高玉娟、张萌萌：《汉语母语者英语塞音习得的实验研究》，《东北师范大学学报》2018 年第 6 期。

根本晃、石锋：《日语声调核在陈述句语调中的表现》，《南开语言学刊》2010 年第 1 期。

顾晓微：《字母词中塞音的声学特征》，《北京第二外国语学院学报》2017 年第 5 期。

关键：《声调教学改革初探》，《语言教学与研究》2000 年第 4 期。

郭嘉、石锋：《英汉陈述句和疑问句语调实验对比研究》，《当代外语研究》2011 年第 9 期。

郭嘉、肖启迪：《英语陈述句语调起伏度实验分析》，《南开语言学刊》2010 年第 1 期。

贺阳、劲松：《北京话语调的实验探索》，《语言教学与研究》1992 年第 2 期。

呼和：《蒙古语标准话塞擦音声学分析》，《民族语文》2015 年第 3 期。

贾珍妮：《维吾尔族汉语学习者齿龈音习得偏误研究》，《汉语国际教育研究》2016年。

金智恩：《韩国留学生汉语陈述句语调的实验研究》，《东疆学刊》2015年第3期。

江荻、燕海雄、孙宏开：《中国南方民族语言塞擦音的类型与系属特征》，《语言研究》2010年第4期。

姜锐：《维吾尔语中塞音、塞擦音VOT的实验研究》，《计算机工程与应用》2013年第10期。

李爱军：《友好语音的声学分析》，《中国语文》2005年第5期。

李宝贵、周甜甜：《俄罗斯学生习得汉语陈述句语调音高的实验分析》，《辽宁工程技术大学学报》2019年第1期。

李晶：《美国学生汉语中介语元音系统建构次序的实验研究》，《现代外语》2008年第3期。

李晶、石锋：《二语习得汉法中介语元音系统建构次序的实验研究》，《暨南学报》2008年第3期。

李善鹏、顾文涛：《普通话塞擦音的声学特性研究》，《清华大学学报》2016年第11期。

李素秋：《少数民族学生习得汉语单字调感知实验研究》，《中南民族大学学报》2016年第3期。

李素秋：《柯尔克孜族学生汉语双音节词声调声学实验研究》，《声学技术》2020年第3期。

李智强、林茂灿：《对外汉语声调和语调教学中的语音学问题》，《国际汉语教学研究》2018年第3期。

李亚男：《越南留学生汉语陈述句停延率习得研究》，《现代语文》2017年第10期。

梁磊：《声调格局与元音格局的研究综述》，《当代外语研究》2011年第5期。

廖荣蓉：《苏州话单字调，双字调的实验研究》，《语言研究》1983年第2期。

廖荣蓉、石锋：《汉语普通话r声母音质的实验研究》，《语言研究》1987年第2期。

刘俐李：《汉语声调的曲拱特征和降势音高》，《中国语文》2005 年第 3 期。

刘佳琦：《日语音段的可视化教学研究——基于中介语理论与实验语音学方法》，《日语学习与研究》2018 年第 4 期。

刘亚丽、郭径遂、孟子厚：《新疆民族地区小学生汉语普通话声调感知和发音分析》，《清华大学学报》2013 年第 6 期。

刘艺、荣蓉：《汉语学习者陈述句音节音高的声学实验分析》，《语言教学与研究》2014 年第 5 期。

刘玉屏：《塔什库尔干塔吉克族语言使用与语言态度调查》，《西北民族研究》2010 年第 1 期。

林茂灿：《音高显示器与普通话声调音高特性》，《声学学报》1965 年第 1 期。

林奕高、王功平：《印尼留学生习得汉语塞音和塞擦音实验研究》，《语言教学与研究》2005 年第 4 期。

凌锋：《上海话塞音和塞擦音的时间结构》，《中国语文》2020 年第 3 期。

鲁健骥：《对外汉语语音教学几个基本问题的再认识》，《大理学院学报》2010 年第 5 期。

吕青：《关于新疆少数民族汉语教育中存在的问题及对策探讨》，《新疆师范大学学报》2005 年第 2 期。

孟国：《"洋腔洋调"的声调和语调》，《天津师大学报》1990 年第 3 期。

农海慧：《高级水平留学生语调偏误及教学对策》，《云南电大学报》2007 年第 12 期。

齐士钤、张家騄：《汉语普通话辅音音长分析》，《声学学报》1982 年第 1 期。

裘珊珊：《日本学生汉语陈述句核心重音的韵律特征》，《首都师范大学学报》2009 年第 1 期。

瞿霭堂、劲松：《北京话的字调和语调——兼论汉藏语言声调的性质和特点》，《中国人民大学学报》1992 年第 5 期。

冉启斌：《辅音声学格局研究》，《当代外语研究》2011 年第 9 期。

冉启斌：《北京话塞擦音的声学格局分析》，《中国语文》2017 年第 4 期。

冉启斌、石锋：《北京话擦音格局分析》，《华文教学与研究》2012 年第

1 期。

沈炯:《汉语语调模型刍议》,《语文研究》1992 年第 4 期。

石锋:《吴江方言声调格局的分析》,《方言》1992 年第 3 期。

石锋:《北京话的元音格局》,《南开语言学刊》2002 年第 1 期。

石锋:《普通话元音的再分析》,《世界汉语教学》2002 年第 4 期。

石锋:《汉语语音教学笔记》,《南开语言学刊》2007 年第 1 期。

石锋:《语音平面实验录》,《南开语言学刊》2011 年第 2 期。

石锋:《汉语语音习得研究》,《南开语言学学刊》2016 年第 2 期。

石锋:《实验语言学初探》,《南开语言学刊》2016 年第 2 期。

石锋、廖荣蓉:《中美学生汉语塞音时值对比分析》,《语言教学与研究》1986 年第 4 期。

石锋、时秀娟:《语音样品的选取和实验数据的分析》,《语言科学》2007 年第 2 期。

石锋、冉启斌、王萍:《论语音格局》,《南开语言学刊》2010 年第 1 期。

石锋、冉启斌:《普通话单音节中爆发音的 VOT 分析》,《南开语言学刊》2007 年第 2 期。

石锋、王萍:《北京话单字音声调的统计分析》,《中国语文》2006 年第 1 期。

石锋、王萍:《汉语韵律层级议论刍议》,《南开语言学刊》2014 年第 1 期。

石锋、王萍、梁磊:《汉语普通话陈述句语调的起伏度》,《南开语言学刊》2009 年第 12 期。

时秀娟:《元音格局研究方法的理解与阐释》,《山东大学学报》2005 年第 3 期。

宋慧、刘亚丽、孟子厚:《新疆少数民族汉语普通话双字调的发音偏误分析》,《声学技术》2013 年第 21 期。

谭晓平:《苗瑶语塞擦音的来源与演变》,《中央民族大学学报》2013 年第 1 期。

唐天赋:《国家通用语言文字规范的现状与发展对策》,《语言与研究》2020 年第 8 期。

田静:《维吾尔、哈萨克族学生汉语声母习得难点分析》,《民族教育研究》2010 年第 4 期。

温宝莹:《日本学习者汉语元音习得研究》,《语言教学与研究》2008 年第 4 期。

温宝莹、谢郴伟:《日本学习者汉语陈述句语调的韵律匹配》,《南开学报》2018 年第 4 期。

乌吉斯古冷、敖敏:《蒙古语标准音四类基本句式语调比较研究》,《内蒙古民族大学学报》2015 年第 1 期。

乌吉斯古冷:《蒙古语陈述句和祈使句语调比较研究》,《内蒙古民族大学学报》2013 年第 1 期。

乌吉斯古冷:《蒙古语陈述句语调的起伏度研究》,《满语研究》2012 年第 2 期。

吴宗济:《普通话语句中的声调变化》,《中国语文》1982 年第 6 期。

吴宗济:《普通话元音和辅音的频谱分析及共振峰的测算》,《声学学报》1964 年第 1 期。

王仲黎、冯佳:《汉语老挝语辅音比较研究》,《云南师范大学学报》(对外汉语教学与研究版)2013 年第 6 期。

王贤海:《国内几种少数民族语言擦音送气实验研究》,《民族语文》1988 年第 1 期。

王彬:《贵州松桃苗语的擦音格局》,《铜仁学院学报》2016 年第 5 期。

王红梅:《生成音系学在中国 20 年来的发展历程》,《四川外语学院学报》2008 年第 3 期。

王建勤:《英语背景汉语学习者汉语语调产出策略研究》,《华文教学与研究》2016 年第 4 期。

王魁京:《汉语作为第二语言学习中的句子的语调、语气理解问题》,《北京师范大学学报》1996 年第 6 期。

王敏、孙凤波:《对俄汉语语音语调教学的探索》,《黑龙江教育学院学报》2003 年第 5 期。

王萍、石锋:《试论语调格局的研究方法》,《当代外语研究》2011 年第 5 期。

王萍、石锋:《汉语普通话疑问句语调的起伏度》,《南开语言学刊》2010 年第 2 期。

王萍、石锋：《普通话两字组的音量比分析》，《南开语言学刊》2010 年第 2 期。

王幼敏：《日本人学汉语中的声调语调问题》，《黑龙江教育学院学报》1998 年第 2 期。

熊巧：《印尼留学生汉语普通话擦音声母习得声学实验》，《语言历史论丛》2019 年第 2 期。

熊薇：《语调音系学视角下二语语调习得研究综述》，《黑河学院学报》2021 年第 10 期。

修竺含：《泰国汉语习得者塞擦音偏误应对策略浅析》，《大学语文建设》2021 年第 2 期。

许可、冉启斌：《新化湘方言擦音声学分析》，《汉字汉语研究》2021 年第 4 期。

燕海雄：《论擦音在中国语言中的类型及其主要来源》，《民族语文》2020 年第 5 期。

阎锦婷：《泰国学生汉语疑问句语调的音量比研究》，《沧州师范学院学报》2016 年第 2 期。

阎锦婷、王萍、石锋：《普通话选择问句的语调格局》，《语言文字应用》2014 年第 1 期。

阎锦婷、王萍、石锋：《普通话疑问标记复用的声学实验——以正反疑问句为例》，《语言教学与研究》2014 年第 5 期。

杨群、武沐：《塔吉克语的使用与保护——来自新疆塔什库尔干塔吉克自治县的调查》，《北方民族大学学报》2015 年第 1 期。

杨叶华：《针对缅甸学生编写汉语语音教材的思考》，《云南师范大学学报》2003 年第 1 期。

杨亦凡、阿不都热合曼·吐尔逊、阿来·藏别克、钱伟量：《基于"一带一路"战略视角的中国塔吉克语言文字保护与传承问题分析》，《佳木斯职业学院学报》2017 年第 4 期。

易斌：《维吾尔族学习者习得汉语单字调的感知实验研究》，《语言教学与研究》2011 年第 1 期。

易斌、张静、Phongpan Prawet：《泰国学习者汉语陈述句语调音高发展实验研究》，《天津师范大学学报》2021 年第 4 期。

曾晨刚：《普通话塞擦音声学界标研究》，《语言科学》2019年第5期。

翟占国：《汉语方言塞擦音的类型分布与演化特征》，《语文研究》2021年第1期。

张高媛、阎锦婷：《承德话语音语调的实验研究》，《唐山师范学院学报》2018年第2期。

张锦玉、张树权：《印尼华裔留学生习得汉语清擦音的实验研究》，《国际汉语教育》2013年第1期。

张玲：《建立新疆少数民族学生汉语语音习得模式初探》，《语言与翻译》2004年第3期。

张梦霞：《泰国学生习得汉语擦音X的声学探析》，《语文学刊》2016年第8期。

张朋朋、徐鲁民：《试析"洋腔洋调"问题》，《语文教学与研究》1981年第3期。

张瀛月：《彝族习得汉语普通话元音的统计性分析》，《河池学院学报》2012年第3期。

赵庸、陈忠敏：《杭州话从邪崇船禅母的塞擦音、擦音异读》，《方言》2020年第2期。

郑鲜日、李英浩：《英语、汉语塞音浊音起始时间（VOT）对比以及汉族学生习得英语塞音研究》，《长春师范学院学报》2007年第1期。

周美妮、董广枫：《维吾尔族学生学习汉语语音的偏误纠正方法》，《语言与翻译》1993年第3期。

周巧云：《三十余年南疆高校少数民族汉语教学研究综述》，《喀什师范学院学报》2013年第2期。

周珊：《中国塔吉克族语言教育选择历史与现状调查》，《民族教育研究》2011年第3期。

周珊：《中国塔吉克族语言使用现状情况》，《新疆师范大学学报》2013年第4期。

邹铃声：《外国学生学习汉语语音习得中的熵现象及化石化现象》，《贵州大学学报》2006年第4期。

于丽：《新疆维吾尔族预科学生汉语语调偏误实验分析》，《语言与翻译》2007年第4期。

（三）学位论文

艾合买提江·祖农：《从实验语音学角度研究维吾尔语辅音的声学特征》，硕士学位论文，新疆大学，2011年。

曹书菡：《俄罗斯学习者汉语一般疑问句语调习得实验研究》，硕士学位论文，上海外国语大学，2019年。

昌雅洁：《洛阳方言音系实验研究》，硕士学位论文，南京师范大学，2018年。

陈翠珠：《越南语语调对学习汉语语调的影响研究》，硕士学位论文，云南师范大学，2006年。

陈倩：《泰国中学生汉语强调焦点陈述句时长比实验研究》，硕士学位论文，广东外语外贸大学，2021年。

储倩文：《南昌方言音系实验研究》，硕士学位论文，南京师范大学，2018年。

党洁：《塔吉克斯坦留学生汉语一级元音的声学分析》，硕士学位论文，新疆师范大学，2013年。

戴健：《西班牙语国家学生汉语塞擦音和擦音习得研究》，硕士学位论文，南京大学，2015年。

戴婷：《泰国留学生汉语陈述句句重音声学特征》，硕士学位论文，暨南大学，2011年。

邓棃士：《泰国中学生汉语单元音习得的实验研究》，硕士学位论文，广东外语外贸大学，2019年。

邸然：《保定方言音系实验研究》，硕士学位论文，南京师范大学，2018年。

都拉干：《蒙古族学习者英语元音习得的声学语音学研究》，硕士学位论文，内蒙古大学，2019年。

段雪霓：《格鲁吉亚学生汉语一级元音习得实验研究》，硕士学位论文，兰州大学，2019年。

嘎迪丽：《陈巴尔虎土语擦音的声学分析》，硕士学位论文，内蒙古大学，2018年。

盖春之：《尼日利亚留学生汉语声母习得实验研究》，硕士学位论文，河北师范大学，2021年。

高建瓴:《澳大利亚儿童汉语语音习得研究》,博士学位论文,华东师范大学,2017年。

高洁:《不同汉语水平的维吾尔族学生对汉语声调的听辨实验》,硕士学位论文,新疆师范大学,2006年。

格智多杰(Gudrak Dorjee):《藏语安多方言共和话的语音格局研究》,硕士学位论文,西北民族大学,2021年。

郭碧莹:《汉满语音格局比较》,硕士学位论文,黑龙江大学,2018年。

郭嘉:《英语语调实验分析研究》,博士学位论文,南开大学,2010年。

郭亚楠:《日本留学生习得汉语普通话塞音、塞擦音实验分析》,硕士学位论文,山西大学,2018年。

哈妮克孜·伊拉洪、古力米热·依玛木、玛依努尔·阿吾力提甫、姑丽加玛丽·麦麦提艾力、韩维新:《香港粤语语调初探》,博士学位论文,南开大学,2013年。

何帆:《泰国学生汉语是非问句语调实验分析》,硕士学位论文,天津师范大学,2019年。

何雨垚:《日本学习者习得汉语塞擦音、擦音声学实验研究》,硕士学位论文,上海外国语大学,2021年。

何兆丹:《巴基斯坦中级水平留学生汉语塞音和塞擦音习得实验研究》,硕士学位论文,河北师范大学2019年。

何志峰:《泰国初中级汉语学习者的语音、词汇偏误分析》,硕士学位论文,陕西师范大学,2014年。

洪薇:《中国学生英语语调格局实验研究》,博士学位论文,南开大学,2012年。

胡红彦:《蒙古语标准音清擦音实验研究》,硕士学位论文,内蒙古大学,2011年。

胡项杰:《中美学生普通话句末字调和语调关系的研究》,硕士学位论文,华东师范大学,2015年。

黄文科:《凉山州"团结话"语音实验研究》,硕士学位论文,西南科技大学,2017年。

黄亚茹:《肯尼亚留学生汉语陈述句和"把"字句语调的实验分析》,硕士学位论文,天津师范大学,2020年。

贾延青:《藏族学生汉语普通话习得声学偏误研究》,硕士学位论文,西北师范大学,2019 年。

金燕燕:《缅甸学生习得汉语普通话爆发音、塞擦音的声学实验和偏误分析》,硕士学位论文,广西师范大学,2011 年。

康骥臻:《西安方言语音实验研究》,硕士学位论文,西北大学,2015 年。

康子齐:《越南学生习得普通话塞擦音的语音实验研究》,硕士学位论文,广西民族大学,2020 年。

康雨萌:《汉泰一级元音格局的对比研究及应用》,硕士学位论文,西南大学,2014 年。

雷新雨:《意大利高中生汉语"没"字否定句语调习得的实验分析》,硕士学位论文,辽宁师范大学,2020 年。

李层:《泰国留学生汉语"把"字句语调实验分析》,硕士学位论文,天津师范大学,2019 年。

李凤:《初级阶段阿拉伯留学生汉语声母习得偏误及教学策略研究》,硕士学位论文,兰州大学,2015 年。

李海连:《英语、朝鲜语陈述句的语调对比》,硕士学位论文,延边大学,2014 年。

李静宇:《胶州方言塞擦音性质的实验研究》,硕士学位论文,山东大学,2019 年。

李乐:《泰国留学生汉语"不"字句语调习得实验研究》,硕士学位论文,天津师范大学,2020 年。

李维娅:《中级水平肯尼亚留学生习得汉语疑问句语调的实验研究》,硕士学位论文,天津师范大学,2021 年。

李雯雯:《广西博白地佬话语音的实验语音学研究》,硕士学位论文,暨南大学,2019 年。

李晓朋:《母语为英语的留学生汉语二语语调偏误研究》,硕士学位论文,南京师范大学,2012 年。

李盈桔:《泰国、印尼和韩国留学生汉语韵律词边界音高实验研究》,硕士学位论文,暨南大学,2013 年。

李颖:《甘肃凉州方言语音实验研究》,硕士学位论文,西北民族大学,2020 年。

李征：《桂北永福、桂南横县平话擦音的声学研究》，硕士学位论文，广西师范大学，2012 年。

林恒：《中级阶段泰国留学生汉语疑问句语调偏误实验分析》，硕士学位论文，广西大学，2017 年。

林菱：《印尼华裔留学生汉语语调习得研究》，硕士学位论文，暨南大学，2018 年。

林奕高：《印尼学习者习得汉语普通话塞音和塞擦音实验研究》，硕士学位论文，暨南大学，2006 年。

刘丽臣：《印尼学生汉语单元音习得的实验研究》，硕士学位论文，广东外语外贸大学，2019 年。

刘妍李：《汉语焦点重音位置对回声疑问句句尾语调的影响初探》，硕士学位论文，暨南大学，2009 年。

刘晓连：《针对法国初级汉语水平留学生的塞擦音声学格局分析及教学对策》，硕士学位论文，华东师范大学，2020 年。

刘小娟：《泰国小学生汉语元音习得的实验研究》，硕士学位论文，天津师范大学，2017 年。

刘笑冬：《泰国东北部小学生汉语擦音、塞擦音习得实验研究》，硕士学位论文，西南大学，2019 年。

龙娟：《越南留学生习得汉语普通话塞擦音、擦音的声学实验研究》，硕士学位论文，西南大学，2015 年。

伦茜：《泰国留学生汉语疑问句语调习得实验研究》，硕士学位论文，广西师范大学，2010 年。

罗极耀：《泰国留学生习得汉语塞擦音的语音实验研究》，硕士学位论文，四川师范大学，2019 年。

吕珊蔚：《中级泰国留学生汉语陈述句语调习得偏误实验研究》，硕士学位论文，广西大学，2017 年。

马丁：《英国学生习得汉语塞擦音的偏误分析》，硕士学位论文，天津师范大学，2018 年。

那日苏：《蒙古语自然话语语调实验研究》，博士学位论文，内蒙古大学，2019 年。

倪娜：《德昂语广卡话疑问句语调研究》，硕士学位论文，中央民族大学，

2007 年。

牛趁红：《韩国学习者擦音偏误声学分析及教学建议》，硕士学位论文，西北大学，2019 年。

Promsorn Tanyatorn：《基于 Praat 语音分析软件的泰国留学生汉语声母习得偏误研究》，硕士学位论文，华中师范大学，2021 年。

谯蓉：《汉语单音节句语调比较研究》，硕士学位论文，北京语言大学，2007 年。

齐安然：《泰国中学生汉语语调实验分析》，硕士学位论文，天津师范大学，2018 年。

秦榛：《中级阶段泰国留学生汉语是非疑问句语调偏误实验研究》，硕士学位论文，四川师范大学，2019 年。

冉启斌：《基于普通话的汉语阻塞辅音实验研究》，博士学位论文，南开大学，2005 年。

任达万：《也门留学生初学者汉语声母习得偏误及实验分析》，硕士学位论文，东南大学，2018 年。

芮志琴：《巴基斯坦留学生无语气词疑问句语调偏误分析及教学对策》，硕士学位论文，南昌大学，2021 年。

赛尔达尔·雅力坤：《维吾尔语塞音的声学特征分析》，硕士学位论文，新疆大学，2012 年。

沙振坤：《德宏景颇族学生汉语普通话的语音偏误分析》，硕士学位论文，云南师范大学，2008 年。

单正琳：《基于 Praat 软件的初级水平韩国留学生汉语声母偏误分析与教学策略研究》，硕士学位论文，山东师范大学，2019 年。

施玮：《泰国、印尼及韩国留学生汉语语句韵律词音高实验研究》，硕士学位论文，暨南大学，2013 年。

孙杰：《意大利高中生汉语选择疑问句语调习得的实验研究》，硕士学位论文，辽宁师范大学，2020 年。

涂梦颖：《新疆中小学教师国家通用语言文字培训现状及对策研究》，硕士学位论文，新疆师范大学，2021 年。

土登江措：《藏语玉树话的辅音声学分析》，硕士学位论文，西北民族大学，2017 年。

吴宇晴：《南宁普通话疑问句语调实验研究》，硕士学位论文，广西大学，2017年。

王飞焱：《泰国学生习得汉语普通话塞擦音和擦音的实验研究》，硕士学位论文，暨南大学，2010年。

王李：《广州普通话语调停延率的实验研究》，硕士学位论文，天津师范大学，2018年。

王琼：《绍兴方言陈述句与疑问句的语调实验研究》，硕士学位论文，绍兴文理学院，2017年。

王珊珊：《泰国留学生汉语擦音习得的声学分析》，硕士学位论文，河南师范大学，2014年。

魏晓瑜：《意大利留学生汉语语音习得的实验研究》，硕士学位论文，四川师范大学，2018年。

魏宇豆：《泰国留学生汉语"连"字句语调习得实验研究》，硕士学位论文，天津师范大学，2020年。

夏全胜：《第二外语元音习得中迁移作用的实验研究》，博士学位论文，南开大学，2009年。

肖玲：《泰国留学生汉语上声变调的实验语音问题》，硕士学位论文，天津师范大学，2020年。

熊巧：《印尼留学生汉语辅音习得的实验分析》，硕士学位论文，四川师范大学，2020年。

徐旭：《泰国留学生汉语声母习得偏误实验语音学研究》，硕士学位论文，云南大学，2016年。

闫晶晶：《法国初级汉语水平学生塞音习得实验分析》，硕士学位论文，华中师范大学，2014年。

杨春霞：《北京密云县方言语音格局的实验研究》，硕士学位论文，中央民族大学，2016年。

杨海珊：《巴基斯坦留学生汉语陈述句和疑问句语调习得的实验研究》，硕士学位论文，天津师范大学，2019年。

杨洪娜：《秘鲁留学生汉语单元音习得实验研究及教学策略》，硕士学位论文，河北师范大学，2019年。

杨颖：《孟加拉国留学生汉语双字调语音感知与声学实验研究》，硕士学位论文，云南师范大学，2019 年。

叶晓锋：《汉语方言语音的类型学研究》，博士学位论文，复旦大学，2011 年。

叶小云：《日本学生汉语疑问句语调习得实验对比分析》，硕士学位论文，上海师范大学，2014 年。

于小婷：《韩、泰、印尼留学生习得普通话辅音的实验语音研究》，硕士学位论文，暨南大学，2012 年。

曾彦雯：《马来西亚学习者汉语一级元音发展阶段研究》，硕士学位论文，华东师范大学，2020 年。

张金萍：《中国俄语语音教学中的语调偏误实验研究》，硕士学位论文，四川外国语大学，2021 年。

张娟：《美国留学生汉语陈述句核心重音的韵律表现研究》，硕士学位论文，北京语言大学，2009 年。

张琦：《北京大兴方言语音格局的实验研究》，硕士学位论文，中央民族大学，2018 年。

张淑芝：《泰国学生习得汉语爆发音、塞擦音的声学分析》，硕士学位论文，广西师范大学，2010 年。

张思奇：《上海普通话语调的音强研究》，硕士学位论文，天津师范大学，2018 年。

张天：《现代汉语若干话语标记的实验语音学分析》，硕士学位论文，黑龙江大学，2018 年。

赵志娟：《泰国留学生汉语疑问句习得实验研究》，硕士学位论文，天津师范大学，2018 年。

周璐昕：《甘肃肃州方言语音实验研究》，硕士学位论文，西北民族大学，2020 年。

周天龙：《马来西亚学生习得汉语单字调与双字调的实验研究》，硕士学位论文，天津师范大学，2014 年。

周文生：《韩国留学生汉语辅音系统习得声学分析》，硕士学位论文，烟台大学，2019 年。

朱玉芹：《基于汉俄语调对比的对俄汉语语调教学策略》，硕士学位论文，南京师范大学，2018 年。

二 外文文献

Best C. T. Gerald W. Mcroberts, Rosemarie & Jean Silver Isenstadt, "Divergent Developmental Patterns for Infants' Perception of Two Nonnative Consonant Contrasts", *Infant Behavior an Development*, No. 3, 1995.

Corder, "S. P. The significance of Learners' Errors", *International Review of Applied Linguistics*, No. 5, 1967.

(USA) Peterson E G, Lehiste I. "Duration of Syllable Nuclei in English". *The Journal of the Acoustical Society of America*, No. 6, 2005.

Svantesson, "Jan-Olof Acoustic Analysis of Chinese Fricatives and Affricates", *Journal of Chinese Linguistics*, No. 1, 1986.

Selinker L., "Interlanguage", *International Review of Applied Linguistics*, No. 10, 1971.

Ladefoged, Peter & Ian Maddieson, "The Sounds of the World's", *Lanaguages*, Oxford: Blackwell, 1996.

后　　记

塔吉克族主要生活在新疆喀什地区塔什库尔干塔吉克自治县，该县属于边境县，平均海拔4000米以上，由于教学资源有限，当地的塔吉克族汉语水平参差不齐。20岁以下的在读学生汉语水平较好，30岁以上的很多人发音不准。因此我们就想采录塔吉克族习得汉语时的发音，然后和普通话一级甲等的人进行对比，从而发现塔吉克族习得汉语时语音上存在的问题，以便有针对性地提出解决策略。

采录语音需要安静的环境，而塔县一年四季大风较多，生活在乡村的塔吉克族又沿河而居，河水奔腾不息给语音采录工作带来了很大挑战。为了能真实、准确、客观地采集到塔吉克族习得汉语的语音材料，课题组几经周折才挑选到合适的发音人和采录室，完成了语音的采录工作。

除我之外，参与本书撰写的还有博士生赵改莲、硕士生刘婷婷、侯晶茹、冯晓锋、陈曈和章运生。初稿完成后，我根据编写提纲和体例对每一部分进行修改和调整，并对全书进行了统校。

本书的顺利出版，得到了各界人士的关心和支持，在此谨向为本书提供帮助和支持的单位和个人致以崇高的敬意和由衷的感谢。

感谢塔县邓正华老师的热心帮助，邓老师在繁重的工作之余，积极为课题组联系发音人、提供录音场所，答疑解惑，替课题组解决了很多棘手的现实问题。

感谢博士生赵改莲为语音采录做出的细致工作。感谢硕士生刘婷婷在本书的排版方面做出的辛苦努力。

感谢中国社会科学出版社的编辑与审稿专家，她们为书稿做了十分耐心、细致的编校，并提出了很多宝贵的修改意见。

本书的出版得到了中南民族大学文学与新闻传播学院以及国家民委"一带一路"国别与区域研究中心——"丝绸之路研究心"的资助，在此深表谢意。

　　由于时间仓促，本书粗陋之处在所难免，欢迎各位专家、读者批评指正。

李素秋
2024 年 1 月 5 日